ERICH BLOCH

Das verlorene Paradies

Ein Leben am Bodensee 1897–1939

Konstanzer Geschichts- und Rechtsquellen

Neue Folge der Konstanzer Stadtrechtsquellen

Herausgegeben vom
Stadtarchiv Konstanz

XXXIII

1992
JAN THORBECKE VERLAG SIGMARINGEN

ERICH BLOCH

Das verlorene Paradies

Ein Leben am Bodensee 1897–1939

Bearbeitet von Werner Trapp

1992
JAN THORBECKE VERLAG SIGMARINGEN

Dem Buch liegt ein Gespräch zugrunde, das von Werner Trapp und Gert Zang im Rahmen des von der Universität Konstanz finanzierten Projekts »Regionale Sozialgeschichte/Mündliche Geschichte« geführt wurde.

Die Deutsche Bibliothek – CIP-Einheitsaufnahme

Bloch, Erich:
Das verlorene Paradies: ein Leben am Bodensee 1897–1939 / Erich Bloch. Bearb. von Werner Trapp. – Sigmaringen: Thorbecke; 1992
(Konstanzer Geschichts- und Rechtsquellen; 33)
ISBN 3-7995-6833-6

NE: Trapp, Werner [Bearb.]; GT

Dieses Buch ist aus säurefreiem und alterungsbeständigem Papier hergestellt.

Gesamtherstellung: M. Liehners Hofbuchdruckerei GmbH & Co. Verlagsanstalt, Sigmaringen
Printed in Germany · ISBN 3-7995-6833-6

Inhalt

Geleitwort

Bücher haben ihr eigenes Schicksal, auch ihre je eigene Vorgeschichte. Die Anfänge dieses Buches gehen zurück auf das ferne Jahr 1980, als die damalige Projektgruppe »Regionale Sozialgeschichte« an der Universität Konstanz um ein eigenes Teilprojekt »Mündliche Geschichte« erweitert wurde, dessen Ziel es war, die Lebenserinnerungen älterer Bürgerinnen und Bürger von Konstanz zum Zwecke einer Dokumentation mündlich überlieferter (Stadt-) Geschichte auf Band aufzuzeichnen. Entstanden ist auf diese Weise in den Jahren 1980 bis 1986 – in enger Zusammenarbeit zwischen und gemeinsam finanziert von Stadtarchiv und Universität – ein umfangreiches Archiv »mündlicher Überlieferung« (»Oral History«), das die im Stadtarchiv gesammelten schriftlichen Quellen und Dokumente um eine wesentliche Dimension ergänzt. Befragt wurden zunächst vorrangig Personen der Geburtsjahrgänge 1890 bis 1914, in der Mehrzahl also Menschen, deren Kindheit und Jugend noch in die Zeit des Kaiserreiches beziehungsweise in die Zeit vor dem Ersten Weltkrieg fiel. So konnte ein Wissen gesichert werden, das heute, da die meisten der damals Befragten längst gestorben sind, nicht mehr zur Verfügung stehen würde.

Einer der ersten Bürger von Konstanz, der uns in sehr detaillierter Weise über seine Lebensgeschichte, die Geschichte seiner Familie sowie über sein Leben am Bodensee zwischen Jahrhundertwende und Beginn des Zweiten Weltkrieges Auskunft gab, war Dr. Erich Bloch. An insgesamt zehn Nachmittagen zwischen September und Dezember 1980 erzählte er – im Gespräch mit Dr. Gert Zang und dem Bearbeiter – sein Leben in der Zeit zwischen 1900 und 1939, ein elftes Gespräch im Dezember 1981 war der Zeit nach seiner erzwungenen Auswanderung, also den Jahren 1939 bis 1948, in Palästina gewidmet. Erich Bloch und seine Frau Liesel zählen zu den wenigen jüdischen Bürgern von Konstanz, die nach dem Krieg nach Konstanz zurückkehrten, um hier, in einer Umgebung, aus der man sie mehr als ein Vierteljahrhundert zuvor verstoßen hatte, noch einmal neu anzufangen, ihr »drittes Leben« zu wagen. Mit Erich Bloch, der bereits 1971 mit seiner »Geschichte der Juden von Konstanz im 19. und 20. Jahrhundert« – ein Ergebnis jahrelanger Forschungen – einen fundierten Beitrag zur Erhellung der jüngeren Geschichte der Stadt geliefert hatte, stand uns ein ebenso motivierter wie auch besonders qualifizierter Zeitzeuge zur Verfügung, dessen persönliche Erinnerungen nicht zuletzt jene Lücken schließen helfen sollten, die in seinem Buch noch weitgehend offengeblieben waren: Seinem konkreten Schicksal und dem seiner Familie, seinem eigenen Leben und seinen Erfahrungen in der NS-Zeit galt unser ganz besonderes Interesse. Zugleich war es unser Ziel, wie in den Gesprächen mit anderen Interviewpartnern auch, die Zeit des Nationalsozialismus nicht direkt und isoliert anzugehen, sondern diese in ihren lebensgeschichtlichen Gesamtzusammenhang einzuordnen. Was in Blochs Buch wie auch in späteren Forschungen zur Geschichte der Juden und der jüdischen Gemeinde von Konstanz notwendigerweise nur punktuell und fragmentarisch behandelt werden konnte – die Dimension individuellen Erlebens –, sollte durch die möglichst dichte und plastische Beschreibung einer einzelnen Lebens- und Familiengeschichte ergänzt und vertieft werden.

Lebensgeschichtliche Erinnerungsgespräche, wie sie vom Projekt »Mündliche Geschichte« konzipiert und durchgeführt wurden, zielten in bezug auf ihren »Ertrag« stets auch über den

Lebenslauf des einzelnen im engeren Sinne hinaus auf das soziale Umfeld, auf die gesellschaftlichen und politischen Verhältnisse der Zeit. Blochs Erinnerungen machen diesen »Ertrag« in mindestens vier Dimensionen deutlich: Durch die Rückerinnerungen an das Leben seiner Eltern, Großeltern und Vorfahren väterlicher- wie mütterlicherseits tragen sie dazu bei, die Geschichte zweier Familien badischer Juden im 19. Jahrhundert und damit auch ein Stück badischer Sozialgeschichte zu erhellen. Die Stationen seines eigenen Lebens, vor allem seine Teilnahme an der Wandervogelbewegung vor dem Ersten Weltkrieg, seine Erlebnisse während des Studiums in München und in Freiburg im Zeichen von Kriegesende, Revolution und Gegenrevolution, schließlich auch sein Leben als freier Schriftsteller und Verlagsleiter auf der Höri und in Konstanz in den Jahren der Weimarer Republik sowie als Landwirt auf der Höri in den Jahren nach 1933 – bis hin zur dramatischen Auswanderung »in letzter Minute« –, spiegeln zugleich Entwicklungen und Stationen der allgemeinen deutschen Geschichte zwischen Kaiserreich und Zweitem Weltkrieg. Zugleich liefern seine Erinnerungen auch einen wichtigen Beitrag zur Geschichte von Stadt und Region Konstanz zwischen Kaiserreich und NS-Diktatur: Innenansichten von Alltag und Lebensverhältnissen, welche schriftliche Quellen so nicht zu bieten vermögen. Schließlich gibt seine Lebensgeschichte wertvolle Aufschlüsse über die Geschichte der Juden in Konstanz und im westlichen Bodenseeraum, zu der nicht nur in bezug auf die NS-Zeit nur wenige schriftliche Quellen überliefert sind. Das Beispiel des Hofes, den Erich Bloch gemeinsam mit seiner Frau in den Jahren 1933 bis 1939 in Horn auf der Höri bewirtschaftete und der vielen jüdischen Menschen zu einem Ort der beruflichen Umschichtung und damit der Vorbereitung auf eine Auswanderung aus Deutschland wurde, zeigt nicht nur die trügerischen Möglichkeiten jüdischen Lebens und Überlebens im Nazi-Deutschland der dreißiger Jahre, es belegt auch – im Kontrast etwa zu den Erfahrungen der jüdischen Verwandten und Freunde in Gailingen oder in Konstanz – die Bedeutsamkeit örtlicher Unterschiede und damit die Notwendigkeit einer lokal differenzierenden Geschichtsschreibung auch in bezug auf die Zeit des Nationalsozialismus.

»Über wenige Zeitabschnitte ist so viel geforscht worden wie über den Nationalsozialismus, die Judenverfolgung und die ›Endlösung‹. Trotzdem, und trotz der umfangreichen Literatur und dem festen Platz, den dieser Zeitabschnitt in den Medien einnimmt, bleibt er in Deutschland und Österreich in Selbstdarstellungen, in Familiengesprächen und erst recht in den Biographien von Persönlichkeiten des öffentlichen Lebens oft ausgeblendet. So offensichtlich die Gründe dieses Schweigens im Falle alter Nazis oder der Millionen Mitläufer des Regimes sind, so schwer sind sie im Falle der Opfer nachzuvollziehen.« Dies schreibt der Soziologe Michael Pollak in seiner bemerkenswerten Studie »Die Grenzen des Sagbaren. Lebensgeschichten von KZ-Überlebenden als Augenzeugenberichte und Identitätsarbeit.« Auch in den Gesprächen mit Erich Bloch waren diese »Grenzen des Sagbaren« in untergründiger Weise präsent, wurde deutlich, wie schwer es ist, über das zu sprechen, was als *Einschnitt* in die eigene Person, als tiefe psychische und physische Verletzung, als Zerstörung des eigenen Lebensentwurfs und als existentielle Bedrohung des eigenen Lebens erlebt und erlitten wurde. Es fällt offenbar weniger schwer, über Mißhandlungen und Unrecht an anderen Menschen zu sprechen, zu forschen und zu schreiben als über die Verletzungen der eigenen Person, der persönlichen menschlichen Würde. So bedurfte es der Zeit und der Geduld wie auch des in acht langen Gesprächen gewachsenen Vertrauens, um im neunten Gespräch zu jenen Ereignissen vorzustoßen, die das Ende von Blochs »erstem Leben« bedeuteten: der 9. November 1938, die erzwungene Auswanderung aus jener Bodensee-Heimat, deren Landschaft und deren Menschen Bloch wie kaum ein anderer Zeit seines Lebens verbunden war.

Mit dem Aufbau einer neuen Existenz in Palästina begann für Erich Bloch und seine Familie ein neues, sein »zweites Leben«. Auch über dieses Leben hat Bloch erzählt. Und in

Gesprächen, die der Bearbeiter in den Jahren nach 1986 mit ihm geführt hat, war nicht nur vom Leben in Palästina und später in Israel die Rede, sondern auch von seinem »dritten Leben« in Konstanz, das er schon 1951 wie auch in späteren Jahren besuchte, um für eine neue Begegnung, für Verständnis und Versöhnung zwischen Christen und Juden, zwischen Deutschen, die dageblieben waren und jenen Deutschen, die nun in Israel lebten, zu werben. Es wäre gewiß verdientsvoll gewesen, auch dieses zweite wie das dritte Leben Erich Blochs darzustellen, nach dem Echo auf seine reiche publizistische Tätigkeit, auf seine viel besuchten Vorträge etwa zu fragen, nach seinen Erfahrungen bei der Erforschung der Geschichte der Juden in dieser Stadt, auch nach seiner Sicht auf die Art und Weise, wie Deutsche damals mit ihrer jüngsten Vergangenheit umgingen. Im Grunde aber hätte dies einer weiteren, neuen Anstrengung bedurft, die vielleicht auch den Rahmen dieser stadtgeschichtlichen Publikationsreihe gesprengt hätte.

Ein Wort zum Umgang mit »mündlichen« Quellen, zu den Prinzipien dieser Edition: Im Unterschied zu vielen anderen Interviews deckte sich unser Interesse, die Lebensgeschichte von Erich Bloch zu erfahren, von Anfang an mit seinem eigenen Interesse, sein Leben, seine Biographie, auch im Hinblick auf eine mögliche spätere Veröffentlichung, festzuhalten. Bloch ist nicht nur ein erfahrener Autor und Redner, er ist auch ein überaus lebendiger und begabter Erzähler, mit einem genauen und in hohem Maße verläßlichen Erinnerungsvermögen. Auf die einzelnen Gespräche, die jeweils etwa anderthalb bis zwei Stunden dauerten, hat er sich vorbereitet und zu einzelnen Punkten, die angesprochen werden sollten, Notizen gemacht; auch haben die Interviewer Themen und Fragen für die jeweils nächste Sitzung am Ende eines Gesprächs benannt. So hat Bloch über weite Passagen frei und doch in der Absicht erzählt, sein Leben nach chronologischen und thematischen Gesichtspunkten gegliedert zu überliefern. Fragen und Nachfragen bezogen sich fast stets auf Details, sie waren nicht – wie sonst üblich – nötig, um das Gespräch zu stimulieren oder ihm eine grundsätzlich andere Richtung zu geben. Dennoch zeigt sich selbst bei einer so gut vorbereiteten Erzählung des eigenen Lebens an manchen Stellen der assoziative Charakter des Sich-Erinnerns, was beim Lesen der Transskripte noch mehr auffällt als beim Hören der Bänder: Neben sehr dichten und stringent erzählten Geschichten finden sich eher heterogene, mit Rückblenden, Erinnerungsfragmenten, Einschüben, Brüchen und Sprüngen durchwirkte Passagen, die es nicht nur dem Leser schwer machen, Zusammenhänge zu erkennen und den Faden der Erzählung nicht zu verlieren, sondern die auch der Absicht des Erzählers zuwiderlaufen, ein *Bild* seines eigenes Lebens zu entwerfen. Auch ist nicht alles, was erzählt wird oder zur Sprache kommt, wert, gedruckt zu werden.

Für die Bearbeitung der umfangreichen Transskripte bedeutete dies neben dem Zwang zur Auswahl und zur Kürzung auch die Notwendigkeit, diese teilweise neu zu gruppieren und nach chronologischen wie thematischen Gesichtspunkten zu ordnen, wie sie aus der nachträglich entworfenen Gliederung ersichtlich werden. Zugleich kam es darauf an, zu ausführliche und teilweise auch disparate Passagen zusammenzufassen, was in jeweils kurzen Kommentaren und Überleitungen des Bearbeiters geschah, die gleichsam als Text-Brücken zwischen den wörtlich erzählten Passagen des Autors vermitteln. Schließlich bin ich der Praxis einer Edition mündlicher Erzählungen gefolgt, die anstelle der – ebenfalls üblichen – wortgetreuen Wiedergabe des Gesagten die ebenso einfühlsame wie behutsame sprachliche und stilistische Überarbeitung setzt, mit dem Ziel, einen in erster Linie lesbaren und auch literarisch ansprechenden Text zu schaffen. Zugleich aber sollten der eigene, oft eigenwillige Erzählstil des Autors erhalten und damit die Herkunft des Textes aus einer mündlichen Erzählung stets deutlich bleiben. Diese Praxis folgt der Erkenntnis, daß Sprechen und Zuhören eine prinzipiell andere Form der Kommunikation ist als Schreiben und Lesen, daß es deshalb auch kaum möglich ist, Charakter, Verlauf und Stimmungen eines Gesprächs durch das Lesen eines wortgetreuen

Protokolls noch einmal nachzuempfinden. Die Verschriftlichung des Gesagten bedeutet immer auch eine Reduktion. Zugleich bietet sie aber auch die Chance und die Freiheit zur (teilweisen) Neugestaltung, zur Schaffung eines Produkts, zu welchem die auf Band aufgezeichneten Gespräche gleichsam den Rohstoff liefern. Diese Überlegungen begründen auch, warum ich auf eine Wiedergabe der ohnehin nicht sehr zahlreichen Fragen verzichtet habe, ohne damit freilich die Antworten zu tangieren: Eine Gestaltung des Textes unter Einbeziehung der Fragen hätte den durchaus falschen Eindruck erweckt, beim vorliegenden Buch handele es sich um die exakte Wiedergabe des realen Gesprächsverlaufs.

Dennoch ist der vorliegende Text weitgehend an diesem realen Gesprächsverlauf orientiert. In einigen wenigen Fällen wurden nachträglich erhobene Informationen, etwa zur Praxis der jüdischen Auswanderung, in den Text integriert, an anderen Stellen hat der Autor nachträgliche kleinere Korrekturen vorgenommen. Entstanden ist so ein Text, der vor allem einem wichtigen Kriterium genügt: Vom Autor und Erzähler insgesamt wie in allen Einzelheiten autorisiert zu sein.

Werner Trapp

Herkunft und frühe Kindheit.
Zwei Familien badischer Juden im 19. Jahrhundert

»Ich bin in Konstanz geboren, am 4. August 1897. Wir wohnten damals in der Rosgartenstraße 31, ganz in der Nähe der Dreifaltigkeitskirche. Aus meiner frühesten Kindheit sind mir noch einige eindrucksvolle Szenen in Erinnerung. Sehr deutlich habe ich vor Augen, wie wir als Kinder einmal mit unserem Kindermädchen im Lorettowald spazierengingen. Damals war der Wald noch sehr dicht und nicht so stark ausgelichtet wie heute. Wir gingen vom Horn in Richtung Wasserwerk, auf einem schmalen Pfad, der steil zum See hinunterführte, als plötzlich ein Offizier in raschem Galopp auf uns zugeritten kam. Das Mädchen war zu Tode erschrocken und hat uns schnell zur Seite gerissen, damit wir von dem Pferd nicht überrannt würden. Zum Glück reichte das Wasser nicht ganz bis ans Ufer, aber es gab dort sehr viel Gestrüpp mit Dornen und Hecken, und meine linke Wange war blutig und zerkratzt. Der Offizier fluchte und schimpfte, und als er meine blutige Wange sah, ritt er weiter. Ich war noch im Kinderwagen, denn die weite Strecke von der Stadt bis zum Horn hätte ich gar nicht allein laufen können. Das Mädchen hatte natürlich große Angst, mich mit dieser blutigen Wange nach Hause zu bringen, und dachte, man werde ihr die Schuld geben oder sie gar entlassen. So kamen wir viel zu spät heim, vielleicht gegen ein Uhr, obwohl wir schon um zwölf hätten da sein müssen. Da stand meine Mutter oben auf dem Balkon, sehr sorgenvoll und ganz bleich, und war froh, daß nichts Schlimmeres passiert war.

Meine Mutter war damals schon sehr krank. Sie war herzleidend und hatte schon einige Operationen an Galle und Magen hinter sich. Dieses Leiden meiner Mutter gehört zu den frühesten und prägenden Eindrücken meiner Kindheit. Ich weiß noch, wie mein Vater mich eines Nachmittags mitnahm, um die Mutter im Sanatorium Schloß Hard bei Ermatingen zu besuchen. Als wir kamen, lag meine Mutter zu Bett, und eine Schwester war bei ihr. Meine Mutter sagte: ›Ach, es ist so schönes Wetter‹ – das Sanatorium war umgeben von einem herrlichen Park –, ›wir können doch ein bißchen im Park sitzen bei diesem schönen Sommerwetter...‹

›Aber der Arzt hat es Ihnen doch verboten, Frau Bloch!‹

›Erlauben Sie mir doch nur ein halbes Stündchen. Ich halte es ja gar nicht mehr aus, immer nur im Bett zu liegen. Ich bin doch an sich gesund, und ich bin doch nur zur Erholung hier.‹

›Also gut, ziehen Sie sich an, und wenn der Arzt zur Visite kommen sollte, rufe ich Sie rechtzeitig.‹

Und so gingen wir in den Park, ich spielte, und die Mutter und der Vater saßen auf einer Bank. Auf einmal kam die Schwester, meine Mutter eilte ganz aufgeregt in ihr Zimmer und zog sich aus, damit sie wirklich im Bett lag, wenn der Arzt kam. Ich fand das so schrecklich, daß ein erwachsener Mensch sich beeilen und sich verstecken mußte wie ein Kind – das ist mir bis heute ganz unvergeßlich in Erinnerung.

Vielleicht ist es gut, wenn ich an dieser Stelle etwas über meine Mutter sage, denn ihr Leben und ihr Schicksal sind sehr mit meinem Leben verbunden. Meine Mutter war eine bedeutsame, vielleicht kann man sagen idealistische und dämonische Natur. Sie war die Tochter eines Großbauern in Freiburg. Das Gut meines Großvaters nannte sich Kronenhof und lag früher einmal vor den Toren der Stadt, gehört aber heute zur Freiburger Gemarkung. Meine Mutter hat in ihren Tagebüchern erzählt, wie sie schon als junges Mädchen im Volksschulalter gebauert und mitgearbeitet hat wie ein kräftiges, gesundes Bauernmädchen. Sie konnte mit 16 Jahren zentnerweise Kartoffelsäcke und Getreide auf- und abladen und hat bei allen Arbeiten, die anfielen, kräftig mitgeholfen. Und sie war das Lieblingskind meines Großvaters, der ein leidenschaftlicher Bauer war. Seine Söhne jedoch – er hatte fünf oder sechs Söhne – wollten alle nicht Landwirt werden, und das war ihm ein großer Kummer. Er war ein echter Schwarzwaldbauer, ein eigensinniger Mann, hart und unnachgiebig gegen seine Kinder. Seine Kinder waren etwas weicher als er, vielleicht lag das am Einfluß der Großmutter, die die Tochter eines Rabbiners in Sulzburg war. Dieser Rabbiner mit Namen Ludwig Kahn – sein Grab mit hebräischen Inschriften kann man noch heute auf dem Friedhof in Sulzburg besichtigen – war zu Anfang des 19. Jahrhunderts der erste Landesrabbiner von Baden. Seine Tochter, unsere Großmutter Fanny Veit geborene Kahn, ist im Jahre 1919 gestorben und fast 90 Jahre alt geworden, ein für die damalige Zeit selten hohes Alter. Sie hatte ein poetisches Gemüt, das sie wohl ihren Kindern vererbt hat. Meine Mutter wie auch einige ihrer Geschwister folgten eher geistigen Interessen und Neigungen und hatten keine Intention auf die Landwirtschaft, auf das schwere Leben eines Bauern. Sie strebten nach anderen Berufen, wollten zum Beispiel Kaufleute werden oder ein Studium beginnen, was in der Zeit der Judenemanzipation im letzten Drittel des 19. Jahrhunderts schon durchaus möglich war. Viele jüdische Schüler, die begabt waren – vor allem Jungen – durften damals schon studieren, und es gab bereits zahlreiche jüdische Gelehrte, Rabbiner, Ärzte und Anwälte in Deutschland. Und so wollten auch die Kinder meines Großvaters nicht mehr Landwirtschaft treiben. Da war der Großvater sehr hart. Wenn es nach ihm gegangen wäre, hätte der älteste Sohn das Gut übernehmen sollen. Mein Großvater war offenbar sehr bemittelt und hatte sogar noch einen zweiten Hof gekauft, damit auch der nächste Sohn Bauer werden konnte und das Gut nicht geteilt werden mußte. Als er dann hörte, daß der älteste Sohn, Benedikt, ein kräftiger und großer junger Mann, nicht Bauer werden wollte, war er sehr erzürnt. Er bekam Streit mit ihm, und der Älteste sagte: ›Gut, wenn Ihr so seid zu mir, dann verlasse ich das Land und gehe nach Amerika.‹

Und er ging nach Amerika. Damals, gegen Ende des 19. Jahrhunderts, war Amerika die große Hoffnung. Er hat es zwar nicht zu viel gebracht, er hatte nichts gelernt, und er war auch ein Idealist. Er ist Metzger geworden in Amerika, jedoch ein angesehener, bürgerlich situierter Metzger.

Der zweite Sohn, Israel Veit, wollte auch nicht Bauer werden und bekam deshalb ebenfalls Streit mit dem Großvater. Daraufhin wandte er sich an seinen Bruder, er solle ihm helfen, er wolle auch nach Amerika – und so ging auch der zweite Sohn nach Amerika. Für die Großmutter war das ein großer Schmerz, aber auch für meine Mutter, welche die Jüngste war.

Die älteste Tochter, Rosa, die Schwester meiner Mutter, war 18 Jahre alt geworden. Da hat der Großvater gesagt: ›Wir haben so viele Kinder, im Haus ist kein Platz mehr, jetzt muß ein Mädchen heiraten.‹

Er suchte und suchte, brachte diesen und jenen Mann. Damals durften die Mädchen nicht selbst wählen, das war üblich so, besonders bei den Juden. Nur ganz selten kam es vor, daß sich ein Mädchen verliebte und die Wahl selbst treffen durfte. So brachte auch mein Großvater einen Mann, einen sehr schönen, stattlichen Mann, mit einem strammen Schnurrbart, einen Metzgermeister aus Emmendingen bei Freiburg. Er war zwar schön von Angesicht, hatte aber einen rauhen Beruf für eine vielleicht etwas feinsinnigere, geistig interessierte Frau. Doch sie konnte nicht widersprechen, und der Mann hat ihr auch gefallen. So heiratete meine Tante den Isidor Weil, einen Metzgermeister in Emmendingen. Glücklich war sie nur in den ersten Jahren, als sie ein Kind bekam. Im großen und ganzen aber hatte sie ein sehr schweres Leben. Ich selbst habe sie gesehen, wie sie dabei war, mit dem Beil in der Hand Fleisch auszuhauen in der Metzgerei, oder wie sie hinter dem Verkaufstisch für Wurst stand. Sie mußte von morgens

Portrait der Familie Bloch, aufgenommen vom Konstanzer Photographen Fr. Hübner, ca. 1901

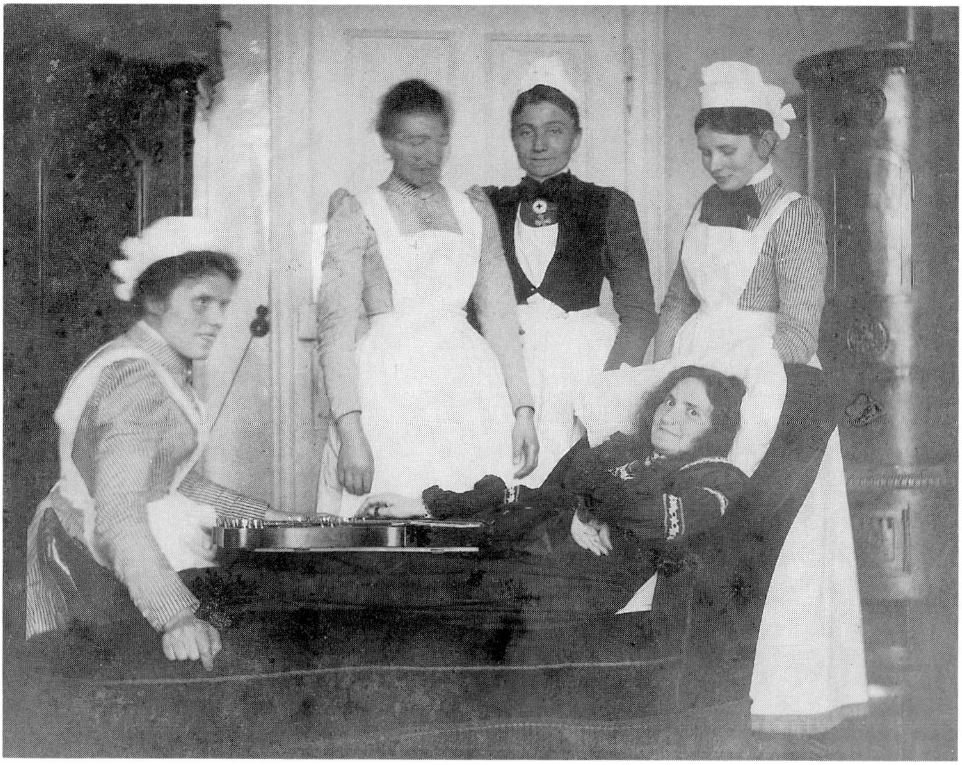

Die Mutter im Sanatorium »Konstanzer Hof«, wenige Jahre vor ihrem Tode

früh um fünf bis spät abends arbeiten und sich dazu noch um Küche und Haushalt kümmern. Mein Onkel war ein rechtschaffener Mann, aber wie es sein Beruf erforderte, eisern, hart und fest wie eine Eiche. Manchmal geriet er auch in Zorn. Meine Tante hat mir später erzählt, er habe einmal im Zorn ein Messer nach ihr geworfen, zwar nicht getroffen – aber immerhin! Sie hatte also ein schweres Leben, doch sie hat sich gleichsam innerlich konserviert, hat sich eingesponnen wie eine Puppe und nach außen ihre schwere Arbeit getan. Sie hatte zwei Kinder, zunächst eine Tochter, Ida Weil, die später meine zweite Mutter wurde, dann einen Sohn, den Jakob Weil.

Auch meine Mutter arbeitete schwer, sie arbeitete gerne und hatte durchaus Freude am Bauerndasein, aber da sie sehr intelligent war, hat sie gegen alles Sträuben der Großmutter durchgesetzt, daß sie für einige Jahre auf die Höhere Bürgerschule in Freiburg gehen durfte. Sie hat dort eine höhere Bildung bekommen, hat Französisch sprechen, lesen und schreiben gelernt. Sie war belesen in der ganzen deutschen Literatur des 18. und 19. Jahrhunderts. Das einzige, was ich noch von ihr habe – obgleich ich einmal viel mehr hatte –, sind zwei Goethe-Büchlein mit ihrem Namenszug ›Adele Veit, 4. Klasse.‹

Meine Mutter hatte durchaus heroische Züge. Als der dritte Sohn, Leopold, auf das Gymnasium gehen wollte, um das Abitur zu machen und zu studieren, hat der Großvater gesagt: ›Das kommt schon gar nicht in Frage! Bauer oder was du willst, mußt du selber lernen, aber Schule – nein!‹ Da hat auch Leopold sich mit seinen Geschwistern in Verbindung gesetzt, und sie haben ihm das Geld geschickt für eine Fahrkarte nach Amerika. Er hat die Fahrkarte gekauft und sich vorbereitet auf die Reise nach Hamburg. Als meine Mutter – sie war damals vielleicht 16 Jahre alt – hörte, daß ihr Lieblingsbruder, der vielleicht zwei Jahre älter war als sie, nach Amerika wollte und schon unterwegs sei, konnte sie es nicht mehr länger ertragen, mitanzusehen, wie der Großvater alle seine Kinder aus dem Hause vertrieb. Denn damals war Amerika gleichsam aus der Welt, und niemand wußte, ob man sich jemals wiedersah. Da hat meine Mutter den Entschluß gefaßt, sich das Leben zu nehmen. Sie hat dazu jene Phosphor-Streichhölzer gesammelt, die damals in Gebrauch waren, und hat die Köpfe einer ganzen Schachtel eingenommen. Wenig später fiel sie in Ohnmacht und Lethargie. Man rief einen Arzt, doch er wußte nicht, was dem Mädchen fehlte, und konnte nicht helfen. Man hat dann einen berühmten Arzt aus Freiburg kommen lassen, einen Spezialisten für innere Krankheiten. Als er kam, hat er sofort gesehen, daß da etwas nicht normal war, daß ein gesundes Mädchen nicht grundlos ohnmächtig und apathisch würde. Er hat sie dann untersucht und gefragt, ob es möglich wäre, daß sie sich vergiftet hat. Niemand wäre auf die Idee gekommen – er aber hatte den richtigen Instinkt, gab ihr ein Gegenmittel zum Erbrechen und hat so im letzten Augenblick ihr Leben gerettet.

Mein Vater, Moritz Bloch, war mit meiner Mutter vom 13. Lebensjahr an in Freiburg befreundet. Mit 13 Jahren wird man zum ersten Mal aufgerufen, in der Thora, den fünf Büchern Mose, den Abschnitt, der an jedem Samstag gelesen wird, öffentlich vorzulesen und eine Bracha, einen Segensspruch, zu erteilen. Man nennt diese Feier Bar Mizwa, die Reife zur Gemeinschaft, vergleichbar mit der Feier der Konfirmation bei den evangelischen Christen. Bei dieser Gelegenheit wird man feierlich aufgenommen in die Gemeinschaft der Männer – in der jüdischen Religion zählen bekanntlich nur die Männer in ihrer Anwesenheit, und man soll die Thora nur lesen, wenn mindestens zehn Männer, ein Minjan, beim Gottesdienst zusammen sind. Und während dieser Feier, bei der alle jüdischen Familien in der Synagoge beisammen sind, hat mein Vater die damals ebenfalls 13jährige Adele Veit kennengelernt, und sie haben Sympathie und Liebe füreinander empfunden und haben sich öfters getroffen. Mein Vater mußte ihr heimlich schreiben, weil der Großvater natürlich niemals erlaubt hätte, daß ein Mädchen mit einem Jungen einen Briefwechsel und eine Freundschaft unterhielt. Ich habe diese Briefe gelesen – leider sind sie vernichtet worden in der Nazi-Zeit. Mein Vater, der das Gymnasium besuchte, hat meiner Mutter griechisch schreiben gelernt, und sie haben sich griechisch geschrieben, damit niemand ihre Briefe lesen konnte.

Als mein Vater davon erfuhr, daß das Mädchen Adele tödlich erkrankt war, hat er ihr einen rührenden Brief geschrieben. Darin stand, er habe gehört, daß sie tödlich erkrankt sei und daß sie nichts mehr zu sich nehmen wolle, ja, daß sie sogar sterben und nicht mehr zum Leben zurückkehren wolle. Wie sie denn so etwas überhaupt nur erwägen könne, wo er doch sein ganzes Leben immer nur an sie denke, wo er sie doch einmal heiraten wolle und fest daran glaube, daß sie einmal ein glückliches Ehepaar werden würden! Man hatte meiner Mutter wohl ein Gegengift gegeben, doch sie wollte nicht mehr leben. Als man ihr jedoch diesen Brief vorlas – das weiß ich alles aus ihren Tagebüchern –, war sie so ergriffen von den Gedanken und der Liebe meines Vaters, daß der Lebenswille in ihr erwacht ist. Und doch hat meine Mutter bis an ihr Lebensende an den Folgen dieser Vergiftung gelitten. Das war eine der Ursachen für ihre frühen schweren Krankheiten, denn damals wurden die Leber und die Galle, der Magen und das Herz in Mitleidenschaft gezogen. Das alles habe ich natürlich nicht von meinem Vater erfahren, sondern erst sehr viel später – aus einer großen Kiste auf dem Speicher, in der all die Briefe und Tagebücher, Gedichte und Notizen, die meine Mutter hinterlassen hat, vernagelt waren.

Meine Mutter war sehr früh in einen Briefwechsel getreten mit der bekannten Pazifistin Bertha von Suttner. Sie war begeistert vom Pazifismus, denn schon zu Bismarcks Zeiten waren

Die Freiburger Synagoge, ca. 1890

die Tendenzen der Großmächte, die beginnende allgemeine Aufrüstung, klar erkennbar. In Paris, wo zwei Cousinen von ihr lebten, eine Lehrerin und eine Musikerin, hat sie gesehen, wie lebendig der Gedanke des Revanchismus in Frankreich zu jener Zeit war, wie bei den Franzosen der Tag der Revanche vorbereitet und wie darauf hin erzogen wurde. Sie sah jedoch auch die Aufrüstung und die Entwicklung der Krupps und der großen Artillerie- und Munitionsfabriken in Deutschland. Sie hat sich begeistert für den Gedanken des Pazifismus, wie auch für den damals aufkommenden Sozialismus. Bebel und Liebknecht waren große Persönlichkeiten, für die sie sich in ihrem Idealismus begeistert hat und mit denen sie zum Teil auch in Briefwechsel gekommen ist. Sie hat gesehen, daß man auf diesem Niveau wirken muß, wenn man wahrhaft leben will. Diesen Ideen ist sie schon in jungen Jahren nachgegangen, und diesen Ideen hat sie sich bis zum Ende ihres Lebens aufgeopfert.

Zweimal hatte sie, so habe ich aus ihren Tagebüchern erfahren, Frühgeburten. Bei der ersten Fehlgeburt hat sie sich schwere Vorwürfe gemacht und sich beschuldigt, dieses Kind ums Leben gebracht zu haben. Ihre Mutter hatte im Laufe ihres Lebens mehrere Herzattakken, und bei einem dieser Herzanfälle hat man sie gerufen, sie solle sofort kommen, ihre Mutter liege im Sterben. Damals waren die Eisenbahnen noch schlecht gefedert, man saß auf Holzbänken und war stundenlang unterwegs. Die Großmutter hat sich dann wieder erholt, doch als meine Mutter nach Hause zurückgekehrt war, hatte sie einen Abgang. Sie hat sich daraufhin schwere Vorwürfe gemacht, daß sie als hochschwangere Frau eine solche Reise mit der Eisenbahn unternommen hatte, auch wenn sie ihre Mutter andernfalls vielleicht nie mehr gesehen hätte. Auch das war eines der Erlebnisse, die sie zeitlebens seelisch schwer belastet haben.

1893 oder 1894 haben meine Eltern in Konstanz geheiratet, und von hier ging meine Mutter häufig in die Universitätsklinik nach Freiburg, um die Nachwirkungen ihrer Vergiftung behandeln zu lassen. Sie hatte, davon bin ich überzeugt, einen schweren Leberschaden, und auch die Galle mußte entfernt werden. Eine Gallenoperation vor 80 Jahren, das war schlimmer als heute eine Herzoperation, denn man hatte noch nicht viel Erfahrung mit solchen Operationen, und die Betäubungen waren schrecklich. Meine Mutter hat eine Art geistiges

Mutter Adele Bloch mit Kindern Erich und Lorle während eines Kuraufenthalts in Bad Dürrheim, dem Photographen in Schwarzwälder Tracht posierend

Testament hinterlassen, und darin hat sie unter anderem geschrieben, etwas Schlimmeres als die Nachwirkungen einer Operation, die menschlichen Veränderungen der eigenen Identität, könne man gar nicht erleben. Im Grunde, so hat sie einmal geschrieben, wollte sie nie zum Arzt, nicht zu einem praktischen Arzt, dazu sei sie nicht hart genug, allenfalls zu einem Seelenarzt.

Die Nachwirkungen dieser Operation waren so schlimm, daß sie schon wieder daran dachte, all das gar nicht überleben zu wollen. Sie hatte diese Tendenz zur Selbstaufgabe, schon in jungen Jahren, verbunden mit durchaus heroischen Zügen. Sie hat es natürlich zunächst doch nicht getan, denn sie hatte ja eine Aufgabe, hatte zwei Kinder und einen Mann, der sie liebte, und dazu auch noch ihre Mutter und ihre vielen Geschwister. Sie wurde dann wieder einigermaßen gesund, aber ihr Herz und auch ihr Magen waren in Mitleidenschaft gezogen worden, und sie hat wohl immer klarer gesehen, daß sie schwer krank war, physisch schwer krank und seelisch schwer krank. Immer wieder hat sie in ihren letzten Lebensjahren Sanatorien aufgesucht, da und dort, zuletzt in der Schweiz, am Zuger See. Und in diesem Sanatorium hat sie den Entschluß gefaßt, sich das Leben zu nehmen.

Mein Vater war rührend zu ihr, sie schreibt das wiederholt in ihren Tagebüchern, aber ihr Entschluß stand fest – so leid es ihr tue, so gut und so gütig mein Vater zu ihr auch sei und ihr zuliebe alles opfere, ohne je an Geld zu denken. Mein Vater war im Jahre 1892 als Advokat nach Konstanz gegangen, um hier seine berufliche Existenz aufzubauen. Er hat dann sehr schnell eine gute Praxis bekommen, denn damals gab es noch nicht so viele Anwälte wie heute. Er war ein tüchtiger Anwalt und ein guter Redner, ein guter Strafverteidiger. Er hat sich schnell einen guten Namen gemacht, und er war eine imposante Erscheinung.

Wegen meines Vaters hätte meine Mutter also wirklich keine Ursache gehabt, sich das Leben zu nehmen. Und sie hat es sich dennoch, als wir Kinder noch klein waren, genommen. Über ihre Motive kann ich folgendes sagen: Sie hatte tiefe Beziehungen zur geistigen, zur transzendenten Welt. Sie sah, daß diese Welt unvollkommen ist, daß in dieser Welt der Mensch nicht verrichten kann, was er vielleicht sollte oder sogar wollte, und daß es geistige Kräfte gibt, die über das Leben hinausgehen. Sie hat damals ungefähr so geschrieben und gedacht, wie heute Anthroposophen und Theosophen denken – deren Gedanken ich sehr nahe stehe, obgleich ich mich niemals im Leben entschlossen habe, einer festen Richtung anzugehören, außer daß ich als Jude geboren bin und dem Judentum, wenn ich auch meine ganz eigenen Anschauungen darüber habe, bis heute die Treue gehalten habe und auch weiterhin halten werde. Aber ich habe als freier, unabhängig denkender Mensch auch viele Gedanken, die über die Grundlagen der jüdischen Religion und das Gesetz hinausgehen. Und meine Mutter hat geschrieben: ›Ich werde mir mein Leben nehmen. Ich kann so, wie ich bin, noch nicht einmal meinen Kindern eine richtige Mutter sein, ich brauche Hilfspersonal. Ich brauche für mich selbst eine Krankenhilfe, und ich muß mehr liegen, als daß ich dem Hause vorstehen kann. Ich bin überhaupt nichts mehr wert als Mensch in diesem Leben. Ich kann nicht mehr das leisten, was von mir erwartet wird. Aber ich allein bin die Verantwortliche, und ich glaube und ich weiß, daß ich meinen Nächsten näher stehen werde, wenn ich mir das Leben nehme, als wenn ich am Leben bleibe. Ich kann sie vom Jenseits aus beschützen, und ich kann ihnen Beistand leisten. Mein Geist will das, und das ist mein Entschluß.‹ Das war ihre Anschauung.

Mein Vater war sehr betrübt, daß die Mutter physisch so krank war und nun auch noch offensichtlich depressiv geworden war. Um ihr beizustehen, rief er die Tochter ihrer ältesten Schwester Rosa in Emmendingen, die Ida, die damals vielleicht 20 Jahre alt war. Und die Ida kam. Die Tante, ihre Mutter, hatte erlaubt, daß sie längere Zeit blieb, um ihrer Schwester zu helfen. Diese Nichte Ida hat meine Mutter auch zu einem Erholungsurlaub in ein Sanatorium nach Zug begleitet. Und in Zug – das weiß ich aus einem Brief meiner Cousine Ida – hat sich folgendes ereignet: Meine Mutter wollte einmal allein in die Stadt, um etwas zu besorgen. Sie hat gesagt, sie müsse in die Apotheke, und hat der Cousine irgendeine Aufgabe übertragen, um sie abzulenken. In Wirklichkeit hat sie sich in Zug einen Revolver gekauft. Weshalb sie mit einer solchen Waffe umgehen konnte, weiß ich nicht, und ich glaube auch nicht, daß sie davor einmal dazu Gelegenheit hatte. Sie versteckte die Waffe und nahm sie mit auf ihr Zimmer. Dann schickte sie ihre Nichte fort, um etwas zu besorgen. Und in dieser Zeit, als sie in der Stadt war, hat sich meine Mutter mit der Waffe ins Herz geschossen. Ich habe Bilder von diesem Moment, Bilder, die man aufgenommen hat von ihrem Tod. Sie war sehr selig danach und ausgeglichen.

Man hat das damals niemandem gesagt. Nur eine Zeitung in Friedrichshafen hat die Nachricht gebracht, die Frau eines Anwalts in Konstanz habe sich in der Schweiz erschossen. Ansonsten hat man darüber in Konstanz nicht gesprochen. Wir hatten damals einen sehr guten Rabbiner, Dr. Hannes, ein liberaler Mann. Und der Kantor und Lehrer war der Großvater meiner Frau, Alexander Geismar, ein sehr feinsinniger, gebildeter und kluger Mann. Sie haben gar keine Notiz davon genommen, haben keinerlei Schwierigkeiten gemacht, denn sie kannten meine Mutter, diese wunderbare Idealistin und Frau. Meine Mutter hatte sich sogar als Dichterin bekannt gemacht, sowohl im Heiteren wie im Ernsten. Sie hat ab und zu Gedichte veröffentlicht und bei gesellschaftlichen Anlässen, bei christlichen und jüdischen Vereinen, vorgetragen.

Das Eigentümliche war, daß meine Mutter sehr heiter sein konnte, in Gesellschaften zum Beispiel. Wenn sie einmal gerade nicht betrübt oder krank war, dann war sie der heiterste Mensch der Welt. Aber ihr Schicksal war eben so geartet, daß mehr Bedrückendes auf sie gekommen ist, als daß das Heitere zum Durchbruch gekommen wäre. Meine Schwester Lore hingegen war die Heiterkeit selbst. So etwas Vergnügtes wie sie habe ich unter unseren Hunderten von Bekannten nicht mehr angetroffen. Sie war schlagfertig und witzig, konnte Schüttelreime aus dem Ärmel schütteln und war immer vergnügt. Unsere Mutter konnte auch vergnügt sein, aber das Melancholische war eher ihr Temperament.

Sie wurde auf dem jüdischen Friedhof des Konstanzer Stadtfriedhofes beerdigt. Dort steht in der dritten Reihe ein großer weißer Obelisk mit einem stilisierten Rosenstrauß und Dornen. Unten auf dem Stein ist ein schöner Spruch aus dem Hohe-Lied: ›Stark wie der Tod ist die Liebe‹.

Mein Vater war natürlich sehr gebrochen und erschüttert, obgleich er eine olympische Natur hatte, sehr ausgeglichen, sehr heiter, sehr humorvoll, aber auch ebenso ernst. Sehr oft ging ich an der Hand meines Vaters auf den Friedhof, begleitete ihn. Das war damals noch ein weiter Weg, von der Dreifaltigkeitskirche über die Rheinbrücke hinaus aus der Stadt. Mittags, zwischen ein und zwei Uhr, war noch weit und breit kein Mensch unterwegs. Wir hätten auch mit der Kutsche fahren können – damals hatten die Kutscher ihren Platz vor dem Bahnhof, und wir hatten sogar einen Kutscher gegenüber am Bodanplatz, den wir nur rufen mußten, und dann kam er bis vors Haus gefahren. Doch wir gingen meist zu Fuß, und das war für mich ein Erlebnis, zunächst einmal ohne Mutter, nur mit dem Vater, einsam diesen langen Weg zum Friedhof zu gehen, diesen besinnlich langen Weg. Da ich noch ein Kind war von vielleicht viereinhalb oder fünf Jahren, hat das auf mich einen tiefen Eindruck gemacht.

Auch der Tag, an dem ich vom Tod meiner Mutter erfahren habe, ist mir unvergeßlich in Erinnerung. Ein Vetter meiner Mutter, Adolf Veit, hatte damals in Konstanz ein Gardinengeschäft, eine Fabrik und einen Engroshandel. Die Familie war sehr splendid, der Vater hat offenbar gemeint, die Kinder müßten alles haben. So hatten sie zum Beispiel einen großen Zug und auch andere hochinteressante Spielsachen, die wir zu Hause nicht hatten, denn wir sind viel einfacher erzogen worden als diese Kinder. Für mich und meine Schwester war das natürlich faszinierend, und wir sind dort oft zum Spielen hingegangen. Als wir wieder einmal dort waren, kam unsere Tante herein und sagte: ›Hört auf zu spielen, kommt rein, Erich und Lorle, ich muß euch etwas sagen. Ich muß euch sagen, eure Mutter ist gestorben.‹

Lorle, meine Schwester, hat das sofort begriffen, sie war anderthalb Jahre älter als ich, ist zusammengebrochen und hat geschluchzt und geweint, hat sich auf das Sofa gelegt und war untröstlich. Und ich? Ich konnte in diesem Moment gar nichts tun, ich hatte keinerlei Reaktion, weil ich nicht wußte, was Tod ist. Sie hat es schon gewußt, ich wußte es nicht. Ich war ein naives Kind an sich und noch zu klein, ich wußte nicht, was Tod ist, und konnte nichts damit anfangen.

Aber ich habe es erfahren.

Wir wohnten damals in der Rosgartenstraße, eine Riesenwohnung. Es gab noch keine Leichenhalle, und so mußten wir aus unserem Kinderzimmer, das nach hinten lag, heraus. Der Sarg wurde dann ins Haus gebracht, das war üblich so, und vom Haus ging der Trauerzug durch die Stadt bis zum Friedhof. Meine Mutter wurde also in unser Zimmer gebracht, und es war üblich, daß man eine Wache stellte, Tag und Nacht, bis zur Beerdigung. Da war einmal dieser, einmal jener da, alte Frauen und auch alte Männer. Auf jeden Fall hat man uns gesagt, in unser Schlafzimmer dürften wir nicht mehr hinein, bis es wieder für uns da sei, und man hat uns in der Nähe in einem anderen kleinen Zimmer eingebettet. Am anderen Tag kamen dann viele Menschen, viel Trauer und viel Weinen und Schluchzen. Ich war auch da, aber so richtig teilgenommen habe ich an dieser Sache nicht – ich dachte, meine Mutter ist fort und wird

Ein Leichenzug auf dem Weg durch die Stadt. Aufnahme des Konstanzer Photographen Joseph Fischer, um 1910

schon wieder kommen. Doch dann hat mich die Neugierde geplagt, und ich wollte wissen, warum ich eigentlich nicht mehr in unser Zimmer durfte. Da habe ich die Türklinke geöffnet und sah einen langen Sarg, der noch offen war. Und eine Frau hat mir gewunken –

›Komm! Es ist zwar nicht erlaubt... Siehst du, da ist deine Mutti.‹

›Was ist...‹

›Ja, sie ist tot.‹

›Ja, was heißt das?‹

›Schau, da oben, dort lebt sie jetzt im Himmel und kommt nicht mehr zu dir zurück. Und siehst du, wie der Vogel dort fliegt, so fliegt sie als Engelein, dort oben, irgendwo.‹

Da wurde mir plötzlich klar, daß dies ein Abschied für die Ewigkeit war. Nun erst begriff ich, was Tod war. Ich sah meine Mutter da liegen, tot und leblos, in ihrer ganzen Schönheit.

Dieser frühe Tod meiner Mutter hat mein weiteres Leben in einer ganz besonderen Weise geprägt und bestimmt. Solange ich hier in Konstanz und am Bodensee lebte, ging ich in jeder Notlage, vor jeder schweren Entscheidung, auf den Friedhof, an das Grab meiner Mutter. Dort lernte ich meditieren. Früher stand sogar eine kleine Bank vor dem Grab, die mein Vater hatte anbringen lassen. Man konnte sich dort also für längere Zeit setzen und innig denken. So habe ich in vielen wichtigen Lebensentscheidungen durch meine Versenkung, durch mein innerliches Suchen nach der Beantwortung einer Frage, fast immer eine Antwort bekommen in meinen Gewissensentscheidungen, manchmal sogar durch äußere Zeichen. Ich habe gelernt, solche Zeichen zu deuten. Auch die Juden kannten noch Seher in ihrer frühen Geschichte, Samuel war solch ein Seher und Priester und Prophet. Ich habe mir das wirklich angeeignet, und alles, was ich von dort innerlich oder äußerlich als Antwort bekommen habe, hat mir stets den richtigen Weg gewiesen. Ich kann hier nicht die vielen Einzelfälle aufzählen, man würde mir nicht glauben. Aber ich habe am Grabe meiner Mutter auch einen Wink bekommen, wohin ich in meiner Not einmal auswandern soll. Und die Antwort lautete, wenn irgend möglich, nach Palästina. Ich habe viele solcher religiösen Zusammenhänge in meinem Leben erfahren, auch ohne das Grab meiner Mutter, und ich kann unglaubliche Dinge erzählen. Eines weiß ich ganz bestimmt: Bei allem, was uns im Leben an Unglück noch getroffen hat – das, was meine Mutter mit ihrem Tod gesucht und gewollt hat, in bezug auf mich wie auch auf meinen Vater, ist eingetreten. Wir fühlten uns und ich fühlte mich beschützt durch ihren Tod, durch ihr geistiges, jenseitiges Dasein, und das bin ich bis heute. Ich werde sterben wie jeder andere, aber ich habe Beweise und tiefe berechtigte Gründe, dies so anzunehmen. Ich kann heute meine Mutter rechtfertigen und tue es auch.

Meine Cousine Ida Weil, die älteste Tochter der Schwester meiner Mutter, hat mir später einmal folgendes erzählt. Eines Tages, im Sanatorium in Zug, habe meine Mutter zu ihr gesagt: ›Meine liebe Nichte, Du warst so gut, bist so lange zu uns gekommen, um meinem Mann zu helfen und meinen Kindern und mir beizustehen. Schau, ich weiß nicht, wie lange ich noch leben werde‹ – sie wußte natürlich schon, daß sie sich das Leben nehmen würde –, ›aber ich bitte Dich, wenn Du kannst, versprich mir eines. Bleibe, so lange es geht, bei meinem Mann, und bleibe so lange es geht, bei meinen Kindern. Willst Du mir das versprechen?‹ Meine Cousine hat ihr das in die Hand versprochen, und das war ihr auch ein großer Trost. Und sie blieb bei uns, und mein Vater hat sie geheiratet. Sie war zehn Jahre jünger als mein Vater, aber sie war eine so gute und treu besorgte Seele, daß sie uns Kindern wie eine eigene Mutter war. Sie hatten zusammen noch zwei Kinder, meinen um acht Jahre jüngeren Bruder Theo, der Musiker wurde und heute in Israel lebt, und meine jüngere Schwester Adele, die den Namen meiner Mutter bekommen hat. Diese Schwester Adele ist leider schon als dreijähriges Kind an Hirnhautentzündung erkrankt, ohne daß die Krankheit gleich erkannt und richtig behandelt worden wäre. Sie mußte dann später in einer Nervenheilanstalt bei Heidelberg untergebracht werden und ist unter der Naziherrschaft der Euthanasie zum Opfer gefallen.«

Konstanzer Kindheit und Jugend um 1900

Nach dem Tode der Mutter wird bei Karl August Schwarz in Konstanz eine kleine Schrift gedruckt: »Trauerrede an der Bahre der Frau Rechtsanwalt Adele Bloch, geborene Veit, gehalten von Stadtrabbiner Dr. L. Hannes – Konstanz, den 10. Siwan 5662/15. Juni 1902. Von den Hinterbliebenen dem Druck übergeben.« Die Rede liefert nicht nur ein mit großer Empfindsamkeit gezeichnetes Portrait vom Leben und Wirken der Mutter, sie läßt auch etwas erahnen vom Denken, von den Umgangsformen und vom gesellschaftlichen Leben jener Zeit, und auch davon, welchen Platz der Tod und das Gedenken an einen Toten im Kreise der Lebenden hatten.

Erich Bloch ist damals noch nicht einmal fünf Jahre alt, und trotz dieses einschneidenden Erlebnisses formt sich ihm in der Erinnerung das Bild einer glücklichen Kindheit und einer wunderbaren Jugend – in »jenen schönen Jahren vor dem Ersten Weltkrieg.« Obwohl materieller Reichtum und Besitz in seinen Erzählungen so gut wie keine Rolle spielten, darf die Freiheit von materiellen Sorgen und Nöten, darf das wohlbehütete Heranwachsen in der Geborgenheit einer gutsituierten, bürgerlich-wohlhabenden Konstanzer Familie durchaus zu den stillschweigenden Voraussetzungen dieser glücklichen Jugend gerechnet werden. Im wirtschaftlichen Erfolg wie in der gesellschaftlichen Anerkennung dieser bürgerlichen jüdischen Familie in Konstanz spiegelt sich der allgemeine wirtschaftliche Aufschwung und Strukturwandel der Stadt, der eng mit den Folgen der sogenannten Judenemanzipation in den Jahren nach 1860, das heißt vor allem mit dem Zuzug und der Existenzgründung von Juden aus den umliegenden jüdischen Landgemeinden Gailingen, Wangen, Worblingen und Randegg, verknüpft ist. Konstanz wurde in jenen Jahrzehnten zur Einkaufsstadt für ein weites schweizerisches, aber auch badisches Hinterland, und die Gründung jüdischer Geschäfte hat dabei eine wesentliche Rolle gespielt. Die Zölle waren damals noch minimal und die Grenze zur Schweiz kaum ein Hindernis. Und da es in Kreuzlingen, der »Konstanzer Gartenstadt«, kaum Konfektions-, Schuh- oder Porzellanwarengeschäfte gab, kamen neben den Bauern aus dem Linzgau vor allem die Thurgauer Bauern in die Stadt: »Wegen des Zolls haben sich die Thurgauer doppelte Hosen angezogen und zwei, drei Hüte übereinander auf den Kopf gesetzt – und Schuhe über die Schultern! Sie waren also beinahe schon maskiert.«

Auch die Anwaltspraxis des Vaters hat Teil an diesem Aufschwung, die rasch wachsende Klientel besteht zu 99 % aus Christen, darunter sehr viele Bauern aus der engeren und weiteren Umgebung. Die starke berufliche Inanspruchnahme des Vaters – »er saß oft bis nachts um zwei über seinen Akten, und er hat sich kalte Tücher auf die Stirn getan, um sich wach zu halten« –, dazu seine liberale Einstellung, möglicherweise auch die ›Verteilung‹ der Erziehung auf die Mutter und zwei, zeitweilig sogar drei weibliche »Dienstboten« eröffnen dem Kind, das Kinderarbeit und häusliche Pflichten nicht kennt, die vielfältigsten Freiräume zum Spielen, zum Entdecken und Erkunden der Stadt. Und die ganze Stadt war damals Spielplatz, es gab ja noch kaum ein Auto: »Es gab nur die Pferdekutschen und die Pferdegüterbestättereien, Senger & Butz hieß die bekannteste Firma, die hatten nur schwere Hengste und Pferde. Nur der Ruppaner, die Bierfabrik, hatte ein großes Auto, das natürlich schwer war und gefahren ist mit großem Lärm und großem Gewicht...«

Werbeschmuckblatt für das jüdische Damenkonfektionsgeschäft S. Schatz junior, ca. 1910

KINDHEITSORTE I

Straßen, Gärten, Höfe, Kinderspiele

»Wir haben zunächst in der Rosgartenstraße gewohnt, später dann in der Sigismundstraße, und meine Frau wohnte als Kind in der Bahnhofstraße. Dort konnten wir spielen und spielen, Ball, Schlagball, Handball und Verstecken, ›Räuber und Handschuh‹ und was wir nur wollten, in den Gärten, hinten und vorn über die Mauern. Es war eine wunderbare, glückliche Zeit. Am liebsten haben wir natürlich an der Bruderturmgasse gespielt; wo heute der Autoparkplatz ist, da standen früher nur Kastanienbäume. Wir nannten das ›unsere Allee‹. Im angrenzenden Haus, wo heute die Sparkasse einen Schalter hat, wohnte der Vetter meiner Mutter, Adolf Veit, der dort auch seine Gardinen ausgestellt hat. Da war ein Tor, das man öffnen konnte, und dort haben wir Theater gespielt – oben auf der Mauer saßen die Zuschauer, und unten haben wir gespielt. Wir konnten wunderbar spielen, und es war wirklich großartig, wie die Jugend von allen Seiten zusammenkam. Aber es hat oft auch schon Streitigkeiten gegeben zwischen bestimmten Straßenzügen. So gab es einmal einen furchtbaren Streit zwischen den Zogelmannsträßlern und den Bodansträßlern, und einer der Zogelmannsträßler hatte sogar ein Schlageisen dabei. Ein Bub aus der Bahnhofstraße bekam von ihm einen solchen Schlag auf den Kopf, daß er zum Arzt gebracht und die Wunde genäht werden mußte.

Und dann darf ich vielleicht noch etwas erzählen, wenn Sie von den schönen Jahren vor dem Ersten Weltkrieg etwas wissen möchten. Heute spielt doch die Messe in Konstanz kaum mehr eine Rolle. Aber für uns in der Jugend war das ein ganz großes Ereignis. Die ganze Marktstätte stand voller Buden, und auch die Bahnhofstraße, die Sigismundstraße und die Bodanstraße bis zum Döbele hinauf waren von Buden gesäumt. Wenn die Buden aufgebaut wurden und noch leer waren, haben wir Buben und Mädchen, vor allem aber die Buben, mit Begeisterung in diesen Buden gespielt, haben uns dort versteckt und gesucht und genarrt. Die Buden wurden bewacht von einem Mann mit einem Stecken, den wir oft gehänselt und mit dem wir unsere Dummheiten gemacht haben. ›Steckelemaa, hot d'Hoselätz aa, hinte un vorne e Zettele draa‹ – diesen Vers haben wir ihm oft nachgerufen, dann ist er uns nachgesprungen, und wehe, wenn er einen erwischt hat! Und dann standen natürlich an allen Ecken die ›billigen Jakobs‹, bei denen man für eine Mark eine Unmenge von Sachen kaufen konnte. Das waren glänzende Redner, humorvoll und schlagfertig. Man mußte einfach stehenbleiben, man konnte gar nicht anders. Ich weiß noch gut, wie mein Vater einmal an einem Sonntag mit uns spazierengehen wollte. Ecke Sigismundstraße/Bahnhofstraße stand ein großer Tisch mit einem Schirm, wo sich Dutzende von Menschen angesammelt hatten. Und auch mein Vater ist nicht mehr weggekommen. Er stand eine halbe Stunde da und hat gelacht über die Witze, die der Mann gerissen hat, und am Ende hat er eine Mark herausgezogen und fünf Sachen gekauft, die er gar nicht wollte oder brauchte: einen Hosenträger und ein Messer und einen Kamm – alles Mögliche hat man da angeboten für eine Mark.

Ein großes Erlebnis war natürlich der Zirkus. Es gab drei große Zirkusse in meiner Jugendzeit, einen aus Frankreich, dann Hagenbeck aus Hamburg und Sarassani, aber auch einen deutschen Zirkus. Als Kinder spielten wir Zirkus auch selbst, das Spiel hieß ›humpty-dumpty‹, mit wunderbarem Spielzeug, aber auch einem sehr teuren, nur etwas für Kinder aus den besseren bürgerlichen Klassen.

Im Hause haben wir auch sehr viel Kasperle gespielt. Es gab kleinere und größere Kasperle-Spiele. Die kleineren hat man auf dem Tisch aufgebaut, sie waren aus Karton, eine kleine Bühne mit drei Seiten und einem Vorhang in der Mitte. Wenige Figuren genügten zum Spiel, der Teufel und seine Frau und was man eben so hatte. Mein reicher Freund Philipp Veit dagegen hatte eine große Bühne, etwa zwei Meter hoch. Da konnte man unten reinstehen und

Buden der Konstanzer Messe am Schnetztor. Ansichtskarte um 1900

von unten als Kind spielen. Dazu haben wir natürlich unsere Klassenkameraden und ein ganzes Regiment eingeladen und die improvisiert eingeübten Spiele vorgespielt. Manchmal hatten wir auch Texte, aber meist wurde improvisiert.

Auch Cricket haben wir schon gespielt, auf dem Döbele, meist aber in unserer ›Allee‹. Ein Spiel, das wir im Frühjahr oder im Herbst mit sehr viel Leidenschaft gespielt haben, waren ›Kügele‹ – Murmeln, kleine Kugeln aus Ton, in allen Farben. Man konnte sie einzeln werfen, der nächste mußte sie treffen, und wer traf, hatte gewonnen. Viel aufregender aber war ein Glücksspiel beziehungsweise ein Geschicklichkeitsspiel mit Murmeln. Wir haben dazu ein Loch in die Erde gebohrt und zwei Meter davor einen Strich gezogen, dort mußte man stehen. Der erste, der drankam – das wurde vielleicht ausgelost –, konnte bestimmen, um wieviel gespielt wurde: jeder legte fünf Kugeln ein, drei haben gespielt, also 15 Kugeln. Dann hat man – ›Spicken‹ haben wir das genannt – mit der Glaskugel, die innen wunderschöne Farben hatte, auf die Kugeln im Loch gezielt, und der Werfer durfte alle Kugeln, die getroffen wurden und aus dem Loch geflogen sind, behalten. Einige waren so geschickt, daß sie fast alle Kugeln rausgeschleudert haben. Der Sieger konnte dann bestimmen, wie viele in der nächsten Runde gesetzt wurden. Da ging es also zu wie auf der Spielbank: ›Jetzt habe ich 20 gewonnen, 20 werden wieder gesetzt!‹ Dann mußte jeder 20 einlegen. Das war damals viel, da hat das Kügele einen Pfennig gekostet, für eine Mark hat man hundert Kügele bekommen, und die Glaskugeln kosteten vielleicht zehn Pfennig das Stück.

Wenn es regnete, haben wir in den Waschküchen der Hinterhöfe Karten gespielt. Da gab es ›66‹, und es gab sogar ein jüdisches Spiel – ›Bethlen‹ –, das wurde ähnlich wie ›17 und 4‹ gespielt und kam aus Gailingen. Ein beliebtes Spiel für die Jungen war das ›Bockjucken‹. Dabei stellte sich einer an die Wand – zum Beispiel an der Dreifaltigkeitskirche –, dann stellte sich

Konstanzer Kinder an der Hofhalde, um 1910. Photographie von German Wolf

der nächste zu ihm, bückte sich und hielt sich an ihm fest, dazu zwei, drei, vier oder fünf andere. Die anderen mußten dann auf diesen Böcken so weit wie möglich nach vorne springen. Brachen die Böcke zusammen, dann mußten sie sich noch einmal aufstellen. Wenn aber die Springer vorne nicht mehr alle Platz fanden, dann mußten sich diese als Böcke aufstellen. Das war sehr konstanzerisch, dieses Bockjucken, das man schon mit acht oder zehn Leuten spielen konnte.

Wir hatten dann noch ein sehr schönes Baukastenspiel, dessen Name ich vergessen habe. Es gab Bausteine für Dächer, Hausecken, Vordächer und Säulen, und alles war im Jugendstil, sehr schön. Heute hat man ja ganz andere, technische Spiele. Mit diesem Spiel konnten wir ganze Dörfer bauen, mit Schulhaus, Rathaus und Kirche. Wenn wir mal krank waren, konnten wir uns stundenlang damit beschäftigen.

Nicht zu vergessen ist natürlich ein Patentmann sondergleichen, ein Feinmechaniker namens Hirner. Er war in ganz Konstanz und Umgebung bekannt, weil er Vexierspiele aus Metall gemacht hat. Er hat sie zusammengesetzt, und wer sich die Mühe machte, konnte sie wieder auseinandernehmen. Als Schüler haben wir uns stundenlang bemüht, und manche haben es geschafft, andere überhaupt nicht. Dann sind wir zu ihm gegangen und haben uns zeigen lassen, wie man das macht. Er hatte eine ganz besondere Technik, Phantasie und Genialität. Das wurde viel gekauft, aber es war offenbar ein Spiel speziell für Konstanz, denn ich habe es nirgends sonst gesehen. Für uns war das ein Unterhaltungsspiel erster Klasse im Winter, wenn man nicht auf die Straße konnte.

Ganz in unserer Nähe in der Bahnhofstraße gab es ein Korbwarengeschäft, das im hinteren Teil eine dazugehörige Korbflechterei hatte, in der vielleicht fünf oder sechs Frauen und Männer arbeiteten. Um die Jahrhundertwende war die Korbflechterei ein sehr gutes Handwerk. Man pflanzte Weiden, pflegte sie und schnitt sie im Herbst. In jedem Haushalt gab es einige Körbe verschiedener Größe, meist waren es Rundkörbe. Damit hat man die Kartoffeln oder das Obst aus dem Keller geholt oder auch Holz getragen. Die Fischer haben längliche Fischkörbe gebraucht. Körbe wurden also immer und überall benötigt, ohne sie konnte man gar nicht leben. Und als Kinder haben wir diesen Frauen und Männern öfters zugeschaut, wie sie so flink ihre Körbe geflochten haben. Dann gab es in der kleinen Gasse, die von dem jüdischen Kaufhaus Merkur am Bodanplatz zur Zogelmannstraße führte, einen sehr interessanten Kupferschmied, der hieß von Sondern. Wir konnten das zunächst gar nicht begreifen, daß einer, der ›von Sondern‹ hieß, ein ganz einfacher Kupferschmied war, denn für uns war es klar, daß ein ›von‹ mindestens ein Major oder ein Oberst oder ein alter Fabrikbesitzer sein mußte. Dieser Mann hat Kupferkessel und andere schöne Dinge gemacht, und da haben wir Kinder stundenlang im Hof gesessen oder gestanden, er hat uns nie verjagt und immer geduldet, bei schönem Wetter, daß wir ihm zuschauten.

Und dann gab es bei uns in der Rosgartenstraße ein sehr altes, erstklassiges Kolonialwarengeschäft, das hieß Rau. Dort arbeiteten die beiden Töchter, der Sohn, die Frau und er, der Herr Rau. Die Beleuchtung bestand noch aus Petroleumlampen, das war im Winter urgemütlich, aber düster. Schon im Alter von drei, vier Jahren hat mich meine Mutter hundertmal dorthin geschickt, wenn etwas gefehlt hat: ›Hol schnell 100 Gramm Butter, hol schnell einen Hering, hol das und jenes.‹ Und wir sind gern gegangen, aber wir mußten auch ziemlich lange anstehen, weil die Erwachsenen die Kinder ja bekanntlich immer wegdrängen. Ich bin dann oft geschimpft worden – man hat gemeint, ich hätte auf der Straße noch ein bißchen gebummelt mit anderen Kindern –, ich war eben zu bescheiden und nicht energisch genug. Besonders wenn es mal, was nicht oft vorkam, die in der ganzen Stadt beliebte Süßrahmbutter gab, die von einer Molkerei in Immenstaad kam, bin ich gleich geschickt worden, eine für

Die Altstadt um 1900 bot ungezählte Entdeckungsmöglichkeiten, so zum Beispiel eine alte Metzigbank in der Hohenhausgasse

meinen Vater oder für die Eltern zu holen. Wir selber haben dann noch in einem kleinen jüdischen Geschäft in der Sigismundgasse gekauft, ein sehr gemütliches Geschäft, das aber keine große Auswahl an Waren hatte und wo die Hausfrauen nur sporadisch kauften. Ich habe deshalb bei diesem Mann gekauft, weil wir jedesmal einige Bonbons geschenkt bekamen, auch wenn wir nur für 20 Pfennig etwas gekauft haben. Unsere Bonbons und Süßigkeiten haben wir Kinder, wenn wir gespielt haben, auch bei einem jüdischen Bäcker in der Neugasse gekauft, Jonas Adler hieß er.

Eindrucksvoll waren auch die Großmostereien, die es nicht nur auf dem Land, sondern auch in Konstanz gab. Bei uns in der Nähe, in der Neugasse, etwa dort, wo heute Hertie seine Laderampe hat, stand ebenfalls so eine Presse, eine Mosterei. Wenn im Herbst gemostet wurde, haben sie die Abfälle in fast meterhohen Haufen bis zur Straße hin gesammelt, und diese Haufen lagen ungefähr zwei Wochen da und haben einen ungeheuren Verwesungsgeruch über die ganze Straße verbreitet. Man konnte dort nicht vorbeigehen, ohne sich die Nase zuzuhalten, aber so etwas hat man ohne weiteres genehmigt. Es war natürlich nicht sehr hygienisch, aber es hat insgesamt nur einige Wochen im Jahr gedauert.

Die meisten Häuser in der Bahnhofstraße, der Sigismundstraße und im neuen Teil der Rosgartenstraße bis zum Bodanplatz sind in den neunziger Jahren des 19. Jahrhunderts gebaut worden. Ich stand als Kind sehr viel auf unserer Terrasse und habe von oben heruntergeschaut. Ich wollte nicht in den Kindergarten. Meine Schwester ging hin, sie war auch älter. Ich war verträumt und wollte ruhig sein, nachdenklich. Ich konnte stundenlang sitzen und nur denken und träumen. Ich habe auch selten mit Gegenständen gespielt, mit Kindern ja, aber nicht mit Gegenständen. Träumen, das war meine Liebhaberei. Ich sah aber auch sehr gerne zu, was sich auf der Straße abgespielt hat. Das Haus gegenüber von uns zum Beispiel, wo heute die Sparkasse drin ist, aber auch das angrenzende Haus zum Autoparkplatz hin, sind in meiner Jugendzeit gebaut worden. Dort war zuvor nur Grün, die ganze Bodanstraße war von Bäumen bestanden, und es gab dort auch noch eine Wiese. Damals habe ich mit großem Interesse zugesehen, wie alle diese Häuser gebaut worden sind.

Kindheitsängste – Nächtliche Brände – Erdbeben 1911

Sehr aufregend waren in meiner Kinderzeit die Brände in Konstanz, denn die Feuerwehr war noch sehr primitiv, was den Weckruf betraf. Als Feuerwehr war sie schon gut eingerichtet, sie war zeitgemäß und in Ordnung. Aber das Telefon war noch selten, wenn auch die Feuerwehr selbst schon eines hatte. Es gab jedoch noch keine Feuermelder, die man nur einschlagen muß, um direkt mit der Feuerwehr in Verbindung zu kommen. Es gab nur einen Mann, der das Feuerwehrhaus auf dem Stephansplatz bewachte, wo auch die technischen Geräte untergebracht waren. Die Leitern waren noch mechanisch und mußten mühsam per Hand in die Höhe gedreht werden. Meistens wurde ein Feuer vom Wächter auf dem Münsterturm gemeldet, dort war ein kleines Häuschen, das Tag und Nacht besetzt war. Wenn dieser Wächter irgendeinen verdächtigen Rauch oder ein Feuer sah, dann hat er sich mit der Feuerwehr in Verbindung gesetzt. Die mußte dann einige Leute wecken, vielleicht mit dem Fahrrad, vielleicht auch zu Fuß, und mußte sie bitten, Alarm zu schlagen. Daraufhin ging ein Feuerwehrmann durch die Stadt mit einer Trompete und hat den Alarmruf geblasen – also alles sehr langsam.

Fast immer hat es nachts gebrannt. In unserer Straße, der Rosgartenstraße, gab es damals drei aufregende Brände in unserer Nähe. Es muß schon nach Mitternacht gewesen sein, da hörte man den Ruf der Feuerwehr. Es war immer erschreckend und unheimlich, dieser Widerhall der Trompete in den stillen Straßen der Stadt. Und alles ist aufgeschreckt, rannte im Nachthemd an die Fenster und hat sich gefragt, wo brennt's, wo brennt's? Wir sahen, daß es

Beim Brand des Hauses Ecke Neugasse/Hussenstraße blieben nur noch Trümmer übrig. Aufnahme von G. Wolf, ca. 1905

ganz in unserer Nähe brannte, Ecke Neugasse/Hussenstraße. Häufig war es sehr windig, und in diesen alten, mit viel Holz gebauten Häusern verbreitete sich das Feuer rasend schnell. Die Feuerwehr jedenfalls war ohnmächtig gegen den Brand. Soviel ich weiß, ist damals niemand verbrannt oder persönlich in Mitleidenschaft gezogen worden, aber die Leute haben alles verloren, sie konnten nichts mehr retten. Es bestand sogar die Gefahr, daß ein Teil der Altstadt in der Hussenstraße und in der Neugasse mit abbrennen würde. Man hat wohl Feuerwehren aus der Umgebung zur Verstärkung gerufen, aber es hat nichts genützt. Ein andermal hat es gegenüber der Augustinerkirche gebrannt, auch bei Nacht, gegen Morgen. Es war das Haus eines Bäckers, und da muß irgend etwas beim Anzünden des Ofens passiert sein. Damals standen mindestens drei Häuser unmittelbar uns gegenüber in Flammen. Uns Kinder hat man nicht nur aus dem Schlaf gerissen, sondern man hat uns angezogen, hat notdürftig etwas gepackt und war bereit, das Haus zu verlassen, sobald das Feuer noch weiter auf die Nachbarschaft übergriff. Ich weiß noch gut, daß wir Kinder, sobald der Alarmruf der Feuerwehr kam, wirklich gezittert haben vor Angst – wir mußten raus aus den Betten, und es hieß, wir müssen vielleicht fort, müssen fliehen und unser Haus verlassen. Das war für uns ein richtiger Schock.

Einmal hat es direkt neben uns gebrannt, in einem kleinen, von einem jüdischen Nachbarn geführten Warenhaus. Das Geschäft hieß Knopf und war eine Filiale der großen Warenhäuser in Freiburg, Basel, Straßburg und Emmendingen. Unser Nachbar, Herr Klopstock, war dort Geschäftsführer. Dieser Brand ist ausnahmsweise am Tage ausgebrochen. Ich war damals vielleicht sieben Jahre alt und ging schon in die Schule. Als ich den Ruf der Feuerwehr hörte, war ich gerade auf dem Döbele, Karussell fahren. Ich erschrak und dachte, schnell nach Hause, es wird doch nicht in unserer Gegend sein! Wie ich auf den Bodanplatz komme, hatte die Polizei schon abgesperrt, und alles stand da. Und direkt neben unserem Haus sind die Flammen bei Knopf ausgeschlagen! Ich habe gerufen, ich habe fast geweint und gesagt: ›Ich muß heim, ich muß heim, bitte laßt mich durch!‹ Ein Polizist hat mich dann geführt. Ich erinnere mich noch gut, wie der Oberbürgermeister Dr. Weber am Haus stand und gegen eine Wand geklopft hat, um zu sehen, ob es eine Feuermauer war oder nicht, das heißt, ob die Gefahr bestand, daß jetzt gleich wieder zwei, drei Häuser auf einmal abbrannten. Und obwohl es offenbar eine Feuermauer war, herrschte bei uns im Hause eine große Aufregung. Mein Vater und seine Angestellten packten sämtliche Akten, um ihre Klientel schützen zu können, falls das Feuer auf unser Haus übergriff. Auch wir mußten das Nötigste packen und mußten das Haus verlassen, die Polizei hatte verlangt, daß es geräumt wird.

Die Zustände waren also noch so primitiv, daß man bei einem Brand wirklich in Angst und Schrecken geraten konnte.

Unvergeßlich ist mir in diesem Zusammenhang auch das starke Erdbeben vom November 1911. Es war schon abends, nach zehn Uhr, ich war noch ein Schüler, 14 Jahre alt, und war schon im Bett, hatte aber noch nicht geschlafen. Auf einmal zitterte das ganze Haus – das war damals in der Sigismundstraße 16 –, und ich dachte, nanu, jetzt kann doch der Ruppaner mit seinem Bierauto nicht fahren, nachts um zehn. Das etwa war die erste Reaktion, denn das Haus zitterte nur, wenn der Ruppaner, der einzige schwere Lastwagen in Konstanz, vorbeifuhr. Dann plötzlich ein großes Geschrei. Hinter unserem Haus war damals ein Lichtspieltheater, und dort hatte es eine große Aufregung gegeben, weil die Leute gespürt haben, daß alles zitterte und wackelte. Das Publikum strömte durch die Hinterausgänge ins Freie, in den Hof, und wir haben lautes Schreien gehört. Und ganz plötzlich war mir klar, daß dies ein Erdbeben gewesen sein mußte, etwas anderes konnte es nicht sein. Alles schrie, stand auf und sprang auf die Straße, und niemand traute sich mehr, in die Häuser zurückzukehren, weil man

Die Folgen des Erdbebens von 1911 wurden auch auf Ansichtskarten festgehalten

Das erste Lastauto in Konstanz

gehört hatte, daß es häufig Nachbeben gab. Die Stadt hatte damals unten an der Marktstätte bei der ›Konstanzer Zeitung‹ Nachrichten anschlagen lassen. Dort konnte man erfahren, was los war, denn nur die Zeitung hatte die nötigen Fernverbindungen und konnte die Bevölkerung informieren. Man hatte ja noch kein Radio und nichts dergleichen, nur das Telefon – doch wo hätte man anfragen sollen? Da stand: man solle sich richten, ein kleines Köfferchen packen mit dem Nötigsten. Und man solle sich nur auf großen öffentlichen Plätzen wie dem Bodanplatz, dem Stephansplatz oder dem Döbele aufhalten. Das war natürlich ein Fingerzeig für Diebe, aber damals gab es noch keine – heute würde man das nicht mehr machen. Wir haben dann die ganze Nacht auf dem Bodanplatz verbracht, weil das Observatorium in Zürich aufgrund der Stärke des Bebens ein Nachbeben angekündigt hatte. Und so geschah es auch. Am anderen Tag sahen wir, daß die große Germania vom Dach des Postgebäudes herabgestürzt war und ein gut zwei Meter tiefes Loch in den Boden geschlagen hatte. Auch die Kreuzblume vom Münster war herabgestürzt, zum Teil auf den Boden vor der Kirche, zum Teil hatte sie das Dach durchschlagen und war in das Münster hineingefallen. Es hat also wirklich nicht viel gefehlt, und ganze Häuser wären eingestürzt. Unser eigenes Haus in der Sigismundstraße hat geschwankt und geächzt, daß man meinte, es würde gerüttelt und geschüttelt und bräche im nächsten Augenblick zusammen.

Am nächsten Morgen gingen wir dann wieder zur Schule, pflichtgemäß. Man war zwar durchnächtigt, aber man mußte doch in die Schule, unsere Eltern haben uns geschickt. Und die Lehrer haben gesagt: ›Warum kommt ihr in die Schule? Habt ihr denn geschlafen heute nacht?‹ ›Natürlich nicht!‹ ›Also macht, daß ihr nach Hause kommt, und schlaft euch erst mal aus!‹ Das war die erste Antwort der Lehrer und der Direktoren, und da gingen wir natürlich nach Hause und haben uns ausgeschlafen.

KINDHEITSORTE II

Sonntagsausflüge in die Umgebung der Stadt

Ausflüge unternahmen wir regelmäßig am Sonntag. Ein sogenanntes Wochenende gab es noch nicht, denn die Geschäfte waren am Samstag bis um sechs oder sieben am Abend geöffnet. Und für viele Leute in Konstanz, zum Beispiel für die Eltern meiner Frau, die in der Bahnhofstraße ein Textilgeschäft hatten, gab es auch kaum einen Sonntag, denn man hat die Geschäfte auch am Sonntag geöffnet, von elf Uhr morgens bis vier Uhr nachmittags, durchgehend. Das war von der Stadt erlaubt und sogar herkömmlich. Diese Leute und auch deren Angestellte hatten es also nicht so gut, sie konnten sich kaum einen schönen Sonntag leisten oder mal eine Wanderung machen. Das war noch ein Relikt aus dem alten 19. Jahrhundert, wo eben das Soziale noch kleingeschrieben wurde. Viele Leute hatten damals einen 12-Stunden-Tag, auch Lehrlinge und junge Angestellte. Ein Sonntag war also nur bestimmten Kreisen gegönnt. Die Arbeiter und Angestellten in den Fabriken hatten natürlich frei. Vielleicht konnten auch Geschäftsleute, die gute Vertretungen hatten, mal spazierengehen. Für viele aber hat nach der Kirche das Geschäft sofort begonnen. Mein Vater dagegen war als Anwalt in einem freien Beruf, und er ist mit uns Kindern sehr viel fortgegangen.

Eines der Ausflugsziele, die man als nah bezeichnet hat, war das Waldhaus Jakob. Damals war dort ein tüchtiger Wirt namens Markstahler, einer der ersten, die schon ein kleines Auto hatten, denn das Haus lag weit ab, und es gab nur im Sommer eine Schiffsverbindung dorthin. Dafür hielten damals auch noch die großen Kursschiffe dort am Landungssteg. Die Terrassen waren seinerzeit neu angelegt, und vom Garten hatte man einen herrlichen Blick auf das Horn, auf den See und die Alpen. Von dort ging man weiter am Ufer des Sees zum Wasserwerk, hinaus nach Staad. Da gab es ein sehr schönes Restaurant mit einem großen Garten, das Gasthaus ›Zum Schiff‹, ein beliebtes Ausflugsziel. Omnibusverkehr gab es noch nicht dorthin, und so ging man eben zu Fuß.

Dann ging man natürlich auch auf die Insel Mainau, zu Fuß oder mit dem Schiff, das war schon ein weiterer Spaziergang. In einem kleinen Gasthaus sind wir dort manchmal eingekehrt zum Vespern, Mainauer Käse. Wir gingen als Kinder ab und zu auch allein dorthin, am Mittwochnachmittag, wenn schulfrei war, in kleinen Horden, zu zweit oder zu dritt durch den St. Katharinenwald und weiter zur Mainau. Einmal bin ich mit einem Freund zusammen durch den Park gegangen, oben beim Schloß, und da hat uns der Großherzog, Friedrich I., ein jovialer, patriarchalischer Mann mit langem Bart, angehalten. Er hat uns gefragt, wer wir seien, woher wir kämen, und warum wir heute hierher gekommen seien. Und wir haben gesagt, wir liebten die Mainau. Das hat er sehr lobend anerkannt und uns alles Gute gewünscht. Das war für uns Buben ein großes Erlebnis.

Auch in St. Katharina, einem schönen Restaurant mit großem Garten, mitten im Mainauwald gelegen, waren wir oft – zum Teil auch schon mit den Rädern. So um 1909, im Alter von zwölf, dreizehn Jahren, haben wir unsere Räder bekommen. Das war damals durchaus noch etwas Besonderes, denn ein Rad kostete ungefähr 120 Goldmark, das ist etwa so viel wie heute 1200 Mark, also eine teure Sache. Ein Fahrrad, das war eines der Geschenke vom Großvater, das wir zu Bar Mizwa bekommen haben.

Wichtig war auch die Schweiz. Wir wohnten ja später in der Schottenstraße, und von dort gingen wir sehr viel ins Paradies, hinüber nach Gottlieben, aber auch hinauf auf die Höhe, zum Gasthaus ›Besmer‹. Ein sehr schöner Spaziergang führte auch über Klein-Venedig, die Seewiesen, vorbei an der Seeburg hinaus zum Restaurant ›Seeschau‹. Wer müde war, konnte dort einkehren, wer noch nicht müde war, ging weiter bis nach Bottighofen. In Bottighofen gab es noch nicht diesen schrecklichen Hafen mit Hunderten von Yachten und Motorbooten,

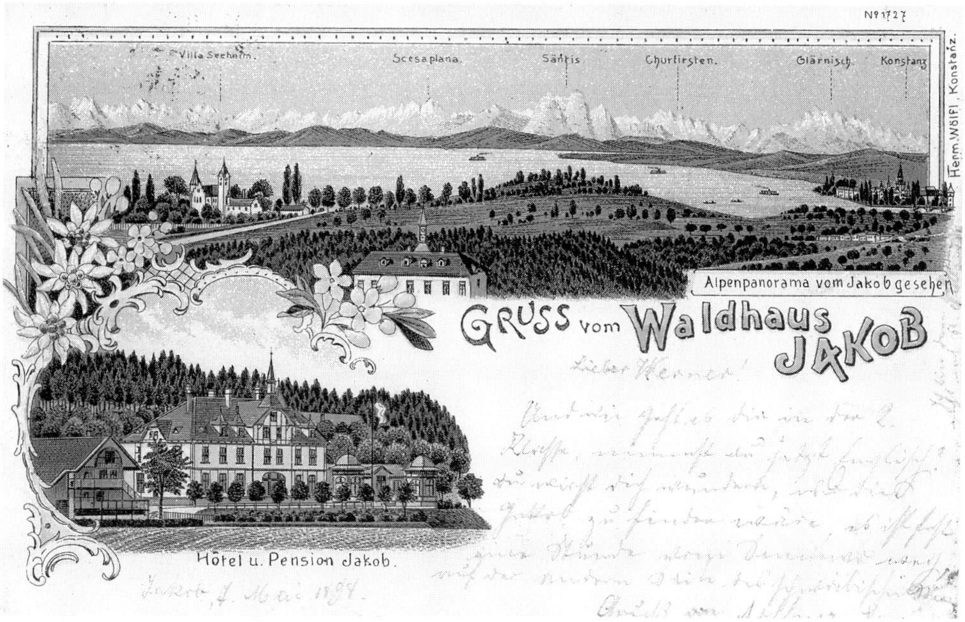

Ein beliebtes Ausflugslokal zur Zeit der Jahrhundertwende: Das »Waldhaus Jakob«. Lithographierte Ansichtskarte, um 1905

es gab nichts als Wasser und Wiesen und eben das Ried! Das ganze Ufer war Ried, im Grunde ein richtiges Naturschutzgebiet. Es war aber wohl doch nicht geschützt, denn man hat es ja zerstört. Aber es war so schön wie ein Naturschutzgebiet, man konnte dort baden und lauschen und Vögel beobachten. Ich habe unendlich viele schöne Erinnerungen an diese Zeit, und ich kenne heute noch jeden Baum und jeden Strauch. Es gab damals sehr viele Obstwiesen am Ufer, die noch nicht eingezäunt waren wie später die Kuhweiden, die man am Ufer wenig sah. Niemand hatte etwas dagegen, daß wir als Kinder da Fallobst sammelten, Lederäpfel und viele andere gute Sorten.

Vor 1914 hat die Grenze kaum eine Rolle gespielt. Jeder Erwachsene, jeder Deutsche, jeder Schweizer, jeder Italiener, jedes Kind konnte über die Grenze gehen, es sei denn, man hatte etwas in seiner Tasche oder in seinem Koffer, und dieser mußte wegen des Zolls geöffnet werden. Aber der Zoll war minimal, und man mußte lediglich größere, wichtigere Dinge verzollen. Man sah zwar hin und wieder einen Zöllner, aber man ist nie angehalten worden, niemand wollte einen Ausweis sehen. Die Grenze hat man überhaupt nicht beachtet. Wir haben als Kinder zum Beispiel oft in der Schwedenschanze gespielt, in den schönen Gärten bei den Häusern an der Grenze. Dort wohnte ein Freund von mir namens Picard, eine jüdische Familie, und bei den Picards ging der Garten rüber ins Schweizerische. Sie hatten sogar ein kleines Türchen dort, da konnten sie bei Tag und bei Nacht hinüber und wieder zurück, und niemand hat etwas gewollt. Heute ist natürlich alles mit Zäunen zugeschlagen, und man braucht schon genaue Kenntnisse, um noch hinüberzukommen. Auch am Saubach, wo heute der Grenzzaun verläuft, haben wir Kinder gespielt, rüber und nüber. Und auch die Granegg in der Schweiz bei Bernrain, in der Nähe von Schloß Girsberg, wo Graf Zeppelin wohnte, war ein beliebtes Ziel für kleinere Ausflüge. Dort gab es auch eine wunderbare Rodelbahn, von der Kapelle oben sind wir gerodelt bis runter zur Konstanzer Straße, wo heute die große

Blick auf den Grenzübergang »Kreuzlinger Tor«. Ansichtskarte um 1905

Schloß Castell. Ansichtskarte

Ampelanlage steht. Es gab kaum Verkehr, allenfalls ist mal ein Bauer mit seinem Fuhrwerk dahergekommen.

Und dann natürlich Schloß Castell, mit der schönen Wirtschaft etwas unterhalb, dem ›Grüntal‹! Dort haben wir die großartigsten Räuberspiele gespielt, Räuber und Gendarm, Sich-Verstecken und Einander-Entdecken, denn dort gab es Sandsteinhöhlen und wunderbare Wälder mit wilden großen Schluchten, wo man sich herrlich verstecken konnte. Mein Vater ging dort besonders gerne hin, denn es gab dort eine Spezialität, die Appenzeller Fladen, die es in Konstanz noch nicht gab, und auch den ›Kräuterchäs‹, Butter und eine geriebene Masse dazu, die man sich anmachte und dick aufs Brot schmierte. Wenn wir also im ›Grüntal‹ waren, mußten wir Kräuterkäs essen, das war obligatorisch!

Beinahe hätte ich ein ganz typisches Ausflugslokal vergessen, wo wir auch sehr oft eingekehrt sind, die ›Friedrichshöhe‹. Sie lag herrlich außerhalb der Stadt, auf der Höhe, aber es war etwas schwer, dorthin zu kommen. Die Friedrichshöhe hatte eine sehr schöne Halle aus Glas, dort saß man bei weniger schönem Wetter mit dem Blick auf Stadt und See, und auf der Rückseite des Hauses konnte man im Garten sitzen. Der Weg dorthin führte damals über die Wilhelmstraße, vorbei an der Petershauser Schule, das war alles noch unbebaut, nur Wiesen, Gärten und Landwirtschaft, Obstbäume. Auch die Schule wurde erst 1909 gebaut. Ungefähr dort, wo heute die Beyerlestraße verläuft, führte ein Weg hinauf durch Gärten und Rebberge, und oben ging man lange auf der Höhe, mit einem herrlichen Blick auf Konstanz. Es ist schade, daß man diesen schönen Ausflugsort so hat verkommen lassen, dort könnte heute eines der schönsten Hotels der Stadt stehen.

Inmitten von Reben und Obstgärten: Gasthaus und Pension »Zur Friedrichshöhe«

›UNGEHEUER PATRIARCHALISCHE ZEITEN...‹

Markante Persönlichkeiten und Konstanzer ›Originale‹ vor dem Ersten Weltkrieg

Es gab in dem kleinen Städtchen einige Persönlichkeiten, die durchaus aus dem Rahmen des Alltäglichen herausfielen. Dazu gehörte natürlich vor allem der Besuch der Großherzoglichen Hoheiten von der Mainau, die bekanntlich einen großen Teil des Jahres, vor allem die Zeit von Frühling bis Herbst, auf der Insel verbrachten. Wenn auch der Großherzog nicht immer selbst anwesend war, so doch seine Frau und seine Kinder oder Verwandte aus der großherzoglichen Familie. Diese Leute kamen mit ihren Equipagen und Kutschen, um in der Stadt einzukaufen. Und wo die großherzoglichen Hoheiten einkauften, da durften die Geschäftsinhaber ein Schild anbringen: ›Hofbäcker‹, ›Hofmetzger‹, ›Hofjuwelier‹, ›Hofphotograph‹. Das war typisch für die kleine Stadt, es wimmelte von solchen Tafeln, die natürlich eine schöne Empfehlung waren.

Es war überhaupt eine gemütliche Zeit, wenn ich so zurückdenke. Die Kaufleute und alle, die ein bißchen situiert waren, gingen morgens um elf Uhr ihr ›Schöpple‹ trinken, auf eine Viertelstunde, vielleicht zwanzig Minuten, in die ›Sonne‹, den ›Bodan‹, ins ›Schlössle‹ oder in die ›Krone‹. Man hatte noch mehr Zeit, es gab nicht so viel Rummel, so viel Geschäftsbestand, auch noch nicht so viele Angestellte. Wenn man durch die Straßen ging, stand da zum Beispiel der Hofjuwelier Müller vor seinem Geschäft im Hauseingang und hat spazieren geschaut, und gegenüber stand Herr Thanhauser – Besitzer eines jüdischen Geschäfts – und hat ebenfalls spazieren geschaut. Ab und zu haben sie auch miteinander gesprochen, da sah man die Leute ganz gemütlich eine Viertelstunde unter den Eingängen ihrer Geschäfte stehen – das kann man sich heute gar nicht mehr vorstellen, dafür hat schon gar keiner mehr Zeit. Auch nachmittags um vier traf man sich zum ›Schöpple‹ – man hatte dafür natürlich einen längeren Arbeitstag und höchstens eine bis anderthalb Stunden Mittagszeit.

Es gab noch eine Reihe anderer Persönlichkeiten, die sehr geachtet waren. Abends, bei Anbruch der Dunkelheit, sah man zum Beispiel sehr oft den Baron von Scherer, den Besitzer von Schloß Castell. Diese Leute haben viel gekauft in der Stadt, vor allem natürlich in den Delikateßwarengeschäften und in den Juweliergeschäften. Der Baron war vermutlich einer der ersten, der auch mit seinem Auto in die Stadt fuhr. Sehr viel gesehen hat man ebenfalls die damaligen Besitzer von Schloß Gottlieben, eine Familie von Fabrice, Schweizer. Sie sind zweispännig und mehr dahergekommen und haben in Konstanz eingekauft, in Kreuzlingen gab es ja nichts zu kaufen für diese Leute.

Und dann natürlich, nicht zu vergessen, Graf Zeppelin! Graf Zeppelin kam bescheiden, am Mittag, am Abend und auch einmal am Morgen, in einer ein- oder zweispännigen offenen Equipage, ohne Kammerdiener. Wenn wir als Kinder diese Kutsche irgendwo gesehen haben, haben wir gesagt: ›Ah, da ist der Graf Zeppelin, jetzt wollen wir warten, bis er kommt!‹ Und wir haben ihn ehrfurchtsvoll gegrüßt, und er hat uns immer die Hand gegeben. Er hatte schon einen grauen Schnurrbart damals, war ein alter Mann, und er war für uns Kinder so anziehend, daß wir ihm oft nachgelaufen sind. Es war also eine ungeheuer patriarchalische Zeit, heute unvorstellbar...

Auch der damalige Oberbürgermeister Dr. Weber war eine interessante Erscheinung, groß und mächtig, mit einem Spitzbart. Er hat mich an einen mittelalterlichen Aristokraten erinnert, an einen Mann, der in Konstanz im Mittelalter hätte regieren können, so fest und sicher kam er daher. Seinen Nachfolger, Dr. Hermann Dietrich, der im Ersten Weltkrieg Oberbürgermeister war, habe ich schon früh kennengelernt. Von seiner politischen Biographie her ist er der bedeutendste Bürgermeister, den Konstanz in diesem Jahrhundert hatte. Er wohnte bei Allensbach, wo er ein eigenes Landgut hatte. Nach dem Ersten Weltkrieg ist er

Ludwig Leiner, Apotheker und Stadtrat (1830 – 1901)

öffentlich für die neue Weimarer Republik aufgetreten; die meisten Menschen, die vielen Offiziere und die Adligen sowie der Mittelstand, die Bürger – ich bin ja auch noch so erzogen worden – waren mehr oder weniger monarchisch gesinnt, und das hat sich auch 1918 nicht sofort geändert. In dieser Situation konnte man einen wirtschaftlich, finanziell und in allen Dingen so weitblickenden und tüchtigen Mann wie Hermann Dietrich sehr gut gebrauchen.

Unter den interessanten Männern, die auch in der Öffentlichkeit tätig waren und aus dem bürgerlichen Stand kamen, hat mir sehr imponiert der Urgroßvater des jetzigen Stadtrats Dr. Ulrich Leiner, Ludwig Leiner, der eigentliche Gründer des Rosgartenmuseums, damals schon ein alter Herr.

Dann gab es in meiner Jugend zwei wirklich markante Buchhändler, Karl Gess und Ernst Ackermann, die sehr viel für die Kultur in Konstanz getan haben, für das Bildungswesen, das noch nicht so weit entwickelt war. Es gab zwar schon die Wessenbergbibliothek, aber sie war nicht so populär, daß die Schüler oder die Konstanzer hingegangen wären. Ernst Ackermann war ein großartiger Buchhändler, vor allem später in der Gymnasialzeit für uns Schüler. Er wußte, was wir lesen konnten und wollten und hat das auch besorgt, er hat uns beraten und hat uns die Bücher gezeigt, worüber wir sehr froh waren. Hinter seiner Buchhandlung hatte er, durch einen Vorhang abgeteilt, ein kleines Kämmerchen, wo er Dutzende von sogenannten ›Schläuchen‹ bereithielt. Das waren Übersetzungen von lateinischen und griechischen Dichtern und Schriftstellern, mit denen wir uns helfen konnten, wenn wir bei Tacitus und Homer nicht mehr durchkamen. Da gab es für 50 Pfennig solch einen Schlauch, mit dem man etwas erleichtert seine Hausaufgaben machen konnte. Diese Schläuche hat er uns Kindern zuliebe angeschafft, was damals sehr selten war, es gab wenige solcher Buchhandlungen, denn aus der Sicht der Schule war dies eine verbotene Handlung. Ackermann gehörte, was ich ihm nicht übelgenommen habe, einer sehr nationalistischen Partei an, dem ›Alldeutschen Verband‹ – Hurra-Patrioten, die damals schon für ein erweitertes Deutschland eintraten. Aber in seiner Persönlichkeit war er ein großer, kultivierter Mensch. Ihm sind zum Beispiel die Wessenberg-Vorlesungen zu verdanken, die im Großen Saal des Insel-Hotels gehalten wurden. Auch Kammermusik-Konzerte hat er veranstaltet, mein Vater und ich haben fast alle seine Konzerte besucht. Er hat sogar Symphoniekonzerte organisiert, wobei er sich auf Konstantin Handloser, den bedeutenden Dirigenten der Konstanzer Regimentskapelle, stützen konnte. Dessen Kapelle gehörte damals zu den berühmtesten Militärkapellen in ganz Süddeutschland.

Im politischen Leben der Stadt trat in erster Linie Martin Venedey hervor. Er war Rechtsanwalt und demokratischer Landtagsabgeordneter in Karlsruhe – eine imponierende Gestalt, groß, schön und majestätisch. Als Anwalt war er noch nicht einmal der beliebteste, weil er sich so sehr der Politik gewidmet hat. Er hatte zwar einen jüdischen Kompagnon, den Rechtsanwalt Fuchs, aber das hat den Leuten nicht genügt. Wenn jemand zu Venedey ging, dann wollte er auch von ihm vor Gericht vertreten werden, doch meistens war Venedey nicht da.

Auch Stadtpfarrer Dr. Gröber war solch eine markante Persönlichkeit. Wir wohnten fünf Jahre in der Sigismundstraße, und Dr. Gröber war damals Pfarrer der Dreifaltigkeitskirche, das Pfarrhaus lag an der Ecke Sigismundstraße–Bodanstraße. Dr. Gröber habe ich schon als kleiner Junge beim Spielen auf der Straße kennengelernt. Wenn er von seinem Pfarrhaus zur Kirche ging, sind die katholischen Kinder gesprungen und haben ihm die Hand gegeben. Auch ich habe ihm die Hand gegeben und ihn begrüßt. Die Kinder haben vielleicht gesagt ›Gelobt sei Jesus Christus‹ – ich habe das sicher nicht gesagt, weil ich nicht wußte, was das bedeutet –, aber ich habe gesagt ›Grüß Gott, Herr Pfarrer!‹ Ich habe Dr. Gröber auch in der Kirche selbst erlebt, und das kam so: Wenn unsere Eltern am Sonntag einmal fortgingen und unser Kindermädchen auf meine Schwester und mich aufpassen sollte, dann hat sie uns einfach mit in die Kirche genommen, wenn sie am Sonntag zur Messe ging. Da haben wir sehr früh einen Eindruck gewonnen, was ein katholischer Gottesdienst mit einer Messe ist. Das hat auf uns Kinder einen großen Eindruck gemacht, die bunten Glasfenster, der geschmückte Altar, der lichte Raum und all die Zeremonien mit viel Gesang und Chor und Orgel, auch wenn wir noch nicht genau wußten, was das bedeutete. Wenn sich das Mädchen niedergekniet hat, dann habe auch ich mich gekniet, und wenn sie wieder aufstand, dann bin auch ich aufgestanden. So bin ich schon früh – und ich bin sehr froh darüber – mit den Riten der katholischen Kirche in Kontakt gekommen. Als ich dann 12 oder 14 Jahre alt war, bin ich mit Dr. Gröber auch in ein Gespräch über Jesus und das Evangelium gekommen, worüber ich noch nichts wußte. Er hat mich früh auf das Evangelium aufmerksam gemacht, ich habe es dann gelesen und mit meinem Vater darüber gesprochen, auch mit Dr. Gröber und mit meinen Schulkameraden. So ist mir viel Neues erschlossen worden, das Für und das Wider verschiedener Sichtweisen und Auffassungen.

Stadtbekannt war auch Prälat Schleyer, der Erfinder von Volapük, der Gegensprache zu Esperanto. Lange Zeit, etwa in den neunziger Jahren und um die Jahrhundertwende, war der Kampf zwischen Esperanto und Volapük unentschieden. Esperanto hat sich dann durchgesetzt, weil es leichter war und polyglotter, aber Volapük ist nicht vergessen – wir finden es heute noch in jedem Lexikon. Auf den Spaziergängen mit meinem Vater sind wir natürlich auch hin und wieder diesem Prälaten Schleyer begegnet, man hat sich ehrfurchtsvoll gegenseitig begrüßt, und mein Vater hat mir dann erklärt: ›Das ist der Erfinder einer Weltsprache, eine große Sache, die Volapük genannt wird.‹ Dieser Mann war stadtbekannt, er ging stets sehr

Der Konstanzer Rechtsanwalt und demokratische Landtagsabgeordnete Martin Venedey (1860–1934)

Prälat Johann Martin Schleyer (1831 – 1912)

würdig in einem grauen Halbgehrock mit hellgrauem Zylinder, dazu der graue Bart – eine markante Erscheinung.

Und dann waren wir als Buben natürlich fasziniert von den ersten Flugversuchen des Konstanzer Flugpioniers Ernst Schlegel. Wir haben damals draußen am Exerzierplatz bei Stromeyersdorf sehr viel Fußball gespielt, und da standen auch einige große Zelte von Stromeyer, in denen Schlegel an einem von ihm selbst konstruierten Flugzeug, einem Eindecker, arbeitete. Er hat selbst einige Flüge damit probiert, aber der Apparat ist nie mehr als einige Meter in die Höhe gestiegen und ging beim dritten Versuch zu Bruch. Als kleine Buben mit etwa zwölf Jahren waren wir in seinem Zelt, und er hat uns erklärt, was er da vorhatte. Wir waren erstaunt und haben nie geglaubt, daß so ein schweres Ding fliegen könnte – bis dahin kannten wir nur den Zeppelin, von dem wir aber wußten, daß er mit Gas gefüllt war.

Es gab in meiner Jugendzeit auch eine Reihe sehr origineller Gestalten, von denen ich nur einige erwähnen möchte. Einer von ihnen, der ›Mucki‹, der im Altersheim, dem ›Gütle‹, wohnte, ist auch literarisch und künstlerisch festgehalten worden. Dieser ›Mucki‹ muß irgendwann in seinem Leben einen Schock oder eine Krankheit bekommen haben. Jeden Tag sah man ihn in der Stadt, mit Frack und weißen Handschuhen und einem Zylinder, schon hoch im Alter. Er war groß, ging leicht nach vorne gebeugt, dazu natürlich ein blödes Gesicht, leicht idiotisch. Mal hing ihm die Zunge raus, mal lief ihm Schleim aus der Nase, und immer war er schmutzig. Die Kinder sind ihm nachgesprungen und haben ihm ›Mucki, Mucki‹ nachgerufen, Spottworte – manchmal hat er sich umgedreht, meist aber nicht viel Notiz davon genommen. Dieser Mucki war eine in der ganzen Stadt bekannte Gestalt.

Die Konstanzer Flugmaschine von Schlegel und Züst anno 1910

Der Konstanzer Amateur-Photograph Louis Frank widmete dem »Mucki« gar eine eigene Ansichtskarte

Ebenfalls aus dem ›Gütle‹ war ein kleiner dicklicher Mann, kaum größer als ein Zwerg, den man ›Tommele‹ nannte. Der Tommele konnte nicht gut sprechen, er stotterte, man konnte ihn kaum verstehen, und er war der Kinderspott der Altstadt. Auch er war eine sprichwörtliche Gestalt, und man hat ihn dauernd gesehen.

Eine andere originelle Gestalt war die ›Sandfeve‹, eine Frau, die in einem alten Kinderwagen Sand verkaufte, den sie oben bei Schloß Castell holte, wo die Höhlen sind. In Konstanz zog sie durch die Straßen der Stadt mit ihrem Ruf ›Saand, Saand zu verkaufen!‹. Und die Buben sind ihr nachgesprungen mit Hallo und mit Blödsinn und haben die arme Frau immer gehänselt. Sie wohnte ganz unten in einem alten, ziemlich verkommenen Häuschen in der Hüetlinstraße.

Hebräischunterricht am Stephansplatz – Die Volksschulzeit

Es gab einen einzigen Kindergarten in Alt-Konstanz, in der Schottenstraße. Ich war nur einmal dort, mit meiner Schwester, dann wollte ich nicht mehr. Ich war ein individualistisches Kind, habe gerne geträumt und fand den Kindergarten nicht schön. Auf jeden Fall war ich froh, daß ich bis zur Schulzeit zu Hause und auf der Straße spielen und mich selbst beschäftigen konnte.

In die Schule kam ich relativ spät, weil ich im August Geburtstag habe und Schulbeginn an Ostern war. Ich hatte mich im Grunde gefreut auf die Schule. Da ich in keinerlei Art und Weise vorbereitet war – meine Eltern waren klugerweise nicht der Auffassung, ich müsse schon vorher Schreiben und Lesen können –, war mir alles neu, und ich war voller Spannung und Erwartung. Mit mir kamen viele Kinder aus meiner Nachbarschaft, die ich schon kannte, in die Schule, in diesem Jahr waren sogar auffallend viele jüdische Kinder in die erste Klasse gekommen. Da die Klassen jedoch nach dem Alphabet aufgeteilt wurden, war in meiner Klasse kein anderes jüdisches Kind.

Ich hatte das Glück, einen wunderbaren, in Baden und in ganz Süddeutschland berühmten Pädagogen als Lehrer zu haben, Friedrich Göbelbecker. Dieser Mann war um die Jahrhundertwende zu der Erkenntnis gelangt, daß die Fibeln, aus denen die Schulanfänger lernten, völlig veraltet waren. Er schuf eine eigene neue Schulfibel und setzte sie auch durch. Sie war nicht nur psychologisch sehr interessant, sondern auch für Kinder sehr anregend, denn sie enthielt wunderbare moderne und auch farbige Abbildungen. Das Kind sieht ja zunächst viel lieber auf das Anschauliche, bevor es sich dem Abstrakten, dem Text und den Zahlen zuwendet, die es zunächst noch gar nicht versteht. Diese Fibel war mir ein großes Erlebnis, gleich schon die ersten Seiten, und ich konnte es gar nicht erwarten, bis ich das, was ich da sah, auch lesen konnte und wußte, was es bedeutete. Dieser Lehrer war ein ganz großartiger Pädagoge. Man durfte in dieser Zeit noch schlagen, Ohrfeigen austeilen, und man hat auch noch kräftig vom Rohrstock Gebrauch gemacht. Kinder, die unruhig und nicht zu bändigen waren oder störten, weil sie von zuhause aus schlecht erzogen waren, bekamen noch ihre Tatzenstreiche. Auch ich bekam sie einmal, weil ich unaufmerksam war – und das war sehr schmerzhaft: mit aller Kraft ein Rohr auf die Fingerspitzen zu schlagen, das war grausam. Und viele Kinder haben das täglich bekommen, weil sie so unartig waren. Unser Lehrer Göbelbecker jedoch hat relativ wenig Gebrauch davon gemacht, er war ein moderner Pädagoge. Er hat das wirklich nur eingesetzt, wenn er sah, daß es Schüler gab, mit denen man absolut nicht arbeiten konnte, weil sie ständig störten. Aber auch in solchen Fällen ließ er die Eltern kommen und hat mit ihnen, soweit es möglich war, darüber gesprochen. Ich hatte ihn zwei Jahre und verdanke ihm die Grundbegriffe des Denkens, Lesens und Schreibens, ich verdanke ihm sehr viel.

Meine Schule war die Stephansschule. Sie war noch nicht modernisiert oder umgebaut, bot also noch weitgehend den Zustand vom Anfang des letzten Jahrhunderts, als das ehemalige

Franziskanerkloster aufgehoben worden war. Die Fußböden dort haben so geknarrt, daß man kaum noch unterrichten konnte vor Lärm, wenn andere Schüler, die eine Stunde später Unterricht hatten, über den Flur gingen. Die Schulbänke dagegen waren modern. Man hatte lange Bänke, und in jeder Bank waren mindestens vier Schüler – man saß also eng zusammen.

Noch eine schreckliche Unart gab es damals: man mußte sitzen wie ein Soldat, beide Hände auf dem Tisch. Und die Hand durfte nicht weg, das wurde als Störung betrachtet! Man stelle sich das vor: ein Kind von sechs Jahren muß, wenn es sich nicht betätigt, schreibt oder liest, sitzen wie ein Soldat, stramm aufrecht, und beide Hände auf dem Tisch! Das war so unnatürlich – das war der erste Schritt zum Kadavergehorsam, zur Unselbständigkeit des europäischen und deutschen Menschen. Das waren die Anfänge für jenes militante Morden und das blinde Ausführen all dessen, was befohlen wurde.

In der dritten Klasse hatten wir einen Oberlehrer, der schon mindestens 65 Jahre alt war, ein Greis namens Wirth, mit weißem langem Bart. Er war schon etwas senil, aber sehr gütig. Wir mußten bei ihm die erste lateinische Schrift lernen, bis dahin hatten wir nur die deutsche Schrift gelernt. Ich bin kein guter Maler und Zeichner, ich habe eine individuelle Art zu schreiben. Und dieser Wirth hat nun jeden Buchstaben, a und b und c und d, auf der Tafel vorgezeichnet in einer Verirrung und Wirrung von Schnörkeln, da mußte man schon begabt sein, um das zu lernen und nachzuahmen. Ich konnte es nie recht so, wie er es wollte. Heute schreibt man alles klar und so einfach wie möglich, fast schon Druckschrift, aber dieser Mann war eben noch barock, war alt und kindlich, und er war verliebt in diese aussterbende Art des letzten Jahrhunderts.

In der dritten Klasse wurden alle jüdischen Schüler wegen des Religionsunterrichts zusammengefaßt. In den ersten beiden Klassen hatten wir unseren Religionsunterricht nur an den Nachmittagen, nun wurde er auf den Vormittag verlegt, und deshalb mußten wir alle beisammen sein. Wir bekamen Religionsunterricht von dem Kantor und Lehrer Alexander Geismar, dem Großvater meiner Frau. Ich habe damals schon bei ihm sehr gut Hebräisch lesen und schreiben gelernt. Für Kinder war das durchaus schwer – kaum lernten wir Deutsch, sollten wir schon Hebräisch lesen und schreiben lernen, aber dieser Lehrer hat uns jeden Buchstaben erklärt und ohne Schnörkel gezeichnet. Und wenn es schwierig war, hat er eine Figur dazu gezeichnet, damit wir verstanden, was der Buchstabe bedeutete, denn im Hebräischen ist jeder Buchstabe auch eine Zahl. Das ging sehr gut, und die Grundkenntnisse, die ich habe, stammen noch aus meiner Volksschulzeit in Konstanz.

Im vierten Jahr hatten wir einen jüdischen Volksschullehrer, Sigmund Bloch. Er war nicht mit uns verwandt, doch er hatte einen Sohn, den er ebenfalls Erich Bloch genannt hat. Mein Vater war darüber sehr erzürnt und meinte, in einer so kleinen Gemeinde gäbe es doch so viele andere Vornamen, auch mit E am Anfang – ein zweiter Erich Bloch, das war ihm gar nicht angenehm!

In meine Volksschulzeit fiel auch die Feier anläßlich des 100jährigen Todestages von Friedrich Schiller. Damals wurden sämtliche Klassen, vom Volksschüler bis zum Gymnasiasten, auf dem Schillerplatz aufgestellt, zwischen dem Hotel ›Hecht‹ und dem alten Rathaus am Fischmarkt. Man hat Chöre gesungen – und wenn ich mich nicht täusche, hat mein geliebter Direktor Kimmig vom Gymnasium die Festrede gehalten. Diese Rede war so großartig, daß ich als achtjähriger Bub in mir unvergeßlicher Weise auf Schiller gestoßen bin. Zu Hause war natürlich die erste Frage: ›Ich muß Schiller lesen, Vater, wo hast du einen Schiller?‹ Ich konnte noch kaum richtig lesen, da war ich schon für Schiller begeistert. Man hat damals auch eine Schiller-Linde gepflanzt, ich weiß bei Gott nicht, ob sie noch steht. Und die Straße, die am Stadttheater vorbeiführt, wurde Schillerstraße getauft – wie vergeßlich und undankbar die Zeiten doch sind: diese Schillerstraße ist verschwunden.

Konstanzer Fasnachtsumzug auf der Marktstätte, vor 1900. Photographie von G. Wolf

Eine der schönsten Erinnerungen aus dieser Zeit gilt ganz sicher der Konstanzer Fasnacht. Meine Mutter hatte stets großes Geschick, mich zu verkleiden. Ich hatte lange Haare und ein Mädchengesicht mit weichen Zügen, meine Mutter meinte wohl, als Mädchen wirke ich am besten. Sie hat sich auch selbst verkleidet und ging mit meinem Vater auf die Bälle, wo sie sich vergnügten. Mein Vater ging einmal als Schwarzwaldbauer, und sie trug eine Krinoline – sie hatte immer eine Idee. Und meine Cousine trug einmal sogar den Zeppelin auf dem Kopf, mit Bändern geschmückt.

Diese Fasnacht war so harmlos und so schön, wie man sie heute nicht mehr zurückrufen kann. Dazu sind wir Menschen einfach zu realistisch geworden und vielleicht auch ... kann man sagen – verdorben? Zur Fasnacht gehört viel innere Reinheit, nicht das Trinken, um berauscht zu sein. Wir waren heiter aus Gemüt, aus Freude – so eine ausgelassene Freudigkeit, so eine Atmosphäre habe ich überhaupt nicht mehr kennengelernt, wie es sie damals gab bis zum Ersten Weltkrieg. Die Fasnacht war ein Ereignis, auf das sich die Jugend und wahrscheinlich auch die Erwachsenen mindestens schon sechs oder acht Wochen vorher gefreut haben. Es war ein ganz wunderbares gesellschaftliches Ereignis, man spürte, wie diese alte Kleinstadt zu einer Gemeinschaft wurde, so schön harmonisch und gemeinsam lief das alles ab. Man war harmlos und sorglos, jeder hat sich eingefügt – und dabei gab es sehr viel Originalität!

Unvergeßlich ist mir ein geschmückter Fasnachtswagen in Erinnerung, mit dem die Konstanzer Gymnasiasten einmal am Schmutzigen Donnerstag auf der Marktstätte daherkamen. Damals hatten die Primaner noch Mützen, wie sie auch von den Burschenschaften der Universitäten getragen wurden, und die Oberprimaner hatten sogenannte ›Stürmer‹, halb nach vornüber gezogene Kappen. Und auf diesem Wagen haben sie eine Mensur dargestellt, sie haben gefochten! Auf mich als kleiner Bub – die waren vielleicht sechs oder sieben Jahre älter als ich – hat das einen großen Eindruck gemacht.

Das Allerwichtigste aber war der Hemdglonker, der in unserer Jugend eigentlich erst richtig aufgekommen ist. Ich weiß noch genau, wie ich als Kind einmal auf unserem Balkon in der Rosgartenstraße stand, als an einem Schmutzigen Donnerstag die Chopinsche Trauermusik erklang, ganz primitiv gespielt von einigen Trompetern und Holzbläsern. Dahinter kamen die Oberschüler des Gymnasiums, alle schwarz gekleidet, alle trugen sie große Tücher und weinten und weinten und weinten. Warum? Man hatte ihnen an diesem Tag aus irgendeinem Grund verboten, einen Hemdglonker zu machen. Das war für mich sehr eindrucksvoll, nicht nur wegen der großartigen Musik, sondern vor allem, wie diese Jungen weinend und schluchzend durch die Straßen der Stadt gezogen sind...

Von fabelhaften Pädagogen und unwürdigen Lehrern – Gymnasiast in Konstanz

Fast alle meine Mitschüler, auch die christlichen, gingen nach der Volksschule auf die damalige Oberrealschule, das heutige Humboldt-Gymnasium. Ich ging auf das Humanistische Gymnasium, damals noch das alte Jesuitengymnasium an der Schillerstraße. Wir waren im Jahre 1907 die erste Klasse, in welche sich auch Mädchen für das Humanistische Gymnasium einschreiben durften. Und es waren gleich sechs oder sieben Mädchen – eine Kuriosität für Konstanz und für die Lehrer! Wir waren 35 Schüler, und immerhin ein Sechstel davon waren Mädchen. Ich fand es sehr angenehm und interessant, mit Mädchen zusammenzuarbeiten.

In der ersten Klasse hatten wir einen ganz jungen Lehrer, der später auch Direktor wurde, Dr. Strasser. Er war der Sohn eines Wollmatinger Bauern und ein ganz fabelhafter Pädagoge. Wir hatten ihn drei Jahre als Klassenlehrer, und man hat bei ihm spielend Latein und Griechisch gelernt, so konnte er alles erklären, so folgerichtig und konsequent ging er vor. Immer einen Schritt nach dem anderen, logisch und klar aufgebaut, und er ist nicht weiter gegangen, bevor es nicht alle kapiert hatten. Es war ein Vergnügen, bei diesem Mann zu lernen. Und wir hatten einen wunderbaren Direktor, Dr. Kimmig. Dieser Mann verdient es, in den Annalen der Geschichte von Konstanz festgehalten zu werden. Einen so wunderbaren Menschen mit so viel Bildung, aber auch Herzensbildung und Liebe zu seinen Schülern, habe ich als Pädagogen nicht mehr erlebt. Dieser Dr. Kimmig hat aus eigenem Antrieb heraus seine Aufgabe so aufgefaßt: Er hat die Schüler der oberen vier oder fünf Klassen immer wieder versammelt. Die alte Jesuitenschule hatte dazu noch nicht einmal einen genügend großen Raum. Zum Glück hatte man gegenüber an der Eisenbahn noch zwei Baracken von Stromeyer, wo noch jeweils zwei Klassen unterrichtet werden konnten, sonst hätte man gar keinen Platz gehabt. Kimmig also hat die Schüler nicht nur bei Schulfesten oder zum Schulabschluß einberufen – nein, er wollte die Kinder sprechen und sie fragen, welche Probleme sie hatten, wollte hören, was sie zu sagen hatten. Er hat den Weg zu den Kindern gefunden aus eigener Erkenntnis, daß man nicht nur Stoffe vermitteln darf, sondern daß man sich auch als Mensch um die Not und die Probleme der Kinder kümmern muß. Ich will ein Beispiel erzählen, das für seine Einstellung charakteristisch ist: Zu unserem Abitur kam ein gefürchteter Inspektor von Karlsruhe, von Angesicht ein Scheusal, schmutzig und schludrig und schmuddelig, mit einem struppigen, ungepflegten Bart. Sein Gesicht glich dem eines Tigers, immer auf dem Sprung – wehe, wenn er wieder einen ertappt hatte, der nichts konnte! Mit mir im Abitur war ein Schüler namens Ludwig Rothschild, der später Zahnarzt in Konstanz war. Und Ludwig ist

Die Sexta am Humanistischen Gymnasium zu Konstanz 1907/1908 mit ihrem Lehrer Strasser. Links neben dem Lehrer Erich Bloch

in einem Nebenfach, in der Geschichte, etwas gefragt worden, auf das er gerade nicht vorbereitet war – Geschichte ist ja ein großes und umfassendes Gebiet. Als dieser Inspektor dann in der Kommission sagte: ›Dieser Mann ist ungenügend, ich lasse ihn nicht durch‹, da hat ihm Kimmig geantwortet: ›Dieser Mann hat eine ganz gute Durchschnittsnote‹ – was man heute durchaus berücksichtigt – ›das ist eben jetzt ein Zufall. Ich verlange, daß dieser Schüler noch einmal darüber schläft und morgen noch einmal geprüft wird!‹ Und als der Inspektor dagegen war, sagte Kimmig: ›Wenn Sie das nicht zulassen, trete ich auf der Stelle als Direktor zurück!‹ Daraufhin hat er es zugelassen. Und was hat Kimmig gemacht? Er hat dem Schüler zuschicken lassen, was er ihn prüfen wird am anderen Tag, und der Schüler hat dann bestanden. Das war einmalig! Der Mann war zu edel, zu gütig für diesen Beruf, er wurde dann herzleidend und ist darauf zur Trauer aller Schüler und der ganzen Stadt gestorben.

Wir hatten einen Zeichenlehrer, der hieß G. und war schon mindestens 64 Jahre alt. Es gibt schöne Zeichnungen von ihm, und seine Bilder von den alten Konstanzer Stadttoren hängen heute im Rosgartenmuseum. Dieser G., ein schöner Mann mit weißen lockigen Haaren, ein Charakterkopf wie ein Künstler, ein Romantiker, war ein guter Zeichner, hat sich aber verliebt in unsere Mädchen. Besonders ein Mädchen hatte es ihm angetan, sie war ein Jahr älter als wir und hieß Suse Wolf, eine Halbjüdin. Der Vater war Hofphotograph in der Rosgartenstraße, und die Mutter war Christin. Und die Suse war ein frühreifes Mädchen, sie war ziemlich groß gewachsen und zum Verlieben schön. Sie war auch begabt und konnte am besten von uns allen zeichnen. G. hat sie des öfteren Akt zeichnen lassen, und er saß dabei etwa einen halben Meter über dem Saal auf einem Podium. Da der Saal durch Säulen unterteilt war, konnte man nicht von jedem Platz aus sehen, was auf dem Katheder so alles vor sich ging. Und G. hat offenbar

Der Neubau des Suso-Gymnasiums 1910. Photographie von G. Wolf

folgendes gemacht: Er hat das Mädchen häufig vorgerufen, weil sie so gut war, und gesagt: ›Komm Suse, ich will dir zeigen, was du falsch gemacht hast.‹ Und die Suse ging vor, er hat das Bild weggelegt, hat seinen Hosenladen aufgemacht und seinen Penis herausgeholt. Er soll sie auch mal nach Hause bestellt und gesagt haben, er wolle ihr Privatunterricht geben. Die Sache ist dann publik geworden, vielleicht hat die Suse gesprochen, vielleicht ein Mitschüler. Die Klasse hatte schon etwas bemerkt, nur ich nicht, ich war naiv. Der arme G. wurde dann vor Gericht geladen und hat eine Gefängnisstrafe bekommen, die er auch absitzen mußte – wegen unsittlichen Verhaltens! Die ersten Mädchen am Konstanzer Gymnasium wurden diesem bisher unbescholtenen Mann zum Verhängnis. Dabei wäre er ein Jahr später ohnehin pensioniert worden. Als er aus dem Gefängnis kam, mußte er einen Teil seines Haushalts auflösen und verkaufen. Meine Mutter hat damals einen sehr schönen altdeutschen Tisch von ihm gekauft, der heute in Israel bei meiner Tochter steht.

Ich persönlich war kein ehrgeiziger Schüler, weil ich in der Freizeit lieber spielen wollte, auf der Straße, im Sommer schwimmen und Ruderbootfahren oder wandern, träumen oder dichten und schwärmen. Ich war ein Frühaufsteher, stand meist schon um halb fünf Uhr auf, habe meine Hausaufgaben vor der Schule gemacht und war auch immer sehr früh in der Schule. Obwohl ich ein Fahrrad hatte, ging ich meist zu Fuß, um die schönen Sonnenaufgänge in der Seestraße mitzuerleben. So hatte ich kein Interesse, ehrgeizig zu schuften und zu lernen, doch ich war begabt genug, um ohne große Anstrengung mitzukommen. Ich war im Durchschnitt unter den zehn besten Schülern von diesen 35, und das hat mir genügt.

1911 sind wir vom Jesuitenkolleg umgezogen in den Neubau an der Neuhauserstraße. Das war ein großartiges Erlebnis. Wir hatten eine zoologische und eine botanische Sammlung, und wir Schüler haben alles per Hand getragen, der eine einen alten Geier, der andere eine ausgestopfte Ente – das war sehr praktisch, in einem Tag war alles geschafft, und es hat nicht einmal etwas gekostet! Zur Einweihungsfeier wurde ein Schülerorchester gegründet, und es sprachen Dr. Kimmig und der Landgerichtspräsident, Freiherr von Rüpplin, von dem mein Vater sagte, er sei eine der großartigsten Erscheinungen von Konstanz.

Wir hatten auch unwürdige Lehrer. Da gab es zum Beispiel einen Reallehrer D. – ein untersetzter Mann mit Spitzbart, der aussah wie Mephisto –, der hat noch folgende unparlamentarische Ausdrücke zu uns Sextanern sagen dürfen. Wenn er einem Schüler eine Frage stellte, dann schlich er heimtückisch an ihn heran, stellte sich vor ihn hin und schaute ihn böse und suggestiv an – er wollte geradezu, daß der Schüler eine falsche Antwort gab, das war ihm ein gefundenes Fressen. Und wenn die Antwort tatsächlich falsch war, dann bebte er, stampfte zornig mit dem Fuß und sagte unter anderem: ›Du Teufelsbraten, ich werf' dich an die Wand, daß Blut rausspritzt!‹ Oder: ›Du Teufelsbraten, schon wieder hast du eine falsche Antwort gegeben, ich schlag' dich ungespitzt in den Boden rein!‹ Diesen Mann hat Kimmig dann rausgeworfen, veranlaßt durch mich. Solche Lehrer gab es also damals noch, aber Gott sei Dank waren sie in der Minderzahl.

Wir hatten auch einen sehr originellen Mann – er hieß P. –, der kam betrunken in den Unterricht. Er gab uns von der Quarta an Französisch, und er war hochbegabt, aber schon etwas alt und verlottert. Wir hatten meist von elf bis zwölf Französisch, und vorher ging er oft ins ›Deutsche Haus‹ oder in ›Engstler's Biergarten‹, um sein Schöpple zu trinken. Wenn er dann kam, sahen wir gleich, daß er wieder beschwipst war. Das kam zwar nicht jeden Tag vor, aber doch öfters. Manchmal kam er auch zu spät, dann hat er zum Primus der Klasse gesagt: ›Solange ich nicht da bin, Karl, wirst du auf das Podium gehen und die Klasse das abfragen, was wir gelernt haben!‹ Da waren wir zwölf oder dreizehn Jahre alt. Und wenn Herr P. nicht da war, mußte der Karl – natürlich nur pro forma – auf das Podium und uns abhören. Wenn er dann zurückkam, sagte er nur: ›Gut, Karl, gut hast du deine Sache gemacht!‹ Dann hat er irgend etwas aus einem französischen Klassiker vorgelesen – wir waren ja Anfänger! – und gesagt: ›Schreibt mit!‹ Gleich am Anfang, als wir in die Schule kamen und noch kein Wort Französisch konnten, hat er uns gefragt: ›Allons enfants de la patrie, le jour de gloire est arrivé – bitte, was heißt das?‹ – Also ganz verrückt! Wir haben natürlich nichts gelernt, und er ist dann so in den Suff geraten, daß Kimmig ihn geschmissen hat. Bald darauf ist er dann auch gestorben.

Aber im allgemeinen hatten wir gute Lehrer, und ich konnte mich nie beklagen, daß ich gelitten hätte durch Zwang oder durch Forderungen, die menschlich unmöglich gewesen wären.

Noch ein Beispiel: Das Klassenzimmer war so groß, daß die letzten drei Bänke nicht besetzt waren. Ich saß mit einem anderen Schüler in der drittletzten Bank. Ich weiß noch gut, wie ich einmal unaufmerksam war und ein Lehrer namens Schlageter zu mir sagte: ›Setz dich zur Strafe auf die letzte Bank!‹ Wenig später war auch die Meta Süß unaufmerksam, da sagte er zu ihr: ›So Meta, du setzt dich jetzt zum Bloch auf die letzte Bank!‹ Aber er hatte eine Absicht. Ich war ein hübscher Bub, braun, sie war auch hübsch, blond. Ich glaube, er wollte sehen, was wir da weit weg auf der letzten Bank als Mädchen und Bub machen. Und ich gebe gerne zu, daß ich mich mehr mit dem Mädchen beschäftigt habe als mit dem Latein von Herrn Schlageter!

Auch für uns Gymnasiasten hat die Fasnacht natürlich eine große Rolle gespielt, und da erinnere ich mich an einige sehr schöne Erlebnisse. Ich war einmal als Spanierin verkleidet im Unteren Konzilsaal, zusammen mit einem Freund, der einen Spanier machte, da waren wir

Der Großherzog mit Gemahlin auf dem Weg durch die Stadt. Photographie von G. Wolf

vielleicht fünfzehn Jahre alt. Wir gingen durch die riesigen Mengen, die da bei Wein und Bier saßen – es war schon gegen Mitternacht –, als wir von weitem meinen Klassenlehrer, den Professor Fidele Neuburger, sahen. Es war natürlich nicht erlaubt, daß wir als Schüler alleine so spät ausgingen, doch Neuburger hob nur schmunzelnd den Zeigefinger – er hatte mich erkannt, obwohl ich als Mädchen verkleidet war. Am anderen Tag, in der Schule, hat er nur gesagt: ›So so, jetzt haben wir ja ein Fräulein Bloch in unserer Klasse!‹ Und wenn ich etwas nicht wußte, sagte er nur: ›Vielleicht weißt du es, wenn ich Fräulein Bloch zu dir sage?‹ Das war sehr humorvoll und war bald in der ganzen Schule bekannt, daß er mich da gegen Mitternacht ertappt hatte als Spanierin. Ein sehr nettes Erlebnis hatte ich auch ein Jahr später im Hotel ›Halm‹, dessen Spielsaal einer der schönsten Unterhaltungsräume in Konstanz vor dem Ersten Weltkrieg war. Auch dort saßen die Leute und tanzten, und ich war als Köchin verkleidet und kaum erkennbar. Und ich hatte die Frechheit, meinen Mathematiklehrer, den Professor Fischer, zum Tanz einzuladen! Er hat mich nicht gleich erkannt, doch auf einmal kommt ihm das: ›Ja Menschenskind, du bist doch der Bloch, ja wie kommst denn du da her?‹ Aber er war so vergnügt, daß er mir danach sogar noch einen Saft spendierte. Ich war kein sehr guter Mathematiker, meine Fächer waren eher die Geisteswissenschaften, die Sprachen, und da war ich natürlich kein Lieblingsschüler von ihm – aber in diesem Moment war der Bann gebrochen! Von diesem Moment an war er mir gut gesonnen, auch wenn ich nicht zu seinen guten Schülern zählte.

Man kann natürlich über die Schulzeit vor dem Ersten Weltkrieg nicht erzählen, ohne Großherzog Friedrich zu erwähnen. Dieser kam auch gerne, wenn er auf der Mainau weilte, zu uns ins Gymnasium. Man hat dann die Schüler zusammengerufen, der Direktor hielt eine kleine Ansprache, und der Großherzog hat sich erkundigt. Man hatte das Gefühl, einen lieben alten Opa vor sich zu haben, also einen richtigen Patriarchen. So wirkte er auf uns, und wir haben ihn wirklich geliebt. Als er 1907 starb und sein Sarg mit dem Schiff nach Konstanz gebracht wurde, standen wir Kinder auf dem Weg vom Hafen zum Bahnhof Spalier. Der Sarg wurde begleitet von Militär, mit Militärmusik, und alle paar Meter standen hohe Pilone, mit Trauer umrandet, und oben war ein Kessel mit Feuer. Es war so feierlich, und alle haben den Mann geliebt – man hatte also wirklich das Gefühl, hier sei ein Vater des Landes gestorben. Und nicht viel später war alles schon dahin!

Fünf Jahre später, 1912, kam Kaiser Wilhelm II. anläßlich eines Manöverbesuches in der Schweiz auch nach Konstanz. Damals war ich schon sechzehn Jahre alt und habe in Schweizer Zeitungen gelesen, wie man sich darüber aufregte, daß ausgerechnet ein neutrales Land wie die Schweiz diesen schneidigen militanten Säbelraßler Wilhelm II. zum Manöver einlud. Dann hieß es, der Kaiser kommt hierher mit seinem Gefolge an den Bahnhof, und wir Schüler mußten natürlich wieder Spalier stehen. Man hat sogar eigens Pferde gebracht, damit der Kaiser und der Großherzog mit ihren Adjutanten vom Bahnhof bis zum Hafen reiten konnten, damit sie Eindruck machen konnten, hoch oben zu Pferd, über der Menge, mit Helm und Federbusch. Aber das hat auf mich schon keinen Eindruck mehr gemacht, obgleich ich ein sehr gut vaterländisch erzogener Junge war und mich wenig später auch als Kriegsfreiwilliger gemeldet habe...

Sehr wichtig hingegen war für uns Schüler der Bummel. Schon Ende des letzten Jahrhunderts gab es einen Schülerbummel, von der Malhaus-Apotheke bis zur ›Konstanzer Zeitung‹ an der Marktstätte. Doch der Hauptbummel spielte sich in der Kanzleistraße ab. Mit etwa zwölf oder dreizehn Jahren durfte man als Bub auf den Bummel, die Mädchen vielleicht ein Jahr später. Also einen Bummel zu versäumen war ein Unglück! Warum? Weil man dort sein angeschwärmtes Mädchen sah! Wir Buben gingen mit unseren Mützen, heiter und vergnügt.

Ein Stück Konstanzer Alltag, das vermutlich nie photographisch festgehalten wurde: Der »Bummel« zwischen Marktstätte und Obermarkt. Blick auf die winterliche Marktstätte um 1925

Wir blieben natürlich zunächst zusammen, man ging an den Mädchen vorbei und hat geliebäugelt. Manchmal bekam man dann einen Wink oder hat selbst einen Wink gegeben. Dann hat sich die Angeschwärmte von ihrer Gruppe gelöst, und man ging zusammen nach Hause. Die Schwärme haben oft gewechselt, und schon wenig später hat man eine andere heimbegleitet. Im Winter war es natürlich besonders aufregend, da wurde es sehr früh dunkel. Und die Stadt bot genügend dunkle Ecken und stille Gassen, zur Beleuchtung diente noch Gas, und Gaslampen gab es wenige. Vor Einbruch der Dunkelheit kam der Gasanzünder von der Stadt mit seiner langen Stange und ging von Lampe zu Lampe – erst 1908/09 kamen die ersten elektrischen Lampen auf. Die Straßen waren also dunkel und schummrig, und das war sehr angenehm für die Buben und Mädchen. Man hakte sein Mädchen ein und hat sie begleitet, und – wenn man schon etwas älter war – hat man auch mal einen kleinen Umweg gemacht in den Stadtgarten.

Eines Tages war ein neues Mädchen gekommen aus Südafrika, ihre Mutter war weitläufig mit meinem Vater verwandt. Sie war auch mal bei uns zu Hause zum Kaffee eingeladen und hat sich von der ersten Stunde an in mich verliebt – ich wußte noch gar nichts davon. Sie war viel reifer als ich. Eines Tages auf dem Bummel meinte sie: ›So Erich, jetzt gehen wir in den Stadtgarten!‹ Und beim Denkmal für den berühmten Musikmeister Handloser sagte sie: ›Komm, wir gehen mal da hinter, da sieht uns niemand!‹ – und gab mir einen Kuß auf die Wange. Dann sagte sie: ›Das hat wunderbar geschmeckt, wie eine Meringe. Gib mir auch so einen Kuß!‹ Dann gab auch ich ihr einen Kuß auf die Wange, und sie fragte mich: ›Wie hat es bei dir geschmeckt?‹ ›Es hat wunderbar geschmeckt, wie eine Schillerlocke!‹ – das war damals meine Leibspeise. Da waren wir vielleicht vierzehn Jahre alt...

Die Teilnahme am Bummel ging quer durch alle Schichten. Doch ich muß sagen, wir waren sehr bürgerlich. Wir wohnten schon in der Schottenstraße, am Eingang zum Paradies, als ich auf dem Bummel ein Mädchen aus der Volksschule kennenlernte. Sie ging öfter an unserem Haus vorbei und war mir gleich aufgefallen, weil sie so hübsch war. Und irgend jemand hat meiner Mutter erzählt, daß ich mich mit diesem Mädchen aus der Volksschule beschäftigte. Meine Mutter hat mich dann gefragt: ›Mit welchem Mädchen gehst du denn da?‹ ›Sie wohnt da unten, mehr weiß ich nicht, und sie geht noch in die Volksschule.‹ ›Ich will nicht, daß du mit diesem Mädchen gehst!‹ Man hat also solche Verbindungen nicht gerne gesehen und nach Möglichkeit hintertrieben.

Noch ein Beispiel für unsere bürgerliche Erziehung. Wenn die Zeit nicht reichte für weitere Ausflüge, dann ging man auch in den Stadtgarten oder in die Seestraße, wo am Sonntag ganz Konstanz promenierte. Wir Kinder mußten dann Hand in Hand in unseren guten Sonntagskleidern schön brav vor den Eltern laufen. Es wurde gar nicht gerne gesehen, wenn sich ein Kind losgerissen hat. Ich bin ganz gerne hinunter zum Seeufer gesprungen, um flache Steine auf dem Wasser hüpfen zu lassen – doch solche Dinge haben die Eltern nicht gerne gesehen. Wenn man sich gar ausgetobt hat und dabei hinfiel und ein Loch in den Hosen hatte – das war schon sehr schlimm! Daß ja beim Essen kein Fleck auf das neue Sonntagskleid kam – es war also noch ziemlich bürgerlich. Aber dieses Bürgerliche ist dann in vielen Kreisen sehr rasch unterbrochen worden – durch die Wandervogel-Bewegung.«

KINDHEITSORTE III

Haus, Familie, Lebensstil

Nehmen Straße, Nachbarschaft und Spiel, Ausflugsziele, Schule und Jugendbewegung als Orte von Kindheit und Jugend einen breiten Raum in Erich Blochs Erzählungen ein, so finden sich Hinweise auf das häusliche Leben, auf Lebenszuschnitt und Lebensstil der Familie, auf Erziehung, gesellschaftliche Kontakte oder auf die Bedeutung der Religion nur vereinzelt. Dennoch erlauben uns seine Hinweise, ein Portrait vom Leben einer bürgerlichen jüdischen Familie im Konstanz der Jahrhundertwende beziehungsweise in der Zeit vor dem Ersten Weltkrieg zu versuchen.

Erich wird geboren in der Bodanstraße 18, in einem Haus, das einem Juden gehört. Der Besitzer, Max Levi, läßt es um die Jahrhundertwende zu einem großen Wohn- und Geschäftshaus umbauen und führt dort auf zwei Stockwerken ein modernes Möbel- und Bettengeschäft. In diesem Haus eröffnet der Vater, Moritz Bloch, 1893 seine erste Anwaltspraxis, doch die Wohnung erweist sich bald als zu klein für die Ansprüche seines Berufs. Wenig später lassen ebenfalls jüdische Geschäftsleute, die Gebrüder Albert und Bernhard Spiegel und die Gebrüder Moos, das Haus Rosgartenstraße 31 erbauen, hier findet der Vater eine größere moderne Wohnung, schon mit Bad, dazu auch Räume für die Praxis. Einige Jahre später bietet sich eine noch geeignetere Wohnung in der Sigismundstraße 16 an, in einem Haus, das dem jüdischen Arzt Dr. Daniel Guggenheim gehört: eine große Parterre-Wohnung, mit separatem Eingang zum Büro. Nachdem die Familie auf vier Kinder angewachsen war, zusammen mit den Dienstboten also acht Köpfe zählte, wünscht sich die Mutter ein eigenes Haus. Ein Onkel aus Freiburg, von Beruf Immobilienvertreter, hilft der Familie Bloch, »das Richtige« zu finden: In der Schottenstraße 1 erwirbt der Vater 1910 das erste eigene Haus in Konstanz, ein geräumiges

Das Haus der Familie Bloch in der Schottenstraße 1, bezogen 1910

Haus mit 12 Zimmern, das er für die Bedürfnisse der Praxis umbauen und mit einem separaten Eingang versehen läßt: »Dieses Haus in der Schottenstraße 1 war etwas unglaublich Schönes. Meine Mutter hat dort alles aufs modernste eingerichtet. Wir haben das Haus ausgebaut, man nahm Wände heraus, hat die Zimmer neu gestaltet, eine Dampfheizung eingebaut – man kann ruhig sagen, es war ein Luxushaus. Wir haben sogar eine Staubsaugeranlage eingerichtet mit Wasserdruck – das war damals ganz modern, und die ganze Stadt ist gekommen und hat sich das angesehen! Eine Tante meiner Frau, eine Künstlerin, hat das Schlafzimmer für uns entworfen und neu gebaut, später haben wir von jungen Künstlern Wandmalereien anbringen lassen – es war also ein Kleinod, unser Haus, und die Eltern waren sehr kunstliebende und kunstfördernde Menschen.«

Diese Entwicklung aus den kleinen und beengten Wohnverhältnissen in der Bodanstraße hin zum eigenen 12-Zimmer-Haus mit modernstem Komfort mag auch als Indiz gelesen werden für den beruflichen Aufstieg und Erfolg des Vaters: Er hatte sich als Anwalt eine gut gehende Praxis aufgebaut, hatte sich innerhalb weniger Jahre etabliert, sich »bürgerlich situiert«.

Über die Herkunft des Vaters weiß der Sohn nur wenig. Moritz Bloch war 1868 in Gailingen, der größten jüdischen Landgemeinde im westlichen Bodenseeraum, geboren worden. Sein Vater, Elias Bloch, stammte ebenfalls aus Gailingen; er hatte sich zusammen mit seinem Bruder Salomon an den Freischaren Heckers im Kampf für die badische und deutsche Revolution von 1848 beteiligt. Die Revolutionsfahne der Gailinger Gruppe, die der Großvater nach der letzten verlorenen Schlacht bei Schaffhausen ins schweizerische Diessenhofen gerettet hatte, befindet sich noch heute im Besitz der Familie. Der Großvater sollte Rabbiner werden, wurde aber »als relativ liberaler moderner Mensch mit seiner freien Lebensauffassung« nicht zum Rabbinerseminar zugelassen. So war auch er wie die meisten Juden damals gezwungen, sich auf den Handel zu verlegen – seine Geschäfte im Vieh- und Güterhandel führten ihn vor allem in den Donaueschinger Bezirk, wohin er 1874 wegen der schlechten Verkehrsverbindungen nach Gailingen mit seiner Familie übersiedelt. In den achtziger Jahren dehnt er seine Geschäfte auch auf den Freiburger Raum aus und zieht deshalb nach Freiburg. Er stirbt früh und hinterläßt sieben Kinder, deren Lebensläufe sich im Dunkel verblaßter Erinnerung verlieren: Eine Schwester von Moritz Bloch heiratet einen Bürstenfabrikanten in Freiburg, zwei andere Schwestern heiraten nach Zürich, ein Bruder betreibt ein Zigarrengeschäft in Freiburg, ein anderer Bruder, Wilhelm, wird Kinderarzt in Köln.

Vielleicht ist es der frühe Tod des Vaters, vielleicht auch die Tatsache, daß das Verhältnis zur Familie seiner ersten Frau, der Tochter des Großbauern aus Freiburg, etwas gespannt ist, die Moritz Bloch auf eine rasche Heirat und eine frühe Existenzgründung drängen lassen. Wie in anderen jüdischen Landgemeinden, so verlassen auch in Gailingen vor allem in den achtziger und neunziger Jahren des letzten Jahrhunderts sehr viele Juden das Dorf, um sich in der Stadt, in Konstanz, eine neue, städtisch-bürgerliche Existenz aufzubauen. Die Aussicht, hier durch verwandtschaftliche und bekanntschaftliche Verbindungen eine erste Hilfe bei der Gründung seiner Existenz, einen ersten Stamm von Klienten zu finden, mag auch Moritz Bloch zum Zuzug nach Konstanz bewogen haben.

Die Scheidung zwischen Stadt- und Landjuden wurde bald mehr und mehr auch zu einer religiös-kulturellen Scheidelinie zwischen Juden orthodoxer und solchen liberaler Orientierung. Der Zug in die Stadt war auch eine Entscheidung für die Assimilation, für die Anpassung an die städtische bürgerliche Kultur, an Lebensstil und Einstellungen der nichtjüdischen Umwelt. Man dachte und empfand ›national‹, identifizierte sich mit dem neu geschaffenen deutschen Nationalstaat von 1871, war politisch eher liberal oder linksliberal, demokratisch orientiert, war geprägt von deutscher Bildung und Kultur – das Bekenntnis zur jüdischen Religion war nur ein Moment der eigenen Identität.

Die Großmutter väterlicherseits, Sophie Bloch aus Gailingen und ihr Mann Elias

Moritz Bloch engagierte sich sehr für die 1864 gegründete jüdische Gemeinde in Konstanz, die sich 1883 mit der neu erbauten Synagoge in der Sigismundstraße auch ein eigenes Gotteshaus geschaffen hatte. Er ist einer der drei Konstanzer Mitglieder der 1894 geschaffenen Landessynode, Schriftführer im 1900 gegründeten ›Verein für jüdische Geschichte und Literatur‹, er singt im Synagogenchor und leitet in den Jahren 1918 bis 1939 als Synagogenrat die Konstanzer Gemeinde. Der Konstanzer Rechtswissenschaftler Franz Beyerle hat Moritz Bloch so charakterisiert: »Ein angesehener Mann war auch Rechtsanwalt Moritz Bloch. Er ging selbst an Wochentagen immer in Schwarz, war dabei glatt rasiert und wurde von vielen, Erwachsenen und Kindern, für einen Geistlichen gehalten. Die Kinder gaben ihm mit den Worten die Hand: ›Gelobt sei Jesus Christus‹, was er mit freundlichem Ernst entgegennahm und erwiderte: ›In Ewigkeit Amen‹. Man nannte ihn scherzhaft unter Konstanzern den ›Herrn Kaplan‹, ohne es zu mißdeuten. Sein Humor und seine olympische Heiterkeit machten ihn beliebt und unvergeßlich. Wenn er vor Gericht unter Vorsitz des Präsidenten Freiherr von Rüpplin plädierte, war es ein Genuß, diesen humanistisch gebildeten Rechtskundigen zuzuhören, wie sie mit lateinischen, griechischen und deutschen Zitaten sich forensische Gefechte lieferten. Solche populäre Juden gab es viele.«

Diese soziale Anerkennung und Integration der nach Konstanz zugewanderten Juden schlägt sich auch in der Erinnerung an das gesellschaftliche Leben, an die gesellschaftlichen Beziehungen der Familie nieder: »Die Beziehungen zwischen Juden und Christen waren sehr lebhaft, auf freundschaftliche Art und Weise. Man hat gar nicht gefragt, wer Jude und wer Christ ist, im Umgang, in der Sympathie, im Zusammensein. Die rasch wachsende Zahl der Ehen zwischen Juden und Christen ist nur ein Beleg dafür. Die Konstanzer Juden gehörten hauptsächlich dem Mittelstand an, sie waren Kaufleute und Akademiker, darunter viele Ärzte und Rechtsanwälte, zum Teil auch schon Beamte. Es gab unter ihnen kaum Arbeiter, nur einen Bäcker, einen Metzger und ein paar andere Handwerker. Einige jüdische Arbeiter kamen nach dem Ersten Weltkrieg, es waren russische Kriegsgefangene, die nicht mehr zurück wollten. Die Gemeinde hat dann durch meinen Vater prüfen lassen, ob sie anständig waren und etwas konnten, und daraufhin konnten sie hier bleiben. Die Praxis meines Vaters bestand zu 99 % aus christlicher Klientel, und diese Klienten kamen zum Teil auch privat zu uns, man hat sich gegenseitig eingeladen. Es gab also keine Unterschiede, auch nicht zwischen uns Jungen in der Schule. Mein Jugendschwarm war ein christliches Mädchen, eine der Töchter des damaligen Redakteurs der liberalen ›Konstanzer Zeitung‹, Max Klemm. Die Familie meiner Frau zum Beispiel war bekannt mit einer Familie Bührer, fromme Pietisten, die damals in der Schottenstraße gewohnt haben. Der Mann hat als Ingenieur bedeutende Erfindungen gemacht und vor dem Zweiten Weltkrieg überall in der Welt, auch in Palästina, Ziegeleien gebaut. Auch mit dem Bäckermeister Keller in der Rosgartenstraße waren wir gut befreundet; mit dem Sohn des Hofbäckers, dem bekannten Konstanzer Geiger Otto Keller, habe ich später Streichquartett gespielt. Man könnte also eine Vielzahl solcher Beispiele anführen. Honoratioren besonderer Art jedoch sind bei uns im Hause nicht verkehrt, mit Ausnahme vielleicht von Dr. Gröber, unserem Nachbarn.

Mein Vater war durch seinen Beruf sehr in Anspruch genommen und hatte nicht viel Zeit. Oft erschien er gar nicht zum Mittagessen, denn die Gerichtsverhandlungen dauerten manchmal bis um zwei Uhr, und dann hatte er ja auch sehr viele Auswärtstermine. Die Anwälte haben sich damals gevierteilt. Mein Vater saß manchmal bis nachts um zwei Uhr über seinen Akten. Er legte sich dann eine kalte Binde um den Kopf, damit er frisch blieb. Dann war er noch in der Gemeinde und mußte abends an den vielen Sitzungen teilnehmen, und schließlich war er auch noch im Männergesangsverein der Gesellschaft ›Erholung‹, einem jüdischen Geselligkeitsverein. Mein Vater hat also für die Gemeinde viel Arbeit auf sich genommen, aber in die Synagoge zu gehen hatte er keine Zeit, dort ging er nur an den Feiertagen hin. Wir haben in der Familie die Feiertage gehalten, auch den Seder und den Jom Kippur, den Versöhnungstag, aber nicht in dieser Frömmigkeit wie die strenggläubigen Juden, die sich von morgens früh bis abends spät im Gebet damit befaßt haben.

Am Versöhnungstag, Jom Kippur, und auch an Neujahr hielt mein Vater seine Praxis geschlossen, und auch der Kaufmann Emanuel Levinger in der Bahnhofsstraße, der Vater meiner Frau, hatte sein Geschäft geschlossen. In der Familie meiner Frau, die sehr viel strenggläubiger war, wurden auch die Speisegesetze noch genau eingehalten, in unserer Familie schon nicht mehr. An Pessach wurde dort streng darauf geachtet, daß die verbotenen Speisen nicht im Hause waren, und es gab auch anderes Geschirr – da hatte der Vater, der ebenfalls aus Gailingen stammte, streng darauf geachtet.

Wir hatten damals zwei Zeitungen, die ›Konstanzer Zeitung‹ und später noch die ›Konstanzer Abendzeitung‹, die Demokraten-Zeitung. Und mein Vater hat dazu noch die ›Frankfurter Zeitung‹ gelesen, die dreimal am Tag erschienen ist. Die ›Frankfurter Zeitung‹ und das ›Berliner Tageblatt‹ waren damals die geistig führenden Zeitungen in Deutschland. Mein Vater hatte mit seinem Beruf so viel Arbeit, daß er kein Buch mehr lesen konnte, nur noch die Zeitung. Die jedoch war so hochstehend und so orientiert, daß er alles wußte.

Zum Lebenszuschnitt gehörten damals natürlich auch Haushaltsführung und Wohnverhältnisse. Zum Teil hatten die gehobeneren Bürger noch Biedermeier, und dann natürlich Jugendstil! Aber ansonsten war es eine stillose Zeit, diese Jahrhundertwende! Man hatte Eisen- und Messingbetten und kam von den warmen Holzgegenständen ab. Die alten Bauernschränke schätzte man gar nicht mehr und machte sie zu Kleinholz. Wir haben im Laufe der Zeit, bis zum Ersten Weltkrieg, alles rausgeworfen, auf Veranlassung meiner zweiten Mutter. Wir gingen dann dazu über, bei Gelegenheiten auf dem Land oder bei Auktionen alte Möbel aus dem Biedermeier oder sogar aus dem 18. Jahrhundert zu kaufen, schöne Schränke, die wir dann bei bestimmten Schreinern wieder herrichten ließen. Meine Mutter, aber auch Freunde

Blick auf die Konstanzer Badeanstalten. Luftaufnahme Gebr. Strähle, 1932

und Bekannte, haben damals auch Stühle aus dem 18. Jahrhundert und selbst aus der Renaissance-Zeit gekauft, deren Polster handgestickt waren. Sie haben die Polster abgezeichnet und von Hand neu angefertigt und wieder aufgesetzt. Diese Tendenz kam damals auf, man wußte, die Dinge werden wieder wertvoller, und man hat sie gepflegt.

In jedem bürgerlichen Haushalt gab es einen Salon, darin standen schwere Eichenmöbel, schwere Büffets und Tische mit imitierten Barockstühlen. Diese Salons waren nur für den Besuch an Sonn- und Festtagen da, oder für den Skatabend meines Vaters, der einmal im Monat stattfand. Sonst waren sie so gut wie unbewohnt. Für uns Kinder waren sie verboten, weil wir nur Unordnung und Schmutz hineingebracht hätten. In jeder Wohnung gab es ein größeres Zimmer, wo man saß, spielte und sich tummelte oder auch die Hausaufgaben machte. Und die anderen großen Zimmer außer dem Schlafzimmer waren unbenutzt.

Selbst in vielen gutbürgerlichen Wohnungen gab es noch kein Badezimmer. Wir hatten sowohl in der Rosgartenstraße wie auch in der Sigismundstraße, das waren neue Häuser, ein Badezimmer – aber äußerst primitiv! Diese Badezimmer waren irgendwie hineingeschoben in einen stillen Winkel, wo es den ganzen Tag dunkel war. Und es gab nur Holzfeueröfen mit einem hohen Rohr. Die Badewannen waren sehr primitiv und sind meist schnell gerostet. Auch gab es noch kaum ein Becken, um sich mit der Hand selbst zu waschen, man hatte noch ein sogenanntes Lavoir, eine Kanne für das Wasser und einen Eimer zum Ausgießen. Bis 1904 oder 1905 hatten wir noch Petroleumlampen – meine Schularbeiten für die Volksschule habe ich noch im Kinderzimmer unter einer Petroleum-Stehlampe gemacht. Und wenn das nicht reichte, hat man noch mit Kerzen hantiert. In den Hausgängen stand vielfach ein kleines Piedestal mit einer Petroleumlampe und einem Zylinder, die nachts angezündet wurde. Es war also noch mittelalterlich finster in den Häusern. Dann kam sehr bald die Gasbeleuchtung auf, doch es dauerte einige Zeit, bis die Leitungen in all den alten Häusern gelegt waren.

Ganz primitiv war auch noch die Abfuhr der Fäkalien, die mit großen Wagen und Röhren aus den Gruben gepumpt und direkt in den See geleitet wurden. In meiner Jugend waren dort noch die Badeanstalten, das Militärbad, das Volksbad und das Aktienbad, das für Buben und Männer und für Frauen und Mädchen getrennt war. Diese Badeanstalten lagen je nach Strömung und Wind gleich hinter den Ablagerungen aller Konstanzer Fäkalien, wenn man da vorbeiging, schwamm alles nach oben, unvorstellbar...

Die weniger Bemittelten und die Arbeiter gingen in das Volksbad und die Bürgerlichen in das Aktienbad, zu dem berühmten Bademeister Baldischweiler. Wir gingen immer ins Aktienbad, im Volksbad bin ich nie gewesen. Das Baden war noch getrennt zwischen Männern und Frauen. Und selbst wenn wir Buben oder Lausbuben mal rübergeschwommen sind, gab es den größten Skandal, man fluchte und schimpfte und hat manchmal sogar die Polizei alarmiert. Jungen, die öfters erwischt wurden, mußten sogar damit rechnen, daß sie in der Schule angezeigt und bestraft wurden.

Eine wichtige Rolle spielte in bürgerlichen Familien auch die Portraitmalerei. Es gab in Konstanz eine Reihe guter Portraitmaler, und unsere Familie hat immer wieder Bilder in Auftrag gegeben, Kohlezeichnungen, Aquarelle und auch in Öl – alles haben wir gehabt. Ich kann mich noch gut an zwei Kohlezeichnungen erinnern von meiner Schwester und von mir, die bei meinem Vater im Büro hingen. Die hätte ich sehr gerne wieder – wir haben nicht einmal Fotos davon. Man hätte alles photographieren sollen zur Erinnerung für die Enkel, aber man war zu aufgeregt, man hat an so etwas gar nicht gedacht...

Ein Maler wie Einhart, den ich gut gekannt habe, bekam enorme Aufträge aus bürgerlichen Kreisen, besonders für Stilleben und Bodenseelandschaften. Es gab wahrscheinlich kein besseres Haus, wo nicht ein Einhart hing. Wir hatten auch einen Einhart, der leider verlorengegangen ist.

Das katholische St. Marienhaus an der Wallgutstraße beherbergte und vermittelte weibliche Dienstboten. Ansichtskarte um 1900

Wir hatten in der Regel zwei Dienstboten, einen für die Küche und einen für das übrige Haus. Später, in der Schottenstraße, hatten wir zeitweilig auch drei Dienstboten, das war schon relativ selten. Zum Waschen kam eine Waschfrau aus Konstanz, die jeden Tag in einem anderen Haushalt gewaschen hat. Wir hatten einen Leiterwagen, wo man den Korb mit der Wäsche aufgeladen hat, und dann wurde die Wäsche zu dem öffentlichen Waschplatz unten am Rhein gebracht, wobei eines der Dienstmädchen unsere Waschfrau begleitete. Ein Dienstmädchen zu sein war ein schwerer Beruf. Unsere Dienstmädchen waren sehr gut bezahlt, weil meine Eltern sozial gedacht haben – aber gefordert hat man allgemein Unmögliches. Diese Dienstmädchen mußten früh aufstehen, hinunter in die Wohnung gehen, das Frühstück richten, die Zimmer in Ordnung bringen und die Schuhe putzen. Am Tage mußten sie die vielen Zimmer machen – und man war sehr penibel, man hat darauf geachtet, daß nicht ein Stäubchen irgendwo liegt! In den Wohnzimmern lagen meist Parkettböden, und die mußten gespiegelt sein. Alle paar Tage wurden sie eingewachst, und der Blocker mußte darüber, damit sie auch schön glänzten. In unserem Haus mußten abends auch noch die Büros gemacht werden. Nach dem Mittagessen mußte man die Küche saubermachen, um vier Uhr gab es Kaffee, und danach mußte man bügeln – es gab also immer viel Arbeit in einem bürgerlichen, peniblen Haushalt. Die Dienstmädchen arbeiteten so in der Regel 12–14 Stunden am Tag, von morgens um sechs bis abends um acht Uhr.

Wir bekamen unsere Dienstmädchen vom ›St. Marienhaus‹, dem katholischen Dienstbotenheim in der Wallgutstraße. Diese Dienstmädchen waren meist – zum Glück – mehr oder weniger gut situierte Bauernmädchen, die für ein oder zwei Jahre in der Stadt arbeiten wollten. Die Eltern haben sich dann erkundigt, ob die Familie, die sie aufnehmen würde, gut und zuverlässig ist, ob sie vielleicht ein bekanntes Geschäft hatte oder der Mann Arzt oder Anwalt war, und wenn das der Fall war, dann hatten sie keine Bedenken, ihre Tochter dorthin zu schicken. Manches Dienstmädchen holte sich unter den Soldaten der Kaserne ihren Mann für später. Es gab viele solcher Liebschaften, und nicht selten kam es vor, daß die Dienstboten ein uneheliches Kind erwarteten. Ich weiß von einem solchen Fall, da ging das Mädchen zum Arzt, und der gab ihr ein Mittel, worauf sie dann einen Abgang hatte. Doch als das Kind abging – sie war oben auf ihrer Mansarde – hatte sie solche Wehen und Schmerzen, daß die Leute auf der Straße stehenblieben und meinten, man solle doch einen Sanitäter rufen. Solche Dinge sind vorgekommen, und auch andere! Ich hatte einen guten Mitschüler, der in der Sigismundstraße wohnte – er stammte aus einer sehr frommen katholischen Familie. Als ich noch ein Naivling war und noch nicht einmal wußte, woher die Kinder kamen, hat er mir anvertraut, daß er nachts manchmal in die Kammer vom Dienstmädchen geht und bei ihr schläft...

Wenn die Küche abends fertig war, dann durften die Dienstmädchen fortgehen. Aber die meisten waren so müde, daß sie gar nicht mehr viel unternommen haben, außer am Samstag und am Sonntag.

Heraus aus der ›engen bürgerlichen Atmosphäre‹ – Der Wandervogel

Die Wandervogelbewegung hat bekanntlich in Berlin und in Norddeutschland ihre Anfänge genommen. Sie wurde dann sehr schnell populär und hat ohne große Organisationskräfte ihren Gang durch ganz Deutschland gemacht. Hier nach Konstanz kamen von Sachsen und von Norddeutschland zwei Leute, die diese Idee mitgebracht haben. Sie haben Schüler und einige Erwachsene gesammelt und erklärt: Es gibt einen Bund, eine Bewegung, unpolitisch und ohne feste Weltanschauung, das ist der Wandervogel. Diese Leute wollen zurück zur Natur, sie wollen die Schönheit der Landschaft erleben, wollen sie auch schonen, und sie wollen sich ertüchtigen. Sie wollen fröhlich sein, sie singen schöne alte Volkslieder, bringen ihre Klampfen mit und ihre Mandolinen. Auch die alten Volkstänze haben sie wieder belebt. Und sie haben vor, die Jugend aus der engen bürgerlichen Atmosphäre herauszubringen!

Eines Tages kam ein jüdischer Schüler von der Oberrealschule zu meinen Eltern in der Rosgartenstraße, erzählte von der neuen Wanderbewegung und bat, mich mitnehmen zu dürfen. Er war der Neffe unserer jüdischen Nachbarn, der Familie Klopstock, und war zuvor am Gymnasium in Berlin-Steglitz gewesen. Er sagte, sie planten eine schöne Wandergemeinschaft, nicht so anstrengend, so, daß auch der Jüngste noch mitkomme – da war ich zwölf Jahre alt. Und meine Eltern sollten mir einen kleinen Rucksack kaufen, sie hätten einen Kessel, kochten selbst und wollten romantisch und ideal leben. Mein Vater, ein aufgeklärter, liberaler und großzügiger Mann, war einverstanden. An den ersten Ausflug kann ich mich noch gut erinnern. Der Leiter des Standesamts, Herr Eisinger, leitete die Fahrt. Dabei waren noch einige ältere Schüler der Oberrealschule, ein Junglehrer aus Meersburg und Alfred Jauch, ein Angestellter des Telegrafenamtes und Sohn des Bäckermeisters Jauch. Ich war der Jüngste. Man ging auf den Bodanrück und kochte unterwegs auf einer Wiese am Waldrand ab. Ein aus Leipzig stammender Prokurist der HIAG, der Konstanzer Holzverkohlungsfabrik am Rhein, spielte Gitarre. Einige hatten einen Zupfgeigenhansel, das Liederbuch des Wandervogels, dabei. Nach dem Essen wurden Lieder aus dem Zupfgeigenhansel gesungen, die ich alle nicht kannte.

Erst im Jahre 1911 hat sich diese Bewegung auch hier richtig konstituiert. Ein junger Lehramtspraktikant von der Oberrealschule namens Stritt hat die Sache in die Hand genommen und die Konstanzer Gruppe der Zentralorganisation in Deutschland angeschlossen. Diese gab auch eine eigene Monatszeitschrift heraus für die Jugend, wo man erfahren konnte, worauf man bei so einer Gründung zurückgreifen kann, wie man so etwas geschmackvoll macht und was nicht Larifari ist. Stritt bildete dann eine Bubengruppe, und Professor Dauner von der Luisenschule eine Mädchengruppe. Gewandert wurde zunächst getrennt, aber die Feste, zum Beispiel das Sonnwendfest, haben wir gemeinsam gefeiert.

Das Heim der Konstanzer Wandervögel, der Oberbühlhof bei Schienen auf der Höri

Im selben Jahr haben wir auch ein Heim gefunden und gemietet auf dem Oberbühlhof bei Schienen, unser ›Nest‹. Das Haus hatte zwei Stockwerke, unten ein großes Wohnzimmer, eine Küche und eine Schlafstätte für die Buben, oben zwei Schlafräume für die Mädchen. Vor dem Haus konnten wir uns an einem Brunnen mit Pumpe waschen. Stritt hat dann eine Werkbank und Holz gekauft, und unter seiner Anleitung haben wir fast alle Möbel selbst hergestellt. Und er hat gesagt, jeder soll bringen, was von Geschmack ist und was die Eltern geben, Einrichtungsgegenstände, Geschirr für die Küche oder ein schönes Bild – Geld war ja noch keines da. Ich erinnere mich noch genau, wie ich einmal an Pfingsten einen Tag später zum Nest kam. Meine Mutter hatte mir zwei Bilder mitgegeben, eines war schrecklich geschmacklos, das andere war schön. Und wenn etwas geschmacklos war, sagte Stritt: ›Kaffee! Kaffee ist geschmacklos, das wird verbrannt oder in den Keller gestellt!‹ Also dieses Bild – eine Ährenleserin – war nicht unser Genre. Das andere Bild, ein Landschaftsbild von einem namhaften Maler, wurde akzeptiert.

Man ging dort hin für ein verlängertes Wochenende, später haben wir auch gemeinsame Touren und Wanderungen unternommen, das Sonnwendfest mit einem großen Feuer auf der Wiese gefeiert. Und wir haben die schönen Volkstänze der Geschwister Mayer aus Mannheim gelernt, die ein Büchlein mit Volkstänzen im Wandervogel herausgegeben hatten. Wir haben uns dazu im Haus von zwei Konstanzer Wandervogel-Mädchen, Elisabeth und Maria Amann, getroffen, haben die Tänze auf ihrem Speicher geübt und an Sonnwend auf dem Schienerberg beim Anzünden des Feuers getanzt.

Nur am Anfang hat man die Wanderungen noch getrennt unternommen, mit Rücksicht auf die Kirche. Die Kirche hat natürlich gegen diese Bewegung opponiert, denn wir gingen so früh wie möglich fort, um sechs oder sieben Uhr spätestens, da konnten die christlichen Mitglieder natürlich nicht mehr den obligatorischen Gottesdienst besuchen. Die Kirche sprach von ›entarteter Jugend‹, meinte, der Wandervogel entfremde die Kinder von ihren Eltern und ermahnte diese, nicht auch noch ihre Hand dazu zu reichen: Am einzigen freien Tag, an dem die Eltern Zeit hätten, versuchten diese Leute, Einfluß auf ihre Kinder zu gewinnen!

Und solche Argumente haben natürlich gewirkt! Ich selbst habe keine Schwierigkeiten bekommen, aber viele andere. Manche kamen nur einmal und dann nicht mehr, die Eltern haben getobt: Mit dieser freien Jugend läßt man doch kein Kind gehen!

Doch die Gruppe wuchs dennoch, und schon bald waren wir mindestens 50 Buben und 50 bis 60 Mädchen – zu viele für gemeinsame Wanderungen. Man hat dann Gruppen gebildet von zehn oder zwölf Leuten und Gruppenführer ernannt – das Wort ›Führer‹ mag man ja heute gar nicht mehr in den Mund nehmen. Auch ich war später Führer einer Gruppe. Wir hatten ein eigenes Emblem, eine Silbernadel mit dem Greif, und einen eigenen Gruß: ›Heil!‹ In diesen kleinen Gruppen haben wir in den Ferien auch sehr weite Touren gemacht, in den Schwarzwald, ins Appenzellerland, in das Allgäu, die weiteste Fahrt ging bis nach Luzern, von dort auf die Rigi und weiter zum Gotthard. Wir sprachen dann von ›großer Fahrt‹ im Gegensatz zur ›kleinen Fahrt‹ in die Umgebung, bei der auch Mädchen dabei waren. Wer nicht im Wandervogel war, hatte damals wohl kaum Gelegenheit, alleine, das heißt ohne die Eltern, so weit von zu Hause wegzukommen: Diese Jungen machten eben ihre Reise – bürgerlich – mit den Eltern. Auf unseren Fahrten haben wir meist bei Bauern im Heu übernachtet – wir haben ja nicht geraucht und keinen Alkohol getrunken –, wir haben den Bauern geschworen, daß wir weder Zigaretten noch Streichhölzer benutzen! Wir hatten einen Kessel dabei und haben selbst gekocht. Was wir dazu brauchten, Eier und Milch, haben wir bei den Bauern geholt.

Singabend im »Nest«

Die Mädchengruppe des Konstanzer Wandervogel

Auch auf dem Oberbühlhof haben wir selbst gekocht und auch unser Brot selbst gebacken. Was wir bei den Bauern nicht bekamen, haben wir mit Rucksäcken in Wangen oder in Öhningen geholt – in diesen Dörfern auf der Höri waren wir mit der Zeit so bekannt, daß uns fast jeder Mensch dort gekannt hat. Auf dem Schienerberg sind wir so viel gewandert, daß ich heute noch nicht nur jeden Bauernhof, sondern jeden Fußpfad, jedes Bachgerinnsel, jeden größeren Stein kenne! Meine Geige trug ich in einem wasserdichten Sack über dem Rücken, und auf unseren Wanderungen oder in unserem Heim konnte ich damals Hunderte von Liedern auswendig spielen. Ich war der einzige, der beim Marschieren geigen konnte. Wenn wir abends vom Schienerberg zurückwanderten nach Radolfzell, müde vom Wandern, vom Singen und Spielen, habe ich gegeigt – meine Frau erinnert sich noch, wie ich sie als kleines Mädchen, sie war sechs Jahre jünger als ich und konnte kaum mehr laufen, durch mein

»Zünftig« gekleidet auf dem Weg von Wangen zum Oberbühlhof: Erich Bloch mit der Fidel und Freund Edi Witt

Geigenspiel mitgerissen habe. Märsche haben wir gespielt und kamen dann müde und erschöpft, aber glücklich im Bahnhof von Radolfzell an.

Natürlich war es relativ ungewöhnlich für die damalige Zeit, daß Mädchen und Buben zusammen übernachteten. Selbst wenn man bedenkt, daß die Mädchen oben schliefen. Man konnte gar nicht 40 Buben und 40 Mädchen kontrollieren, ob jemand rausschleicht in der Nacht, und das ist auch vorgekommen. Ich selbst mußte als Führer einer Gruppe verschiedene Male zu den Eltern, um ihnen zu sagen, daß wir rechtschaffene Leute seien, daß sie uns vertrauen könnten und daß wir ihre Weltanschauung nicht untergraben wollten.

Wir haben uns dann auch anders gekleidet. Das hat ungeheures Mißbehagen und Mißfallen hervorgerufen. Wir haben kurze Hosen getragen, wir haben sie einfach abgeschnitten. Unterwegs haben wir die Strümpfe ausgezogen und sind nur noch in Sandalen oder barfuß gelaufen. Wenn es warm war, gingen wir nur im Hemd fort. Und wenn es windete, sind wir mit einer Windjacke oder einer regenfesten Jacke fort, möglichst alt – ›zünftig‹ haben wir dazu gesagt. Und wenn einer ›bourgeois‹ daherkam, sagten wir zu ihm: ›Ach was, wie Du wieder aussiehst! Du mußt dich ›zünftiger‹ kleiden!‹ Am Anfang trugen wir sogar noch bunte Tücher um den Hals, doch das fanden wir später geschmacklos.

Aus meiner Klasse waren eigentlich nur wenige im Wandervogel. Doch die Wandervogelbewegung hatte einen starken Einfluß auf die Entwicklung der Mode. Schon bald darauf kam der Schillerkragen auf. Meine Mutter hat uns stets Hemden mit Stehkragen gekauft für den

Sonntag. Da sah ich hier im Sporthaus ›Union‹ zum ersten Mal Hemden ausgestellt mit offenem Kragen, und von meinem Taschengeld habe ich mir das erste Hemd gekauft. Meine Mutter sagte nur: ›Verrückt, so ein Hemd zu tragen!‹ Und ich sagte zur ihr: ›Ich trag's!‹ Ich war einer der ersten, die solche Hemden getragen haben, andere im Wandervogel auch. Mit der Zeit sind wir dann auch ohne Mütze gegangen, sogar in die Schule! Einmal gingen wir zu dritt spazieren auf der Seestraße, und wer begegnet uns? Unser Mathematiklehrer, der Herr Professor Fischer mit dem Hut! Wir haben uns hingestellt und haben uns verbeugt. Doch der Professor Fischer, als ob wir Luft wären, an uns vorbei. Am anderen Tag in der Schule sagte er nur: ›Sie werden doch nicht glauben, daß ich Ihnen einen Gruß abnehme, wenn Sie keinen Hut oder keine Mütze auf dem Kopfe haben! Ich möchte Sie doch sehr bitten, weiterhin anständig zu bleiben!‹ Doch – ein Jahr später läuft der Herr Professor Fischer bei gutem Wetter in der Seestraße ohne Hut herum...

Der Wandervogel war eine vollkommen reine, menschliche Bewegung – zunächst! Sie hatte nicht einmal Tendenzen, sie sprach nicht vom Frieden, sie sprach nicht vom Krieg. Man wollte menschlich rein zusammen sein, mit der Natur, mit der Musik, aber auch mit den Geschlechtern – im Grunde stand dahinter schon so etwas wie eine Koedukationsidee. Doch in diese Bewegung kam schon sehr früh ein Zwiespalt. Hans Blüher, Verfasser der Schrift ›Sezessio Judaica‹ und Autor mehrerer Bücher über den Wandervogel, brachte völkische Ideen in die Bewegung, schlug vor, den Wandervogel germanisch zu machen – ›teutsch‹. Und er schlug vor, die Juden nach Möglichkeit auszuschließen. Im Oktober 1913, auf der großen allgemeinen Wandervogeltagung auf dem Hohen Meißner, kam es zu einer offenen Auseinandersetzung zwischen der Richtung von Blüher und der von Gustav Wyneken, dem liberalen Schulreformer, vertretenen Richtung. Die Wandervogelbewegung hat sich dann getrennt, zunächst theoretisch, dann aber auch praktisch. Viele Gruppen, vor allem in Norddeutschland, haben sich der völkischen Richtung angeschlossen, die anderen wollten weiterhin weltanschaulich neutral und international bleiben, auch die Konstanzer Gruppe. Wir hatten hier schon vor dem Krieg sehr schöne Kontakte zu Schweizer Wandervogelgruppen, wir wanderten viel zusammen mit der Gruppe aus Kreuzlingen und haben uns an internationalen Tagungen in Frauenfeld, in Appenzell und in St. Gallen beteiligt.

Später, gegen Ende des Krieges, wurden auch in Konstanz die Juden ausgeschlossen. Der Wandervogel existierte zwar noch, aber auf völkischer Basis, und wir wollten nichts mehr davon wissen. Meine Freunde sind, soweit sie nicht im Krieg umkamen, alle ausgetreten.«

»Was suchst Du hier als Lausbub an der Front?« – Als Freiwilliger im Ersten Weltkrieg

»1914, als der Krieg ausbrach, waren wir Schüler gerade 17 Jahre alt – wir waren vollkommen apolitisch, in keiner Weise mit den realen Verhältnissen der Zeit vertraut gemacht. Einer vielleicht, mein Mitschüler Fritz Kessler, hat sich immer für Politik interessiert. Er sagte wohl mal: ›Es kommt so weit, daß es noch einen Krieg gibt!‹ Aber wer dachte schon an so etwas, am Bodensee, in dieser schönen Landschaft, weit weg vom Schuß?

Der Krieg hat uns also überrascht. Und man hat uns gesagt: ›Deutschland ist von allen Nachbarn überfallen worden! Und Deutschland steht allein, zusammen mit Österreich!‹ Und da ich idealistisch erzogen worden und damals gerade auch durch den Wandervogel sehr heimatkundig und heimatlieb geworden bin, habe ich meinem Vater gesagt: ›Deutschland ist in Bedrängnis, ist in Not – ich meine, ich muß mich melden. Man hört jetzt überall von Kriegsfreiwilligen, ich will jetzt nicht mehr die Schulbank drücken!‹ Es waren noch Ferien, damals im August 1914. Ich war aber der einzige in meiner Klasse, der sich gemeldet hat. Ich mußte dann warten bis zu meinem 17. Geburtstag, am 4. August. Doch es hieß: ›Wenn der Vater nicht unterschreibt, kannst du nicht zum Militär, du bist noch unmündig!‹ Ich habe mit meinem Vater dann einen großen Streit bekommen, bis er schließlich meinte: ›Gut – wenn du unbedingt willst, dann habe ich nichts dagegen‹ – und unterschrieb.

Meine Ausbildung war sehr schlecht, schnell und oberflächlich. Es zeigte sich, daß der deutsche Generalstab für einen so umfassenden Krieg gar nicht vorbereitet war. Zwar stand der Krieg ihren Willensäußerungen nach fest, und sie haben ihn auch letzten Endes gewollt, doch sie hatten gar nicht genügend Reserven ausgebildet für so einen Krieg nach allen Fronten. Und es zeigte sich, daß nach dem ersten Reservezug des Regiments 114, der im September kam, niemand mehr da war, außer den Kriegsfreiwilligen, so daß wir Kriegsfreiwillige schon im Oktober nach zweimonatiger primitiver Ausbildung kriegstüchtig sein sollten, um an der Front gegen wirklich ernsthafte Soldaten anzukämpfen. Das war unmöglich, da hatte Deutschland den Krieg quasi schon verloren, gleich zu Beginn des Krieges, weil es nicht genügend Reserven hatte.

Zweifel sind uns da jedoch noch nicht gekommen. Wir haben uns gemeldet, es hieß immer: die nächsten hundert, die nächsten hundert, und bei den ersten hundert waren schon einige meiner besten Freunde vom Wandervogel mitgegangen. Bei der zweiten Gruppe war ich dabei, wir gingen fort am 12. Oktober, und wir kamen nach Nordfrankreich. Über Lille sind wir transportiert worden nach LaBassée, in das dortige Kohlengebiet. Gleich nach ein paar Tagen kam es zu einer furchtbaren Schlacht um einen strategisch wichtigen Ort, Givenchy. Gegenüber standen Marokkaner, Senegalesen und Franzosen. Während dieser Schlacht, die mehrere Tage dauerte, bin ich hinter den Trümmern einer Kirche verschüttet worden. Ich bekam einen Steinschlag auf die linke Stirn, einen Schock und später eine schwere Knochenhautentzündung. Man hat uns ausgegraben, und wir wurden zurück ins Lazarett befördert.

Als ich an die Front kam, habe ich gleich gefragt: ›Wo ist mein Freund‹ – vom Wandervogel – ›Gustav Adolf Hublow?‹ Da hieß es nur: ›Schon gefallen!‹ ›Wo ist mein Freund‹ – ein Jude – ›Alfred Rothschild?‹ ›Der ist vermutlich im Kanal ertrunken, er bekam einen Schuß, als man den Kanal überquert hat!‹ Und so ging es weiter, es waren fast alle schon tot, 14 Tage, nachdem ich gekommen war. Das war für uns ein Schock.

Bloch als Untersekundaner mit der Schülermütze, 1914

Rekrutenvereidigung vor dem Torkelgebäude der Klosterkaserne

Extra-Blatt
der
Konstanzer Zeitung.

Konstanz, den 21. November 1914.

Feindliche Flieger über dem Bodensee!

△ Konstanz, 21. Nov., nachmittags 1½ Uhr. Heute mittag nach ½1 Uhr flogen in kurzen Zwischenräumen zwei anscheinend französische Flugzeuge in östlicher Richtung über unsere Stadt, das eine in großer Höhe, das andere, ein Doppeldecker, wesentlich niederer. Kurze Zeit darauf hörte man aus der Richtung Friedrichshafen lebhaftes Geschützfeuer. Man will von hier aus beobachtet haben, daß einer der Flieger, die offenbar einen Angriff auf die Luftschiffhalle versuchten, heruntergeschossen worden sei.

Die letztere Nachricht wird uns durch eine Privatmitteilung aus Friedrichshafen mit dem Beifügen bestätigt, daß die Luftschiffhalle unbeschädigt geblieben ist.

Verantwortlich: Max Klemm in Konstanz.

Extrablatt der »Konstanzer Zeitung« vom 21. November 1914

Am ersten Tag, als wir in den Schützengraben kamen – die Gräben waren noch nicht sehr tief, denn der Stellungskrieg war noch nicht definitiv, es herrschte noch halb Bewegungskrieg, sah ich nur einen Wirrwarr von Gräben. Nur Leute, die sich auskannten, konnten uns in die vordere Stellung führen. Es war Nacht, und wir sollten eine Kompanie aktiver Soldaten ablösen, und wen treffe ich da? Den älteren Sohn eines jüdischen Tierarztes, Alfred Meyer! Und der sagte zu mir: ›Mensch, du bist doch noch ein Lausbub! Was machst du hier an der Front?‹ ›Ich hab mich freiwillig gemeldet!‹ ›Eines laß dir gesagt sein: hier muß man den Kopf runtertun! Wer den Kopf erhebt, ist tot – oder schwer angeschossen. Merk dir das ja!‹

Wir haben uns das gemerkt, und als wir in Stellung kamen, war unsere erste Aufgabe, zu buddeln und noch mal zu buddeln. Und wissen Sie, was wir gehabt haben? In LaBassée hat man uns geboten, in einer Eisenhandlung nach Schaufeln zu suchen, kleine Handschaufeln, wie man sie benutzt, um Staub zu sammeln. Damit sollten wir den harten Boden schaufeln – das war unmöglich. Wir hatten gar kein Material, um uns richtig einzuschaufeln. Überall waren natürlich Schießscharten und Löcher, und im frühen Morgengrauen steht mein Freund Walter Kabisch vom Wandervogel auf und sagt: ›Wollen mal sehen, was da los ist gegenüber.‹ Ich stand hinter ihm. Kaum hat er durch das Loch geschaut, kam der erste Schuß und hat ihm den Kopf durchschossen. Er war nicht tot, aber er war gezeichnet für sein ganzes Leben und ist nie mehr ganz gesund geworden. Das war der erste Eindruck. Am anderen Tag bin ich verschüttet worden.

Ich war über zwei, drei Monate in einem Lazarett in Düsseldorf. Dann sind wir nach Konstanz zurückgekommen, und da hat man Garnisonsdienst gemacht, bis man wieder ›kriegsdienstverwendungsfähig‹ war. Doch der Arzt meinte, ich sei noch krank, noch nicht wieder kriegstüchtig. Mein Vater sagte dann: ›Ja Gott, was sollst du auf dem Kasernenhof machen – entweder du bist im Krieg oder du gehst auf die Schule, du hast doch noch was zu lernen!‹ Und so bin ich im Mai oder Juni 1915 bis zur neuerlichen Kriegsdienstverwendung entlassen worden, ging auf die Schule und habe 1916 das Abitur gemacht, obwohl ich fast ein Jahr verloren hatte. Die Lehrer waren sehr nett zu mir! Mein Mathematiklehrer sagte nur: ›Komm, ich unterrichte dich am Nachmittag, ich will dir helfen bei dem, was du nicht wissen kannst.‹ In den anderen Fächern, in Latein und in Griechisch, hatte ich meine Grundlagen, und das andere hat man nachgelernt. Als das Abitur kam, ging mein Klassenlehrer Fidel Neuburger, der mich sehr gerne hatte, zum Inspektor in Mathematik, wo ich nicht sehr erstklassig war, und sagte nur: ›Dieser Mann war ein Jahr als Kriegsfreiwilliger im Feld!‹ Dann war schon alles erledigt – mit Recht.«

Student und Soldat 1915–1918

Im Wintersemester 1915/16 beginnt Erich Bloch ein Studium an der Universität München. Rechtswissenschaften – die Wahl des Studienfaches folgt nicht nur den Wünschen des Vaters, sondern auch der Erkenntnis der eigenen Fähigkeiten – »ich war immer ein guter Redner« – und der Hoffnung auf eine spätere Berufschance. Die eigentlichen Interessen jedoch, Geschichte, Deutsch, Griechisch, Lateinisch, Literatur, Kunst und Philosophie, waren ihm schon auf dem Gymnasium bewußt geworden, auch wenn er das Studium der Rechte nie bereut hat: »Ich war immer ein Typ, der enzyklopädisch gedacht hat. Weil Geschichte eines meiner Grundfächer war und ich schon viel von geschichtlichen Zusammenhängen wußte, dachte ich daran, das auch einmal geistig zu vertiefen und universalistisch zu studieren.« Schon im ersten Semester hört er auch Nationalökonomie, bei Lujo Brentano, einem der geistig führenden Köpfe im ›Verein für Socialpolitik‹.

München in diesem zweiten Kriegswinter erlebt er »als eine schon mehr oder weniger trostlose Stadt: Gebombt wurde nicht, irgendeine militärische Gefahr war nicht vorhanden.

Aber die Ernährung war schlecht. Und die Münchener speziell und die Bayern als Bauern sind ein verwöhntes Volk, bei ihnen ist Essen und Trinken sehr primär. Wenn es da fehlt, dann werden sie mißmutig, man kann fast sagen, sie werden revolutionär. Sie sind ansonsten ein konservatives Volk, aber wenn das Bier nicht gut schmeckt oder über die Maßen teuer wird oder wenn es die Weißwürste und alles, was dazu gehört, nicht mehr gibt, dann werden sie mißmutig. Und das war schon 1916 der Fall. Vom Glanz des freien künstlerischen Lebens war da nicht mehr viel zu sehen.«

Das Gedächtnis bewahrt Bilder, Erinnerungen an kleine Episoden und Ereignisse, in denen sich die Verhältnisse und die Stimmung jener Zeit kristallisiert haben: den großen Zulauf des bürgerlichen Publikums zu den Konzerten, zum Beispiel in das Konzerthaus am Odeonsplatz, wo die Leute sogar in Massen auf dem Boden saßen, den Eindruck, daß »die Menschen in ihrer Traurigkeit« besonders aufnahmefähig für die Musik waren. Als während eines Konzerts des Klingler-Quartetts eine Frau beim Adagio plötzlich aufschluchzt, weint bald darauf der ganze Saal. Die Frau, so erfährt er auf dem Heimweg, war seine Zimmernachbarin, eine angehende Medizinerin. Nach dem ›Warum‹ wagt er nicht zu fragen.

»Natürlich hat man in diesem Kriegswinter schon gefroren und gehungert. Wir haben richtig gehungert, es gab nur weiße Rüben, Kartoffeln schon ganz selten, und wenn ohne Fett, manchmal ein wenig Wintergemüse, vielleicht auch mal ein paar Fleischstückchen in einem Gulasch schwimmend.« Einmal schickt die Großmutter aus Freiburg ein Paket: »Da haben wir ein großes Fest gemacht, das haben wir alles in einer Nacht verzehrt!«

Das sein weiteres Leben prägende Erlebnis dieses kurzen Münchner Semesters aber wird für ihn der Kontakt zu der sich unter den Studenten der Universität regenden Opposition gegen den Krieg. Bloch schließt sich der ›Freien Studentenschaft‹ an, macht unter anderem Bekanntschaft mit Werner Marholz, dem Leiter der Vereinigung, mit dem jungen jüdischen Dichter Otto Zareck, mit Ernst Toller, der wie Bloch Kriegsfreiwilliger war und schon damals zusammen mit einigen Freunden anfing, gegen den Krieg zu agitieren: »Ich hatte damals in München mehr mit Dichtern und Idealisten zu tun als mit Juristen.« Opposition gegen den Krieg erlebt er auch außerhalb der Universität. Ein Studienfreund aus Konstanz lädt ihn eines schönen Tages ein: »›Du, morgen abend gehen wir in ein ganz abgelegenes Viertel, da weiß ich einen Humoristen, der ist einmalig!‹ Das waren die Anfänge von Karl Valentin und Liesel Karlstadt. Sie haben damals mit Mut gegen den Krieg gesprochen, gegen das Blutige und Scheußliche des Kämpfens und Mordens unter den europäischen Völkern.«

Der naive Idealismus des jungen Kriegsfreiwilligen vom August 1914 war freilich schon lange zuvor zerbrochen: »Mit einer Gruppe Kriegsfreiwilliger bin ich schon im Oktober nach Nordfrankreich geschickt worden. Wir kamen in die schöne Stadt La Bassée, in der Nähe von Lille und der belgischen Grenze. Diese Stadt war von den Franzosen geräumt worden, nachdem die Deutschen überraschend durch Belgien marschiert waren. Als wir in die Stadt kamen, konnten wir uns selbst in leerstehenden Wohnungen einquartieren. Die Stadt selbst war noch unzerstört, nirgendwo hatte eine Kanonenkugel eingeschlagen. Die Franzosen waren weg, aber die Bevölkerung hatte man nicht ausquartieren können. Wir gingen zunächst in das Lehrerhaus, in der Annahme, daß es leer sei. Doch am Abend hörten wir Klopfen, das von einer Falltüre kam, die in den Keller führte. Nun vernahmen wir auch französische Stimmen, und kurz darauf kamen zwei Frauen und ein Kind heraus und baten, man möge ihnen zu essen geben. Wir gaben ihnen Essen und meldeten dies dem zuständigen Feldwebel. Der Feldwebel nahm die Frauen bei sich auf, er meinte, er habe viel Platz, und sie könnten heute Nacht bei ihm wohnen. Am nächsten Tag nahmen wir Quartier bei anderen Freunden – wir waren noch nicht eingesetzt, die Schlacht hatte noch nicht begonnen. Es war ein wunderschönes Haus, das der Tafel am Eingang zufolge einem Mediziner, Dr. Legrand,

Kriegszerstörungen in La Bassée

gehörte. Wir gingen hinein und sahen an der Einrichtung, daß er ein ganz moderner Arzt gewesen sein mußte. So etwas hatte ich in Konstanz bei einem Arzt noch nicht gesehen. Er hatte schon einen eigenen kleinen Röntgenapparat und moderne medizinische Instrumente. Doch seine Apparate waren alle mit Gewalt von deutschen Soldaten zerstört worden. Wir gingen dann nach oben und sahen, daß die Besitzer ganz schnell weggegangen sein mußten – die Betten waren noch nicht gemacht, und am Bett der Frau lagen irgendwelche Aufzeichnungen. Da haben wir gesagt: ›Das ist doch eine Schande, wir sind als Idealisten in den Krieg gezogen!‹

Mit in dieser Gruppe war der Sohn von Zeiss aus Jena. Der alte Zeiss war schon in Pension und wohnte in Konstanz, in der Neuhauserstraße beim Gymnasium. Er hatte zwei Söhne, der ältere war schon im Studium als Ingenieur, der jüngere studierte Medizin, er hieß Erich Zeiss. Auch ein jüdischer Freiwilliger war dabei, Herbert Picard, der ebenfalls Medizin studierte. Und alle haben gesagt: ›Also wenn das der Sinn des Krieges ist, daß man ohne Grund alles, nur weil es dem Feinde gehört, kaputt macht, dann ist das eine Schweinerei! So etwas machen wir nicht mit! Wir sind empört, daß so etwas geschehen kann!‹ Daraufhin hat Erich Zeiss ein Brieflein geschrieben an Dr. Legrand in La Bassée: ›Wenn Sie zurückkommen und ihre Apparate und ihre wunderschönen medizinischen Einrichtungen zerstört finden, verzeihen Sie es uns Deutschen. Wir sind auch Deutsche, als Studenten.‹ Dann haben wir unsere Namen darunter gesetzt und das Brieflein in den kaputten Röntgenapparat gesteckt, um uns zu entschuldigen, daß die Deutschen so barbarisch waren und seine Einrichtung ohne Grund zerstört hatten. Daran können Sie unsere Gesinnung erkennen, wie man noch war. Auch die Türen waren zum Teil mit den Äxten behandelt worden, nur so aus Übermut, aus dem Gefühl des Siegers…

Natürlich ist diese Stadt dann zerstört worden, in Grund und Boden zerstört, der Mann konnte nie mehr in sein Haus zurück und hat das Zettele nie gelesen. Aber wir waren noch so naiv und haben gedacht, er würde bald zurückkommen und denken: ›Es gibt doch noch anständige Deutsche…‹«

Ostern 1916 wird Bloch wieder für »felddienstfähig« erklärt, wenig später folgt der Gestellungsbefehl zum 3. Infanterieregiment nach Augsburg. Was nun folgt, mag er gar nicht erzählen: Die Schlacht von Verdun – »ein aussichtsloses Blutvergießen, eine Schlächterei, ich mag gar nicht davon reden… Ich erkrankte und kam ins Lazarett.«

Nicht mehr voll kämpffähig, findet er als Student Verwendung in einer Feldbuchhandlung, eine Einrichtung zur »moralischen Hebung der Soldaten: Mit Hilfe von gelernten Buchhändlern hat man da humane, schöne Erzählungen, Liebesgeschichten, aber auch Klassiker zusammengestellt, also nichts Aufregendes. Dicht hinter der Front hat man in kleinen Dörfern diese sogenannten Feldbuchhandlungen eingerichtet, wo die Soldaten kommen und Bücher ausleihen konnten. Während des Stellungskrieges wurde manchmal über Wochen hinweg nicht ein Schuß abgegeben, und da war das natürlich psychologisch eine gute Einrichtung, damit die Leute moralisch nicht völlig verkamen oder seelisch verkümmerten. Eine solche Buchhandlung habe ich geführt, bis den Franzosen der Durchbruch gelungen ist. Wir zogen uns zurück nach Metz, sahen aber, daß die Front allmählich zusammenbrach.

Dann geschah etwas Interessantes und Erwähnenswertes. Als im November die Revolution ausbrach, lagen wir in der Festung Diedenhofen. Einige Freunde kamen zu mir und sagten: ›In Bayern gibt es eine Revolution, wir sollten uns eigentlich vorbereiten!‹ Wir haben dann ein Komitee gebildet, bestehend aus einem jungen sozialdemokratischen Stadtverordneten aus Diedenhofen und einigen Parteimitgliedern und Soldaten, ich war auch dabei. Der bayerische König mußte damals zurücktreten, und Eisner bildete eine Regierung zusammen mit Auer. Kurz darauf rief uns der Vorgesetzte unserer Feldbuchhandlungszentrale, ein Major, zusammen: ›Ihr habt gehört, was in München passiert ist? Unser König ist abgesetzt worden! Wir müssen uns jetzt vorbereiten und in Marsch setzen, um diese Bande gehörig zu bestrafen!‹ Da stand ich auf und sagte: ›Herr Major, ich glaube, Sie sind nicht im Bilde. Die Bayern haben das nicht nur so aus der Hand gemacht oder aus Willkür. In Bayern herrscht absolute Unzufriedenheit, und man ist nicht gewillt, den Krieg weiterzuführen. Die Leute wollen Frieden!‹ ›Oh, solch eine Unverschämtheit! Ich werde dafür sorgen, daß Sie verhaftet werden!‹ Dann ging er weg, und zwei sagten zu mir: ›Komm gleich mit, wir verstecken Dich!‹ Doch nur wenig später haben Hindenburg und Ludendorf erklärt, man könne die Leute, die für den Umsturz eintreten, nicht verfolgen oder bestrafen, sonst ginge die ganze Front kaputt. Dagegen sei jetzt gar nichts mehr zu machen. Man wolle jetzt kapitulieren und auf der Basis der 14 Punkte von Wilson einen Waffenstillstand schließen.

In Diedenhofen ist nun etwas Interessantes passiert. Der sozialdemokratische Stadtrat, zwei Offiziere und ein paar Leute aus meiner Gruppe bildeten ein Komitee, um die Stadt zu leiten, so lange noch keine andere Zivil- oder Militärregierung da war. Wir zogen dann zur Kommandantur, als Repräsentanten einer riesigen Volksmenge, die nichts mehr mit dem Krieg zu tun haben wollte. Da war ja schon alles publik, was passiert war. Dann ging es Schlag auf Schlag: erst hieß es, Wilhelm II. sei nach Holland geflüchtet, dann: Ludendorff sei nach Schweden geflüchtet – nur Hindenburg sei noch da. Und wir haben gesagt: ›Wir verlangen, daß die Militärkommandantur zurücktritt und uns die Geschäfte für den ganzen Bezirk Diedenhofen übergibt!‹ Da hat uns der Generalmajor von Trotha den Säbel übergeben und ist verschwunden mit seinem ganzen Stab!

Wir haben nun einige Abteilungen eingerichtet – das war gut organisiert – für Zivilbevölkerung, für Militär, für Verwundete, für Ernährung. Und das hat ausgezeichnet funktioniert! Die Leute haben sich gewundert, wie wir als Ersatzregierung – der Rückzug war schon in vollem Gange – diesen Verkehr geregelt und bewältigt haben. Noch einige Tage später kam ein intaktes preußisches Regiment im Stechschritt daher. Sie hatten den vielleicht schon acht Tage alten Befehl, da und dort für Disziplin zu sorgen und zu sehen, daß die Ideen der Revolution nicht durchdrangen und das Heer intakt blieb. Doch als sie kamen, waren der Herr von Trotha und all diese Leute schon fort. Wir haben dann mit ihnen verhandelt – sie hatten den Befehl, jeden zu erschießen, der nicht im Sinne der Heeresleitung die Disziplin hielt. Wir haben ihnen dann gesagt: ›Jetzt hören Sie mal, alles was noch da ist, Soldaten und Zivilisten, sind längst auf ihren eigenen Wegen. Der fährt da hin, und der fährt dort hin, es ist hier gar nichts mehr los. Sie können hier gar nichts mehr regieren!‹ Daraufhin haben sie mit der Heeresleitung telefoniert, und sie wären nicht gegangen, wenn Hindenburg ihnen nicht persönlich gesagt hätte, ihr Auftrag sei hinfällig. Dann erst sind sie abgezogen, und wir hatten freies Feld. Wir haben dann erfahren, daß vielleicht am 20. November die Festung Diedenhofen den Franzosen übergeben werden und das deutsche Militär vorher abziehen solle. Etwa drei Tage vor diesem Termin entdeckte ich spät abends auf dem Weg zu meinem Quartier in einem Hof französisches Militär. Da bin ich schnell zurück, habe alle versammelt und gesagt: ›Die Franzosen sind schon da!‹ Zwei Subalterne blieben zurück, um sämtliche Pläne der Festung zu übergeben, und wir nahmen ein Auto und fuhren zurück nach Mannheim – in einem Sanitätsauto der Stadt Diedenhofen! – Dort sollten wir der Heeresleitung noch Orders und Geheimpapiere der Kommandantur übergeben.

Unterwegs überholten wir eine Unzahl von marschierenden Soldaten und Truppen und trafen dabei auch auf jenes Regiment, das in Diedenhofen hätte ›Ordnung‹ schaffen sollen. Auf sämtlichen Autos, die wir requiriert hatten – auch für den Rücktransport von Verwundeten – hatte man die Aufschrift angebracht: ›Eigentum des Arbeiter- und Soldatenrats Diedenhofen‹. Auf unserem Wagen stand das auch, und wir hatten zudem noch eine rote Fahne vorn. Diese rote Fahne, die unser Chauffeur aufgezogen hatte, machte bei den Soldaten der Front viel böses Blut. Als wir an diesem Regiment vorbeiwollten, sagte der Oberst: ›Nicht durchlassen!‹ Und er hat einen Hauptmann geschickt, der nur sagte: ›Wenn diese rote Fahne nicht vom Auto wegkommt, lasse ich alle erschießen!‹ Und was hat unser Chauffeur gemacht? Er hat das Gewehr genommen und hat angelegt: ›Sie und der Oberst werden sofort erschossen, wenn Sie den Befehl nicht zurücknehmen!‹ Darauf hat er ihn zurückgenommen, und wir sind weitergefahren. Das war eine sehr gefährliche Situation für uns. In Mannheim haben wir dann unsere Papiere abgegeben und haben uns in alle Richtungen zerstreut.

Die Münchner Räterepublik

Im Februar 1919, als Kurt Eisner ermordet wurde, war ich wieder Student in München. Wir waren natürlich Kriegsgegner geworden nach all den Zerstörungen, aber auch in der Erkenntnis der imperialen Ziele des Krieges, daß man bestimmte Länder in Besitz nehmen und auch behalten wollte. Wäre man nicht durch die Niederlage gezwungen worden, so hätte man all diese Gebiete nicht mehr abgetreten. Ich habe zwar in München keiner Partei angehört, aber es war mir doch sehr imponierend zu sehen, daß plötzlich die Straße belebt wurde von der Arbeiterschaft, die man sonst in München, in dieser Kunststadt, nicht sah, daß die Arbeiterschaft etwas zu sagen hatte. Eisner, ein wirklich prominenter und überragender Kopf, hatte zwar nicht viele Anhänger – er war radikal und nicht Mehrheitssozialist –, aber er war ein weitblickender Mensch und hat den Mut gehabt, den bayerischen König abzusetzen. Ich war in der Universität und hatte gerade eine Vorlesung, als ich plötzlich ein riesiges Geschrei höre: ›Hurra!‹ – ›Sieg‹ – dazu das Deutschlandlied. Ich denke, was ist da los?, laufe schnell hinunter ins Foyer – da hatte sich schon alles versammelt, Studenten, Burschenschaftler, Verbindungen: ›Ein Hoch! Eisner ist ermordet! Wir können König Ludwig wieder rufen!‹ – Unglaublich schnell war also die Mehrheit der Studentenschaft wieder zum Monarchismus zurückgekehrt. Die kleinen Gruppen, die anders dachten, konnten sich überhaupt nicht halten – sie wurden sofort verfolgt und geschlagen, und man hat sie rausgeboxt. Die ganze Universität war also erfüllt von einem neuen Nationalismus. Da fing es schon an – in München fing es sehr früh an! Das war für mich sehr schlimm, zu sehen, daß der Krieg so wenig Nachwirkungen gezeigt hatte, wo wir doch schon europäisch und pazifistisch dachten. Ich hatte mich damals der Bewegung von Graf Coudenhove-Kalergy aus Wien angeschlossen, die für ein vereintes Europa eintrat. Seine Schriften wurden viel gelesen in der Freien Studentenschaft, und in

Menschenauflauf am 23. Februar 1919 an der Promenadestraße (heute Kardinal Faulhaber-Straße) an der Stelle, wo Kurt Eisner ermordet wurde

diesen wie auch in pazifistischen Kreisen glaubte man noch, ein vereintes Europa könne innerhalb der kommenden zehn Jahre Wirklichkeit werden. Doch man hat schnell gesehen, daß die Masse der Studierenden und der Akademiker nichts gelernt hatte aus dem Krieg, daß sie am liebsten gleich schon Revanche nehmen wollten.

Ich war sehr geknickt – Eisner war für mich eine faszinierende Erscheinung. Ich war beeindruckt, daß er solch einen Erfolg hatte als Journalist, als ein einfacher, unbekannter Mann, und daß es ihm gelungen war, in der Münchner Arbeiterschaft in so kurzer Zeit eine so großartige Stimmung hervorzurufen. Ich ging dann in die Stadt, und hinter der Feldherrenhalle, in der Nähe vom Abgeordnetenhaus, sah ich – ich mußte an Wilhelm Tell denken – den Hut von Eisner liegen in einer großen Blutlache, mit drei ungeladenen Gewehren war die Stelle geschützt. Dann kam eine große Unruhe in die Bevölkerung, die Arbeiter strömten in die Stadt und wollten das Parlament stürmen. Ich war auch dabei, bin mitgelaufen, um zu wissen, was da los war – vor dem Parlament hörte man Schüsse fallen. Man hatte den Mitarbeiter Eisners, den Sozialdemokraten Auer, bezichtigt, diesen verraten zu haben, und ein Metzgermeister hatte auf Auer geschossen und ihn schwer verwundet, es kam zu einem großen Tumult, und alles strömte auf die Straße. Mittags kam dann ein Extrablatt heraus mit der Nachricht, man habe bei Eisner ein Konzept gefunden, demzufolge er nach der Eröffnung des Landtags auf den Ministerpräsidentenposten hätte verzichten wollen, weil er bei den Wahlen nur so wenige Stimmen bekommen hatte. Man hat ihn also etwas zu früh erschossen – man hatte gedacht, er wolle eine Diktatur errichten.

Wir wollten nach Konstanz fahren auf Ostern. Es lag eine ungeheure Spannung in der Luft, eine riesige Menschenmenge war auf den Straßen, und überall sah man Soldaten mit Maschinengewehren – in diesen ersten Apriltagen war die Münchner Räterepublik ausgerufen worden. Die ganze Stadt war erfüllt von Arbeitern und Soldaten, die aus dem Krieg heimkamen, Soldaten mit Gewehren und Maschinengewehren. Eigentlich wußte keiner, was geschieht, es herrschte großes Chaos. Toller hatte sich zur Verfügung gestellt und Landauer auch. Als wir zum Bahnhof kamen, um unsere Koffer aufzugeben, hieß es, der Bahnhof sei gesperrt, man könne nichts mehr aufgeben. Wir haben die Koffer dann bei einem Freund abgestellt und sind wieder zurück in die Stadt, um zu sehen, was überhaupt los ist. Vor dem Bahnhofsplatz gab es ein ungeheures Gedränge, und es wurde auch geschossen: Die Räteregierung wollte den Bahnhof in ihren Besitz bringen, der von anderen Soldatengruppen noch besetzt war. Es war also unmöglich, an diesem Tag fortzufahren. Ich bin in dem Gedränge zu Boden gestoßen worden und hatte ein großes Loch in den Hosen. Wer würde mir das flicken? So konnte ich ja gar nicht mehr herumlaufen! Ich hatte einen guten Freund in der Nähe der Oktoberwiesen, dessen Schwester mir die Hosen notdürftig geflickt hat. Dann wurde ein Verbot ausgerufen, daß nicht mehr als drei Leute auf der Straße zusammengehen oder -stehen durften, da wurde es bald ruhig und still.

An diesem Abend hat Bruno Walter im Odeon die Matthäus-Passion aufgeführt. Die meisten Leute hatten die Karten zurückgegeben, aus Angst, sie wollten nachts nicht fort. Meine Freunde und ich jedoch haben gesagt, wenn es stattfindet, dann wollen wir auch gehen. Und es fand statt, war voll besetzt, und wir bekamen noch Stehplätze. Es wurde ein so wunderbarer Abend in der Unsicherheit der Vorgänge, in all dem Wirrwarr und Chaos, wo überhaupt niemand wußte, wer nun regiert, wer etwas zu sagen hat, was aus der Zukunft wird – da war man tief ergriffen von dieser Vorstellung Bruno Walters. Das war – in der Zerrissenheit des Daseins – einer der unvergeßlichen musikalischen Eindrücke meines Lebens.«

»Studierst du eigentlich oder machst du Dummheiten?« Freiburger Studienjahre zwischen Gegenrevolution und Inflation 1919–1923

Im Wintersemester 1919/20 setzt Bloch sein Studium an der Universität Freiburg im Breisgau fort, auf breiter Grundlage. Er belegt Rechtswissenschaften, aber auch Literatur, Kunstgeschichte und Philosophie. Eine der eindrücklichsten Erinnerungen ist die Aufnahme in das Seminar von Edmund Husserl, in dem damals auch Heidegger und Ebbinghaus mitarbeiteten. Thema: Die Metaphysik der Sitten. »Für mich als Anfänger war es hochinteressant, mit solchen Leuten zu studieren. Ich war kein so ausgeprägt philosophischer Kopf, ich habe nicht so streng studiert, wie Husserl es verlangte. Seine logischen Studien habe ich mit Mühe und Not durchgearbeitet. Wenn Husserl im Wintersemester mit seinen Vorlesungen begann, paßte im Auditorium Maximum keine Stecknadel mehr hinein. Er war ein schwieriger Philosoph, und man konnte ihn überhaupt nicht verstehen, wenn man nicht zuvor ein oder zwei seiner Bücher gelesen hatte. Dennoch waren seine Vorlesungen stets gesteckt voll, so faszinierend hat er gelesen.« Im Gegensatz zu Husserls Seminar, wo er nur antwortet wie ein Schüler, wenn er etwas gefragt wird, beteiligt er sich in den anderen Seminaren sehr rege und ist deshalb bei den Professoren willkommen: ›Endlich einmal einer, der sich gleich beteiligt. Kommen Sie doch, sooft Sie können, damit das Seminar nicht einschläft!‹ Er erinnert sich an interessante Diskussionen über die Klassiker oder die Literatur des 19. Jahrhunderts – modernes Theater oder moderne Literatur waren jedoch weitgehend tabu. Einzig im Seminar von Professor Kutscher in München hatte es darüber auch politische Diskussionen gegeben, unter Beteiligung von Schauspielern und Künstlern. Auch politische Diskussionen gibt es nicht in den Freiburger Seminaren, Wissenschaft und Politik gelten als streng getrennte Sphären.

Trotz der Not dieser ersten Nachkriegsjahre spricht er von einer relativ schönen Studentenzeit in Freiburg, vom Privileg, noch auf eine sehr angenehme Art studieren zu können: »Man konnte jedes Seminar belegen und hören, was man wollte. Ich habe auch Physik gehört, nur aus Liebhaberei und um zu hören, was in der modernen Physik so vor sich ging. Heute würde man so etwas gar nicht mehr finden, weil man mehr gebunden an bestimmte Fächer und bestimmte Lehrer lernt. Damals war man frei und unabhängig, aber man mußte doch ein fester Mensch sein, um sein Examen und seinen Doktor zu machen, weil man sich natürlich leicht verlieren konnte in all der Vielseitigkeit.«

Gewohnt hat er damals in einer schlichten Dachkammer in der Zasiusstraße. Die Zimmerwirtin war Klavierlehrerin, ihr Mann Konzertmeister und erster Geiger des Freiburger Sinfonieorchesters. So findet er auch musikalisch rasch Anschluß, und er bekommt – was auch nicht zu verachten war – billige Karten fürs Konzert. Bald ist auch ein Quartett zusammen, der Konzertmeister studiert mit ihnen fast die gesamte Quartettliteratur ein – als »akademisches Quartett« spielt man wenig später schon bei Feiern der Universität.

Das Essen in der Mensa ist armselig, und auch sonst wird man kaum satt – man lebt noch auf Marken. Doch die Freiburger Verwandten sorgen dafür, daß es ihm nicht allzu schlecht geht. Das Studium selbst finanziert der Vater, auch das der Schwester, die damals auf dem Fröbel-Seminar in Karlsruhe studiert und später Jugendleiterin wird. Erst 1923, in der Hochinflation, als der Wert des Geldes immer schneller zerfällt, kann auch der Vater nichts mehr schicken. Doch Bloch hat eine Idee. Sein jüngerer Bruder Theo, der noch auf die Schule ging, spielte Klarinette und Flöte, eine Tante, Medizinstudentin in Freiburg, konnte gut singen, und er selbst hatte noch seine Geige aus alten Wandervogeltagen. Eines Sonntagmorgens ziehen sie gemeinsam los, von Wangen am Untersee in das nur wenige Kilometer entfernte Stein am Rhein in der Schweiz. Mit von der Partie war noch ein Studienfreund aus München: »Gleich hinter der Grenze, wo das Grenzerhäuschen der Schweizer stand, haben wir uns aufgestellt und haben gesungen – wir konnten Hunderte von Liedern singen. Mein Studienfreund nahm seinen Hut und hielt ihn hin, wenn die Leute ans Fenster kamen, und die Leute warfen ihre Geldstücke nach unten. In der Schweiz gab es ja keine Inflation, und die Leute hatten viel Geld. Gleich bei der ersten Villa hielt uns eine Hausangestellte an: ›Ach, Sie singen so schön. Kommen Sie doch rüber zu uns in den Garten, unsere Frau feiert heute ihren 50. Geburtstag, bringen Sie ihr doch ein Ständchen!‹ Wir gingen hin, sangen zwei oder drei Lieder. Ein großer, schöner Mann und seine Frau kamen aus dem Haus, applaudierten und meinten, sie hätten noch nie einen solch schönen Morgen gefeiert, woher wir denn kämen? Da sagte ich: ›Wir sind Studenten von Freiburg und machen einen Ausflug, und wir singen gern‹ – vom Geld habe ich natürlich nichts gesagt. Und der Mann antwortete: ›Ich weiß, in Deutschland herrscht zur Zeit Hunger und Not, und wir feiern heute einen wunderbaren Tag, wir haben Kuchen und Torten und Schlagsahne, Sie sind zum Frühstück eingeladen bei uns!‹ Und wir sollten essen, so viel wir nur wollten – wir waren ja hungrig! Als wir sagten, daß wir nun gehen müßten, da wir noch eine große Tour vor uns hätten und auch in Stein noch halten wollten, bat uns der Mann, draußen noch ein oder zwei Lieder zu singen. Und während wir sangen, bemerkte ich, wie er mir einen Briefumschlag in die Tasche steckte. Er wollte mir das Geld nicht so offen übergeben, er wußte, daß ich kein Bettler war, auch wenn wir natürlich zum Betteln in die Schweiz gekommen waren. Ich habe mich dann bedankt, und als wir um die Ecke waren, habe ich auch hineingesehen. In dem Umschlag lagen 50 Franken, das war ein Vermögen – ein Vermögen!!!

Dann sind wir nach Stein am Rhein. Mitten im Ort, am Brunnen vor dem Rathaus, haben wir gesungen – rings um uns die Touristen –, aber dort wagten wir nicht zu betteln. Doch der Konditor Böschenstein, mit dessen Sohn, einem Graphiker, ich befreundet war, hat uns eingeladen zum Frühstück. Und wir hatten doch schon gefrühstückt! Er gab uns zu trinken, dazu eine große Platte mit Meringen und Schlagsahne. Mein kleiner Bruder glaubte, man könne davon so viel essen, wie man will – ihm ist nachher so übel geworden, daß wir ihn kaum noch mitschleppen konnten. Dann haben wir uns an der Rheinbrücke gegenüber vom Gasthof ›Rheinfelsen‹ aufgestellt. Da kamen sämtliche Gäste aus dem Hotel, und es hat Geld gehagelt,

Gedenkstein für den am 26.8.1921 von Mitgliedern der rechtsgerichteten »Organisation Consul« ermordeten Zentrumspolitiker Matthias Erzberger in der Nähe von Bad Peterstal/Bad Griesbach

ohne daß wir gebettelt haben. Sie haben nur gefragt, wer wir sind, und wir sagten ›deutsche Studenten‹ – das hat genügt. Die Leute sind mir sogar nachgesprungen und haben mir Geld in die Tasche gesteckt! Das ging so den ganzen Tag. Und überall mußten wir sauren Most trinken! Am Ende war uns allen fast übel. Am Abend, gegen neun, haben wir noch einmal vor dem ›Rheinfelsen‹ gesungen, todmüde vom vielen Laufen und Singen. Dann sind wir spät abends nach Wangen zurück. Mein Bruder wollte nichts, denn er wohnte zu Hause – wir waren also drei, und jeder von uns hatte etwa 90 Franken! Mit diesem Geld habe ich ein ganzes Semester studiert! Wir waren dabei so klug, immer nur ein paar Franken zu verkaufen, denn wir wußten, wenn wir alles verkauften, würden wir alles verlieren.

Aus der Freiburger Zeit ist mir ein Vorgang in Erinnerung, der zeigt, wie schnell der Krieg vergessen war. Ich habe mich damals einer sozialistischen Studentengruppe angeschlossen. Ihr Leiter war ein Dr. Stern aus Mannheim, er war ursprünglich Arzt, wollte aber noch Philosophie und Gesellschaftslehre studieren. Stern stand sehr weit links. Auch ein Vetter von Walther Hasenclever, dem berühmten Dichter, war mit dabei. Unter diesem Dr. Stern haben wir das ›Kommunistische Manifest‹ durchgearbeitet. Unser Ziel war es, eine Verbindung zu schaffen zu den sozialistischen Ideen und zur Arbeiterschaft. Die Gruppe selbst war nicht festgelegt, einige gehörten der sozialistischen, andere der kommunistischen Partei an. Ich selbst wollte mich nicht an eine Partei binden, ich war ja noch ein junger, denkender und suchender Mensch. Wir haben auch kommunistische Versammlungen besucht in der Stadt. Da wir eine sozialistische Studentengruppe waren, hat man uns schon verdächtigt, und wir wurden von der ›geheimen Staatspolizei‹ beobachtet.

Eines Tages haben wir erfahren, daß in einem Restaurant in der Nähe des Stadttheaters eine Versammlung rechtsstehender Offiziere angesagt war, in der für die sogenannten ›Freicorps‹ geworben werden sollte. Wir haben uns gesagt, da gehen wir mal hin. Wir haben uns ganz bescheiden hinten reingesetzt, mußten aber bald feststellen, daß diese Leute nichts anderes wollten als die Rückkehr der alten monarchischen und imperialen Zustände, daß sie nichts anderes wollten als einen neuen Krieg. Wir waren empört, und ich weiß nicht, woher ich den Mut genommen habe, mich zu Wort zu melden, als es hieß, Wortmeldungen seien möglich. Es war Sommer, und ich war ganz leicht angezogen, mit Sandalen, kurzen Hosen und einem Hemd – und ich hatte ziemlich lange Haare, auch für die damalige Zeit schon. Ich stand auf und sagte fünf, sechs kernige Sätze, daß ich es unerhört fände, hier in dieser Richtung aufzutreten, daß man nichts gelernt habe aus dem Krieg und daß sie sich lieber dem Frieden widmen sollten. Da kam ein Soldat auf mich zu – sie hatten schon ihre Leibwachen –, gab mir einen Schlag, daß ich zu Boden fiel, und warf mich zur Bühne hinunter. Es kam zu einem großen Auflauf, und meine Freunde sprangen nach vorne, um mir zu helfen. Als ich wieder auf den Beinen war, rief ich: ›Es ist eine Schande, nicht mal sprechen darf man bei euch!‹ Darauf sagte ein Offizier, man wolle hören, was ich zu sagen hätte, ich solle mich erst mal vorstellen, wer ich denn sei und ob ich überhaupt im Krieg gewesen sei... Dann ging ich noch einmal auf die Bühne, obwohl mich meine Freunde gewarnt hatten. Da kamen die Soldaten noch einmal und haben mich ein zweites Mal von der Bühne geworfen. Meine Freunde haben mich dann genommen, und wir sind raus in den Garten.

Mehr war nicht passiert, doch am anderen Tag kam ein Mann von der ›geheimen Staatspolizei‹ in meine Studentenbude, wollte alles von mir wissen und gab mir eine Vorladung. Ich ging auch hin und habe dann zunächst nichts mehr gehört. Doch wenig später traf ich in der Universität einen der Soldaten, die mich von der Bühne geworfen hatten, und der sagte zu mir: ›Du Dreckshund, du Saukerl, wenn ich dich noch einmal sehe, dann lebst du nicht mehr lange, du stehst auf unserer Abschußliste!!‹

Mit diesen Mitteln haben sie die Leute schon eingeschüchtert und bedroht. Und als ich einige Wochen später nach Hause kam, sagte mein Vater: ›Studierst du eigentlich oder machst du Dummheiten? Was brauchst du dich in die Politik zu mischen? Bei mir war die Kriminalpolizei – du wirst verdächtigt, radikalen politischen Richtungen anzugehören!‹ Da habe ich geantwortet: ›Nein, ich bin nicht interessiert an Politik. Aber ich muß doch meiner Entrüstung Ausdruck geben, wenn solche Kräfte so schnell wieder am Werk sind, wo wir doch ein vereinigtes Europa schaffen wollen! Und wir wollen auch studieren, warum es so viel Klassenstreitigkeiten gibt und warum in diesem Land keine Einheit und keine wirkliche Regierung möglich ist. Davon kann ich mich nicht abhalten lassen.‹ Mein Vater hat sich wieder beruhigt, doch er war nicht sehr glücklich über diese Angelegenheit. Ich selbst habe mich dann politisch immer weniger betätigt, bald darauf mußte ich auch mein Examen machen, anschließend den Doktor in Philosophie. Ich sah, besonders auch aufgrund meiner Erfahrungen in München, daß es nicht möglich war, frei und ehrlich zu sagen, was man denkt. Man wurde sofort mundtot gemacht und bedroht – und wo man hinsah in der Politik, war nur Schmutz und Dreck. Und als ich wieder einmal nach München kam, da trat der Herr Hitler auf im Zirkus Krone. Da habe ich nur gedacht, das ist typisch für die Mentalität dieser Menschen und dieses Mannes, daß er im Zirkus auftritt. Er braucht die Manege, er muß den Clown spielen, er ist nicht ernst zu nehmen, sonst ginge er nicht Tag für Tag in den Zirkus, um die Massen heranzulocken.

Und überall waren die roten Plakate angeschlagen: ›Fememorde – Gesucht wird…‹ Schon damals sind in München Frauen und Männer verschwunden, auf Sonntagsausflügen hat man sie erschossen, hat sie vergraben im Wald oder im Holz versteckt. Da fing es schon an, daß man Leute, die einem mißliebig waren, einfach verschwinden ließ. Damit haben sie die Leute kleingemacht.

Ich habe mich dann von der Politik immer mehr zurückgezogen und gedacht, es muß andere Wege geben, sich als Mensch zu offenbaren und mitzuteilen.«

Zeiten der Suche – Wangen am Untersee 1922–1929

Die Suche nach jenen »anderen Wegen, sich als Mensch zu offenbaren und mitzuteilen«, führt ihn 1922 zurück auf die Halbinsel Höri, in jenen noch kaum entdeckten Garten Gottes, dessen verborgene Reize er sich schon als »Wandervogel« erschlossen hatte. Beim Gärtner Löhle in Wangen findet er eine bescheidene Wohnung, ein Zimmer plus Nebenräume, in einer kleinen Villa am Ende des Dorfes, auf dem Weg nach Schloß Marbach. Es ist nicht nur die Suche nach dem »verlorenen Paradies«, nach dem durch den Krieg unwiederbringlich zerstörten Glück der Jugend, die ihn hierher zurücktreibt – es ist auch die Suche nach einem eigenen Weg, nach einem Leben, das seinen ureigenen Neigungen, Vorlieben und Fähigkeiten entspricht. Und es ist der Versuch, eine eigene Existenz zu gründen in einer Landschaft, von der er schon als Kind wußte, daß sie ihn nie loslassen würde. Die Idee im Hintergrund: nach dem Scheitern der Revolution, der großen gesellschaftlichen Neuordnung, wenigstens für sich, für das eigene Leben, ein tragfähiges Ideal zu finden.

Beruflich verläßt er nun endgültig die vom Vater vorgezeichnete Bahn. Schon in Freiburg hatte er »universalistisch« studiert, seinen Neigungen und Interessen freien Raum gelassen. Dem Vater zuliebe macht er zwar noch den Referendar in Freiburg, doch als Anwalt in dessen Praxis zu beginnen, ist für ihn keine Perspektive. Nach dem Tod der Großmutter in Freiburg reicht eine kleine Erbschaft, um eine Existenz als freier Schriftsteller und Publizist zu wagen. Bloch schreibt Kunstkritiken für die liberale »Konstanzer Zeitung«, unterrichtet Literatur und Philosophie in den Landschulheimen Gaienhofen und Glarisegg, wird Mitarbeiter am Feuilleton der großen »Frankfurter Zeitung«, für die er auch rezensiert, er veröffentlicht einen Gedichtband »Stimmen des Lebens« und arbeitet auch schon für den Rundfunk. Eines seiner Hörspiele wird von Radio Beromünster gesendet: »So konnte ich mich mit dem, was ich noch an Vermögen hatte, sehr anständig durchbringen. Mein Streben war ja nie darauf gerichtet, ein reicher Mann zu werden und nach Geld zu jagen, sondern ich wollte meinen Idealen leben und dabei immer so realistisch bleiben, um das auch verwirklichen zu können.«

Schon als Wandervogel hatte er in den Sommerferien den Bauern rund um den Oberbühlhof oft wochenlang bei der Arbeit geholfen, bei der Heuernte, auf dem Feld, im Stall, hatte seine große Liebe zur bäuerlichen Arbeit entdeckt. Auch das war ein Motiv, sich bei einem Gärtner einzumieten: »Solange ich bei Gärtner Löhle war, habe ich immer freiwillig gearbeitet, um die Gärtnerei zu lernen. Und ich habe viel bei ihm gelernt, ohne Geld und ohne Pflicht. Er war dankbar, daß ich ihm geholfen habe, und ich war dankbar, daß ich bei ihm etwas lernen konnte. Er hatte eine große Gärtnerei, Glashäuser, Mistbeete, Beeren, Obst, als Personal zwei fest angestellte Gärtner und einen Lehrling. Er war ein tüchtiger Gärtner, der in England und Frankreich gelernt hatte und etwas konnte, aber er war auch ein schwieriger Mann, ein Außenseiter, Junggeselle, niemand hat sich recht mit ihm verstanden – ich aber habe mich gut mit ihm verstanden.«

Aus der Verbindung von freier schriftstellerischer Tätigkeit und freier gärtnerischer und landwirtschaftlicher Arbeit mit dem Ort, der Wangener Idylle, der Nähe zu jüdischen Menschen, zu anderen Künstlern und Dichtern am See, erwachsen die Konturen seines Lebensentwurfs. Im Dorf wohnen damals noch etwa zwei Dutzend Juden, meist ältere Menschen – die ehemals große jüdische Landgemeinde hatte sich schon weitgehend aufgelöst,

Der junge Lehrer Eugen Rombach auf seinem Boot vor Wangen am See

ein eigentliches Gemeindeleben existiert nicht mehr. Nur die Synagoge am See, der jüdische Friedhof oberhalb des Dorfes und einige Häuser mit hebräischen Inschriften über dem Eingang erinnern an die jüdische Vergangenheit des Ortes. Die Nachrichten werden noch vom Ortspolizisten, einem Schuhmacher, ausgeläutet: »Er hatte eine Glocke, und alle paar hundert Meter hielt er an, da kamen die Leute aus ihren Häusern, und er las vor, was im Ort los war, welche Verfügungen neu herausgekommen waren und welche gesellschaftlichen Unterhaltungen es am Wochenende gab, zum Beispiel einen Tanz oder eine Hochzeit. Gab es eine Hochzeit, so war das ganze Dorf eingeladen, auch ich ging dann hin, in den ›Frieden‹ oder in den ›Adler‹. Als ich das erste Mal ging, habe ich gefragt, wie man das macht mit dem Geschenk – man wurde ja schließlich bewirtet, konnte tanzen und sich freuen. Und ich erfuhr, daß man etwas mitbringen konnte, daß es aber auch einen großen Teller gab, wo man ein wenig Geld hineinlegen konnte. So eine Hochzeit war ein riesiges Fest, da waren vielleicht zweihundert Menschen beieinander, eine große Dorffamilie.«

Die Verkehrsverbindungen zu Lande, vor allem nach Radolfzell, sind schlecht, man ist ganz auf das Schiff angewiesen. Sein eigenes Umzugsgut kommt per Schiff, und weil es im ersten Winter eine große Seegfrörn am Untersee gibt, muß er den Umzug um einige Monate verschieben. Auch der Gärtner, der in Konstanz auf der Marktstätte ein Gemüsegeschäft hat, spediert seine Waren per Schiff.

Nach der »Zerrissenheit des Daseins«, die er in München erfahren hatte, ist von »Politik« im Dorf so gut wie nichts zu spüren, von einem Bürgermeisterwahlkampf vielleicht einmal abgesehen. Auch von Antisemitismus keine Spur: »Als ich kam, hatte das Dorf einen sehr netten Bürgermeister, er war Schneidermeister von Beruf. Bei ihm habe ich mir sogar gleich einen sportlichen Anzug machen lassen – unbürgerlich –, nach eigenen Angaben, mit Jackett und Kniebundhosen. Ich war prinzipiell gegen die Kleidung mit langen Hosen, gegen die städtisch-bürgerliche Kleidung. Das entsprach schon nicht mehr meinem durch den Wandervogel erzogenen Konfektionssinn. Ich wollte immer etwas einfacher und etwas sportlicher, ländlicher gekleidet sein. Dieser Schneider, ein schlichter, einfacher und gerechter Mann, hat sich mir gegenüber stets freundlich und korrekt verhalten.

Damals war auch ein junger Lehrer gekommen aus dem Schwarzwald, Eugen Rombach, der ging überhaupt nur in kurzen Hosen. Mit ihm habe ich mich gut befreundet, denn er war hochmusikalisch, spielte Geige, Bratsche und Klavier. Bei ihm haben wir oft musiziert, denn er hatte ein Klavier in seinem Haus – zusammen mit einem anderen jungen Lehrer haben wir dort Trio gespielt. Als ich später im Dorf umgezogen bin, haben wir drei den Umzug ganz alleine gemacht. Dieser Lehrer Rombach war eine interessante Erscheinung, schön, groß, er hat lange Haare getragen – aber gepflegt! –, was schon damals nicht sehr beliebt war, und er trug im Sommer ganz kurze Hosen, über dem Knie, dazu Kniestrümpfe. Eines Tages kam ein Schulinspektor, der ließ ihn nach dem Unterricht zu sich kommen und sagte ihm, er sei zufrieden mit seinem Unterricht, aber er beanstande seine Kleidung. Das sei unmöglich, ein Lehrer müsse Autorität haben, könne nicht wie ein junger Pennäler vor die Schüler treten, das sei eine beleidigende und unwürdige Angelegenheit, und er verlange von ihm eine lange Hose in der Schule. Und – nebenbei bemerkt – finde er das nicht nur unästhetisch, sondern auch ungesund. Rombach ließ sich daraufhin beraten und kam zu dem Schluß: ›Es steht nirgends, daß man mir das vorschreiben kann, ich mache, was ich will!‹ Und man konnte nicht gegen ihn vorgehen, er war ein guter Lehrer, war beliebt – die Kinder liefen ihm sogar nach, so begeistert waren sie von ihm.

Rombach hat auch den Gesangsverein und den Kirchenchor geleitet, weil er so fähig und so tüchtig war. Zu meinen schönsten Erinnerungen an meine Zeit in Wangen zählt die große Messe, die er anläßlich eines Kirchenfestes aufführen ließ. Er hat dazu ein Orchester aus der ganzen Umgebung zusammengestellt, hat den Chor verstärkt, und ich habe als jüdischer Bürger von Wangen als erster Geiger im Orchester mitgewirkt. Der Pfarrer hielt eine schöne ökumenische Rede, auch wenn nur noch wenige Juden im Dorf lebten. Auch jüdische Gemeindemitglieder waren in der Kirche anwesend, um zuzuhören, sie waren eingeladen worden. Es gab also in diesen Jahren eine richtige Ökumene, obgleich die heraufkommende Nazi-Partei schon langsam zur Bedrohung wurde. Dieses Fest aber war so friedlich und so einheitlich – ich bin ganz glücklich, wenn ich an diese Zeit denke, an die Proben in dieser alten Kirche, an die Aufführung und an den Pfarrer, der schon mindestens 75 Jahre alt war und für den dieses Fest, so wie es Rombach aufgezogen hatte, die Krönung seines Lebens war.«

Sehr rasch findet Bloch auch Kontakt zu den auf der Höri und am See lebenden Künstlern. In Wangen selbst leben die Maler Eugen Segewitz und Münch-Khe sowie der durch seine Holzschnitte bekannte Hugo Böschenstein, im benachbarten Gaienhofen der Maler Walter Waentig und der Dichter Ludwig Finckh. Die Höri-Künstler treffen sich im »Frieden« in Wangen oder im »Deutschen Kaiser« in Gaienhofen. Mit Segewitz kommt es früh zu einer Kontroverse, weil er »als junger Kerl« es wagt, ihn, den reifen Maler, der noch nie eine negative Kritik bekommen hatte, in der »Konstanzer Zeitung« zu kritisieren. Später werden sie Freunde, Segewitz malt für ihn, portraitiert seine Frau, malt den Blick von seinem Wangener Haus auf Untersee und Schweiz, malt die Höri-Landschaft – Erinnerungsbilder an den Bodensee, die später durch die Emigration großenteils verlorengehen. Ein Bild besitzt Erich Bloch noch heute: »Das hat mein Vater mitnehmen wollen in die Emigration als Erinnerung an den Bodensee, das wollte die Tante meiner Frau mitnehmen und auch meine Schwester. Dreimal habe ich es bei ihm bestellt, und er hat es immer wieder gemalt, weil es uns so gut gefallen hat als Stimmungsbild und als Erinnerung an den Untersee, unsere Wahlheimat.« Hin und wieder vermittelt er diesen Künstlern auch Aufträge nach Konstanz, »wenn ich dort Leute wußte, die Geld hatten und gerne mal was kauften – die Künstler haben ja von Zeit zu Zeit immer mal wieder eine leere Kasse...«

Blochs »Dichter-Idylle« in Wangen am See. Holzschnitt von Hugo Böschenstein

Arbeitszimmer und Wohnküche in Blochs Haus in Wangen am Untersee

Viele dieser Künstler wenden sich später dem Nationalsozialismus zu oder arrangieren sich mit dem System. Der Maler Otto Marquardt in Allensbach, den Bloch ebenfalls gut kennt, bildet eine markante Ausnahme. Auch andere wichtige Figuren des künstlerischen Lebens am See lernt er damals kennen: den dänischen Dichter und Sozialisten Martin Andersen-Nexö, der zunächst in Unteruhldingen, später in Allensbach wohnt, den jungen engagierten Verleger Oskar Wöhrle in Konstanz, dessen Geschäftsführer Fritz Scheffelt wenig später die »Bücherstube am See« gründet, die zu einem wichtigen Treffpunkt von Künstlern und Intellektuellen wird, Fritz Mauthner, Wilhelm von Scholz, Emanuel von Bodman und andere.

Bald findet er auch seine eigene Dichteridylle, zunächst ein kleines Haus, das der Schwester des ebenfalls in Wangen lebenden Dichters Ernst Bacmeister gehört. Doch kurz darauf bietet sich eine noch günstigere Gelegenheit: »Neben diesem Häuschen wohnte eine jüdische Frau, eine geborene Bernheim aus Wangen. Ihr Haus hatte einen noch viel größeren Garten, direkt am Wasser, zwei Fronten, eine Mauer, wie eine Halbinsel. Und dieses Haus hat sie mir nach dem Tode ihres Mannes verkauft. Ich habe den Garten schön angelegt und angepflanzt, wenig Gemüse, dafür viel Blumen und viel Obst – eine Idylle ersten Ranges. Ich habe das Häuschen dann sehr schön umgebaut, dabei aber ganz im alten Stil belassen: Oben kamen Dachgaupen hinzu, und aus dem Ziegenstall wurde eine herrliche Wohnküche.«

Doch das Glück ist niemals vollkommen. 1925 heiratet er zum ersten Mal, die Schwester eines Studienfreundes, eine Münchnerin. Beide sind noch sehr unerfahren – alles zuvor »war nur Briefwechsel, geistige Beziehungen, Annäherungen ... gemeinsam haben wir geschwärmt für Stefan George, für Werfel und Rilke, das heißt, es war eher eine auf literarisch-geistigem Gebiet aufgebaute Freundschaft.« Für eine Ehe ist das, wie sich bald herausstellt, zu wenig. Obwohl aus dieser Ehe noch ein Sohn hervorgeht, kommt es zur Trennung – eine Trennung in gutem Einvernehmen. Gleichzeitig bahnt sich eine Beziehung an, in der er dann wirklich »die Frau fürs Leben« findet: zu Liesel Levinger, dem ehemaligen Nachbarskind aus der Bahnhofsstraße, der Tochter des jüdischen Textilkaufmanns Emanuel Levinger aus Gailingen, mit der er schon in Wandervogeltagen gemeinsam die Höri durchstreift hatte. Er überläßt seiner ersten Frau das Haus in Wangen und zieht 1929 nach Konstanz.

»Herr Levinger, Sie stehen im ›Stürmer‹« – In Konstanz 1929–1933

»In Konstanz haben wir bis zum Jahre 1933 in der Laube gewohnt, in einem wunderschönen Haus gegenüber der Lutherkirche – heute steht dort der moderne Neubau der Volksbank. Das Haus gehörte einer Cousine meiner Frau, die verheiratet gewesen war mit dem jüdischen Kinderarzt Dr. Meinrath, der im Ersten Weltkrieg als Regimentsarzt gefallen war. Diese Frau – sie war Zionistin – wollte schon damals nach Palästina auswandern. Sie ging nach Berlin, um sich vorzubereiten und Hebräisch zu lernen und hat uns ihre Wohnung samt Möbeln vermietet.

Damals fing ich an zu dozieren an der Ingenieurschule, ich habe viel geschrieben und auch sehr viele Vorträge gehalten. Außerdem habe ich als Lektor bei Stadler gearbeitet und bald darauf dort auch eine Stelle als Verlagsleiter übernommen. Das Geschäft war damals noch in der Zollernstraße. Der Betrieb gehörte zwei Brüdern, der eine hatte Verlag und Druckerei, der andere die Papierhandlungen – ein großer Betrieb also. Geführt wurden alle Arten von Papier im Versandgeschäft, er hatte dazu eigene Vertreter, die ständig auf Reisen waren. Ich habe dort die Koordination übernommen, war also eine Art Wirtschaftsleiter. Da ich juristisch ausgebildet war, habe ich auch ihre Prozesse geführt und – sofern es nötig war – gelegentlich auch meinen Vater als Anwalt hinzugezogen. Ich habe damals sehr gut verdient, hatte dazu meine Einkünfte aus Vorträgen und aus schriftstellerischer Tätigkeit – ich war eigentlich zu jener Zeit ein Großverdiener.

Als es dann jedoch in Deutschland zusehends unruhiger wurde, als die Wirtschaftskrise und die Arbeitslosigkeit immer schlimmere Ausmaße annahmen, haben wir uns natürlich überlegt, was man tun sollte. Viele meiner Freunde gingen schon damals weg aus Deutschland. Sie haben uns schon um 1930 gesagt, Deutschland gefalle ihnen politisch nicht, sie befürchteten, es gebe einen zweiten Weltkrieg oder rechtsradikale Strömungen gewännen die Oberhand. Wir haben damals nur gelacht...

Als ich dann 1930 wieder heiratete, habe ich mir gesagt: Fort gehe ich nicht, aber ich kann in meiner Existenz als Dozent, Journalist, Schriftsteller und Verlagsleiter einmal gefährdet sein. Außerdem will ich mit dem Land verbunden sein, ich möchte einen richtigen Bauernhof, was ich mir im Grunde schon immer gewünscht hatte. Wir haben uns daraufhin 1930 in Horn auf der Höri einen Bauernhof gekauft. Wir zogen nicht gleich hin, sondern ich habe den Hof zunächst einem Bauern aus Horn, dessen eigener Hof abgebrannt war, zur Verfügung gestellt, bis sein Hof wieder aufgebaut war. Und es grenzt fast an ein Wunder: Als das Jahr 1933 kam, war der Hof leer, und wir konnten sofort hinüberziehen.

Wir hatten jedoch zunächst nicht gedacht, daß wir weg müssen, daß es so schlimm wird. Am schlimmsten war es für mich, wenn ich sah, wie der ›Stürmer‹, der ›Völkische Beobachter‹ oder der ›Führer‹ überall an den Kiosken auslagen und die Hände begierig danach griffen, wenn ich sah, wie das gelesen wurde und die Leute sagten: ›Genau das fehlt in Deutschland, genau das brauchen wir angesichts der herrschenden Zustände!‹ Die Arbeitslosigkeit nahm immer mehr zu, die Regierung Brüning konnte sich mit ihrem Programm nicht durchsetzen, das Zentrum war schwach, und die Sozialdemokraten waren nicht viel stärker, und der Reichswehr – Leuten wie Seeckt und Schleicher – war auch nicht zu trauen. Man hat überhaupt niemandem mehr vertraut, man wußte gar nicht mehr, wo man noch Schutz und

Das Haus Lutherplatz 3, Domizil der Blochs von 1929 bis 1933

Halt suchen sollte. Hitler ist zwar nie hierhergekommen, aber als er bei einem Wahlkampf 1932 einmal in Radolfzell sprach, ist fast ganz Konstanz hingefahren...

Unter den Studenten der Ingenieurschule gab es hingegen kaum politische Umtriebe. Man muß bedenken, daß die Studenten an der Ingenieurschule nicht sehr politisiert waren. Das Studium war streng wie auf einer Mittelschule, gar nicht sehr universitätsmäßig, zudem studierten damals schon etliche hundert Ausländer – vielleicht 60% Deutsche und 40% Ausländer – in Konstanz. Von politischen Umtrieben habe ich also nichts bemerkt. Ich habe auch persönlich nicht bemerkt, daß irgend jemand mir feindlich begegnet wäre. Ich war einige Zeit Mitglied im Schachklub, der sein Vereinslokal im Hotel ›Schönebeck‹ in der Bahnhofsstraße hatte – heute ist dort die Deutsche Bank. Da kamen sehr nette Leute zusammen, und auch wenn sie Millionäre waren oder Adlige oder Offiziere: Man war ohne Vorurteile. Ob Jude oder Christ – man ist sich einander als gleichwertig begegnet. Mein Vater jedoch hat mir erzählt, daß er – was natürlich durch seinen Beruf bedingt war – anonyme Drohbriefe bekam. Leute, die Prozesse verloren hatten, haben ihm anonyme Drohbriefe geschrieben, in denen stand: ›Warte nur, du Saujude, jetzt kommt die Zeit, da werden wir uns an euch rächen für das, was ihr uns angetan habt!‹ Solche Dinge hat er bekommen. Er hat das aber in den Papierkorb geworfen, er hatte keine Angst, er nahm so etwas einfach nicht ernst. Man hat also hier nichts Schlimmes befürchtet, auch in der Synagoge oder in den Gottesdiensten nicht. Man hat sich weder zusammengerottet noch etwa geglaubt, man müsse sich bewaffnen. Erst im Jahre 1932 hat man bemerkt, daß die SA in Uniform im Stadtbild hin und wieder sichtbar wurde, daß sie stärker wurde und daß sich diese Leute gruppierten. Aber man hatte hier keine Angst. Man dachte, das sind mehr oder weniger mittelmäßige oder stark reduzierte Charaktere, und solche Leute können doch niemals glauben, in Deutschland herrschen oder regieren

Das Wäsche- und Aussteuergeschäft von Emanuel Levinger in der Bahnhofsstraße 10 – auf der Treppe der Inhaber mit einer Angestellten

zu können. Und auch wir haben das geglaubt. Wir waren fest davon überzeugt, daß man ein Kulturvolk wie die Deutschen, mit so vielen wissenschaftlich und intellektuell befähigten Menschen, niemals gleichsam über Nacht mit solchen Phrasen und Gemeinheiten regieren könne, wie diese Leute sie in ihren Zeitungen zu dreschen pflegten. Man hat diese Zeitungen ab und zu durchaus gelesen, um sich ein Bild zu verschaffen, aber wir haben gesagt, damit kann Deutschland nicht weiterkommen, das wird ins Klo geworfen! Doch es kam eben alles anders, und man hat sich schwer getäuscht – auch wir haben uns getäuscht.

In diesem Zusammenhang fällt mir eine Begebenheit ein, die vielleicht hätte zu denken geben müssen. Der Vater meiner Frau, Emanuel Levinger, war Textilkaufmann in Konstanz. Als solcher ist er auch sehr viel verreist in der engeren und weiteren Umgebung, um seiner Kundschaft seine Muster zu zeigen. Er hatte vorwiegend Privatkundschaft, die zum Beispiel bei der Verheiratung einer Tochter die Aussteuer bei ihm kaufte. Er hat nur erstklassige Ware zu annehmbaren Preisen geführt. Es war ein ganz bekanntes Geschäft – kein Warenhaus –, man wußte, wenn man Textilien will oder eine Ausstattung, dann kauft man's beim Emanuel Levinger in Konstanz. Dieser Mann hat nun etwa Ende 1932 für einige Tage eine Reise unternommen in das Gebiet Friedrichshafen, Ravensburg und Umgebung. Er fuhr mit dem

Schiff nach Friedrichshafen, denn er selbst hatte noch kein Auto, das war damals noch eine Seltenheit. Nur wer das ganze Jahr für große Firmen reiste, hatte vielleicht ein Auto. Und in Friedrichshafen wollte er sich einen Taxameter mieten für einen ganzen Tag – er hatte zwei Koffer dabei, mußte noch nach Ravensburg und an verschiedene andere Orte – und hat den Chauffeur nach dem Preis für einen Tag gefragt. Meinem Schwiegervater war der Preis wohl ein bißchen zu hoch, aber er bot ihm an, mit ihm zu fahren, wenn er im Preis etwas entgegenkäme. Dieser Taxametermann aber war schon ein Nazi und hat über die Partei einen Bericht an den ›Stürmer‹ geschickt, daß ein Jude bei ihm gehandelt habe und so und so viel weniger bezahlen wollte. Wenig später erschien dann im ›Stürmer‹ eine halbe Seite mit der Überschrift: ›Der Jude Emanuel Levinger aus Konstanz…‹, und dieser Bericht enthielt lauter Lügen und Gemeinheiten darüber, ›wie der Jude die Leute betrügt.‹ Und natürlich wurde auch aufgezählt, bei wem mein Schwiegervater war, ob bei Grossisten oder Privatleuten oder Beamten, wem er seine Muster gezeigt hatte. All diese Leute wurden denunziert, wurden erwähnt und heruntergemacht.

Ich selbst habe das nicht gelesen, aber ein Bekannter kam zu uns und sagte: ›Herr Levinger, haben Sie gelesen, Sie stehen im »Stürmer«!‹ Wir haben das dann gelesen und uns gesagt: Machen kann man nichts, berichtigen kann man nichts – man konnte es nur stillschweigend übergehen. Aber es war immerhin ein Moment der Warnung.

Niemand kam also auf die Idee, öffentlich gegen diesen Artikel Stellung zu nehmen, auch die ›Konstanzer Zeitung‹ nicht. Nein – man wollte diesen niederträchtigen, inferioren Blättern nicht die Ehre antun, auch noch auf sie aufmerksam zu machen. Man hat grundsätzlich nicht darauf reagiert. Man hat diese Leute als Verbrechermenschen eingestuft, als üble Verleumder, die man lieber links liegen läßt. Das ungefähr war die Einstellung.

Noch heute frage ich mich, was geschehen wäre, wenn man Hitler nicht als Reichskanzler eingesetzt hätte, und ich bin sicher, daß es zu einem großen Bürgerkrieg gekommen wäre. Diese Elemente waren damals nicht aufzuhalten. Wir hatten zum Beispiel Freunde in der Schweiz, politisch sehr gebildete Menschen. Diese Freunde waren einmal auf Besuch in unserer Wohnung am Lutherplatz, als es vor unserem Haus zu einem großen Aufmarsch der SA kam. Und ich habe meine Schweizer Freunde gefragt: ›Jetzt sagt mir einmal, was haben diese Leute auf euch für einen Eindruck gemacht?‹ Und meine Freunde sagten: ›Ja, ich muß sagen, das ist unglaublich. Diese Bestimmtheit, mit der die Leute auftreten, diesen Jubel, den sie bei der Bevölkerung entfachen, und diese Siegesgewißheit, die in ihren Mienen steht. Dagegen ist wohl kein Kraut gewachsen!‹ – So etwa dachten die Leute damals, und ich glaube, sie hatten recht, leider. Ich war kein Politiker, aber ich habe mich damals geschämt für die Gegner der Nationalsozialisten, die sehr gut organisiert waren. Es gab zwei Organisationen, das ›Reichsbanner‹ und die ›Eiserne Front‹. Das ›Reichsbanner‹ war in den Händen republikanisch gesinnter Offiziere, die sich sehr wohl hätten auseinandersetzen können, und die Sozialdemokratie auch. Ich habe damals zu meiner Frau gesagt: ›Es sieht nach Bürgerkrieg aus. Ich bin zwar Pazifist, aber wenn diese Leute an die Macht kommen, dann ist alles verloren. Also, was kann man tun? Wenn gerufen wird‹ – ich war ja schon einmal Soldat – ›dann muß man auf die Barrikaden steigen, und ich tue das auch!‹ Und was geschah? Niemand ist aufgerufen worden. Alles war über Nacht verschwunden, das Reichsbanner und die Eiserne Front und die preußische Regierung, die sicherste Stütze des Reichsbanners, mit einer Macht, die den Nationalsozialisten hätte entgegentreten können. Herr Braun und Herr Severing – in einer Nacht ließen sie sich von einem Leutnant und zwei Soldaten verhaften, und sie hatten die ganze militärisch gut organisierte preußische Polizei hinter sich!«

Leben auf der »Insel der Seligen«
In Horn auf der Höri 1933–1938

Aufbau einer neuen Existenz

»Als es dann losging 1933, haben wir in Konstanz alles abgebrochen und sind nach Horn gezogen – aber optimistisch, nicht pessimistisch! Ich habe schon zu Beginn darauf hingewiesen, daß ich seit dem Tode meiner Mutter eine besondere transzendente Verbindung im Geistigen mit ihr habe. Bei allen schwierigen Fragen meines Lebens ging ich an das Grab meiner Mutter, um zu meditieren – so auch in diesem Fall. So ist mir im Leben immer wieder, trotz allem Unglück, das jedem Menschen im Leben mit seinen Höhen und Tiefen widerfährt, ein Segen in jeder Unglücksstunde gekommen. Und ich habe auch in dieser Situation ein Zeichen bekommen, daß ich weg soll aus Konstanz, aber nicht auswandern. Wir haben das besprochen, und wir hatten so eine psychologische Erklärung.

Für unsere damalige Hoffnung, in Horn besser überleben zu können als in Konstanz, gibt es verschiedene Gründe. Zunächst muß ich sagen, daß ich politisch gar nicht mehr orientiert war – ich habe zum Beispiel Hitlers ›Mein Kampf‹ nie gelesen. Hätte ich das gelesen, wäre ich vielleicht fortgegangen. Das war ein Fehler, aber ich habe es nicht gelesen, weil wir den Mann nicht ernst genommen haben. Wir hielten ihn für einen Komiker, für einen Hampelmann, weil er auch so häufig im Zirkus gesprochen hat – wir hielten ihn schlicht für einen nicht ernst zu nehmenden Zirkuspathetiker.

Dann habe ich mir gesagt, zehn Pferde zwingen mich nicht, und der Teufel zwingt mich nicht, meine Heimat zu verlassen. Ich bleibe bis zum Äußersten. Nur wenn wirklich Not am Mann ist oder einmal Gefahr für unser Leben besteht, muß ich weichen. Aber ich habe nicht geglaubt, daß es so weit kommen würde. Was also lag näher, als nach Horn auf unseren Hof zu ziehen, der zudem leer stand, nicht benutzt war? Der Hof hatte nicht sehr viel Land, und meine Idee war, dort eine Gärtnerei und eine kleine Landwirtschaft aufzubauen. Und ich dachte daran, meine ganze Liebe und Freude am bäuerlichen Dasein jetzt dort einzusetzen und etwas zu schaffen, das uns ernähren und uns eine Existenz geben würde. Dazu noch in meiner Wahlheimat, der Höri, diesem Stückchen Paradies! Und – so meine Überlegung – wenn schon in Deutschland die Teufel losgehen, in dieses kleine Stückchen Paradies werden sie nicht kommen. Wir alle haben das geglaubt. Schließlich kannte ich die Bevölkerung der Höri von Jugend an, in Wangen kannte mich jedes Kind, jeder Mensch, auch in Schienen, in Öhningen oder in Horn. Wer würde mir da etwas Böses tun? Ich bin ihresgleichen und arbeite wie sie, ich handle nicht mit ihnen, ich will sie nicht übervorteilen – das waren meine Gedankengänge. Hinzu kam ein zweiter Gedankengang, den wir auch mit anderen christlichen Freunden und Intellektuellen und Akademikern besprochen haben: Mit diesen Methoden läßt sich auf die Dauer in einem hochorganisierten Industriestaat und in einem von Intellektuellen geführten Land wie Deutschland eine solch primitive Herrschaft oder Alleinherrschaft nicht durchführen. Das geht bestenfalls einige Jahre, dann ist die wirtschaftliche Lage noch schlimmer und das Chaos so gewaltig, daß sie hinweggefegt werden, daß sie mit Schimpf und Schande davongejagt werden oder abtreten müssen. Oder sie provozieren einen Krieg, und dann sind sie sehr schnell von den früheren Alliierten hinweggefegt. Alles sprach also dafür dazubleiben, wenn man nicht wußte wohin und auch gar nicht irgendwohin wollte.

Das Dorf Horn auf der Höri zu Beginn der dreißiger Jahre. Luftaufnahme der Gebr. Strähle

Und das Glück ist mir nachgelaufen! 1933, im Februar, nachdem Hitler Reichskanzler geworden war, hatte ich keine beruflichen Betätigungsmöglichkeiten mehr. Bei Stadler war es ganz unmöglich, denn Stadler hatte schon im Oktober 1932 Verhandlungen geführt, um die ›Bodensee Rundschau‹ zu drucken. Er hat dann gesagt – er war mein Freund: ›Du mußt weg, einen Juden kann ich nicht an leitender Stelle im Verlag belassen, Du kannst noch eine Zeitlang zu Hause arbeiten, ich schicke Dir das und jenes.‹ Ich habe ihm dann erklärt, daß ich ohnehin wegginge, daß ich nun mein Gut auf der Höri aufbauen und entwickeln wollte. An die Möglichkeit, Vorträge zu halten, war unter der Hitler-Regierung ohnehin schon nicht mehr zu denken – oder man hätte befürchten müssen, daß man bei Vorträgen gestört oder gar bespuckt und mit Steinen beworfen würde, und dem wollte ich mich nicht aussetzen.

Aus all diesen Gründen hatten wir 1933 beschlossen, nach Horn zu gehen. Unsere älteste Tochter, die heute in Israel in einem Kibbuz lebt, ist im November 1932 geboren, und meine Frau ging mit unserer Tochter etwa im März 1933 nach Horn. Einen Monat zuvor, im Februar, war ich bei meiner geschiedenen Frau in Wangen, wir fuhren jede Woche zu ihr, denn dort lebte ja auch mein Sohn. Bei diesem Besuch traf ich auch einen alten Bekannten und Freund, Josef Hangarter. Er war Gärtner von Beruf und arbeitete in Stuttgart in einer Gärtnerei. Wir freuten uns über das Wiedersehen, und ich sagte zu ihm: ›Ach, Herr Hangarter, es freut mich, Sie wieder mal zu sehen, wo sind Sie denn, was machen Sie?‹ – ›Ich bin weggegangen, ich habe gekündigt, ich will wieder an den Bodensee, hier suche ich mir eine Stelle!‹ – ›Ja, wollen Sie wieder als Gärtner arbeiten?‹ – ›Aber natürlich!‹ – ›Sie kommen mir wie gerufen! Sehen Sie, ich habe ein Gut gekauft und will jetzt im März oder im April zunächst einmal eine Gärtnerei aufmachen, später aber auch eine Landwirtschaft mit allem, was dazugehört. Ich muß mir ein autarkes, eigenes Gut erarbeiten, wo ich ganz unabhängig bin, wo ich niemanden brauche außer mich und meine Arbeitskräfte, wo wir eigenen Mist haben, eigenes Heu, eigenes Futter, eigene Eier und eigene Milch. Ich will mir Bienen anlegen und einen ganz modernen Betrieb aufbauen, auf biologischer Grundlage.‹

Ich hatte mich schon in den zwanziger Jahren sehr viel mit Anthroposophie und mit Fragen des biologisch-dynamischen Anbaus beschäftigt, viele meiner Freunde waren damals schon nach Dornach gegangen. Bei meinem Gärtner Löhle, der zu 90 % mit Kunstdünger und mit Giften arbeitete, hatte ich erlebt, daß er manchmal acht Tage lang Magenkrämpfe hatte, wenn er seine Gifte ausgestreut hat. Da habe ich mir gesagt, das mache ich nicht mit, ich bin für sauberes Gemüse und für saubere Produktion. Wenn ich arbeite, dann mit natürlichen Mitteln, mit Mist, mit Kompost. Ich habe mich dann umgesehen und erfahren, daß es am Bodensee bei Überlingen einen sogenannten ›Ring biologisch-dynamisch arbeitender Betriebe‹ gab. Sie hatten einen Inspektor eingestellt, der diese Betriebe eingearbeitet und überwacht hat und der sie auch mit den Mitteln, die man als Ersatz für Kunstdünger braucht, versehen hat, der ihnen zum Beispiel gezeigt hat, wie man den Kompost herstellt und den Mist.

Gärtner Hangarter blieb also bei mir und konnte gleich damit beginnen, den Garten, der viele Jahre brachgelegen war, zu planieren. Im Garten standen nur noch minderwertige Obstbäume – Mostobst –, die man herausmachen mußte. Aber der Boden war sauber und ohne Gift – er war zehn Jahre brachgelegen. Um das Haus waren etwa 4000 qm^2 Land – das hat man aufbrechen und pflügen lassen, und Hangarter hat es planiert. Etwa Anfang April stieß ich zu ihm, und wir haben dann gemeinsam Pläne entwickelt, wie wir den Hof ausführen wollten. Ich habe gesagt: ›Leiten Sie den Garten, Sie verstehen mehr als ich, aber wir wollen den Hof biologisch-dynamisch, auf anthroposophischer Grundlage, führen.‹ Ich habe ihm Betriebe gezeigt, die auf diese Weise arbeiteten, und er hat zunächst nur den Kopf geschüttelt, hat sich aber dann überzeugen lassen. Ich erinnere mich zum Beispiel an die Besichtigung eines Hofes bei Überlingen, des Lehnhofes, den es heute noch gibt. Dort hat man uns am Waldrand einen Klee gezeigt – biologisch-dynamisch – und einen anderen Klee, der mit Kunstdünger bearbeitet worden war. Und was hat man gesehen? Der biologisch-dynamische Klee war überall an den Rändern von den Rehen und Hasen angefressen, einige Meter weit, der andere Klee dagegen nicht, nicht ein Stück weit. Da wurde mir klar, daß das Vieh Instinkt hat, daß es erkennt, was giftig und schlecht und was gut und nahrhaft ist. Vom biologischen Klee haben sie gefressen, vom anderen nicht ein Stück. Wir Menschen merken den Unterschied nicht mehr, wir haben keinen Instinkt dafür. Solche Beispiele haben mich überzeugt, daß ich biologisch arbeiten mußte, wenn ich gesund und sauber arbeiten und auch verantwortlich etwas liefern wollte. Diese Einstellung und Anbauweise war damals noch ganz selten, und die Bauern in Horn haben nur ungläubig den Kopf geschüttelt. Wir waren zum Beispiel die einzigen, die damals nach Konstanz biologische Produkte geliefert haben. In der Nazizeit sind solche Ansätze dann untergegangen beziehungsweise verboten worden. Sie haben nicht nur die Schulen verboten, die biologische Methoden vertraten, sie haben später überhaupt alles verboten, was anthroposophisch war.

Obwohl ich also gute Ideen hatte für unseren Betrieb, war mir klar, daß wir im ersten und auch im zweiten Jahr noch nicht würden davon leben können, denn die Gärtnerei und auch die Landwirtschaft mußten ja erst aufgebaut und entwickelt werden. Doch ich durfte und konnte – und das war das Wunderbare – noch Böden kaufen, und ich durfte auch Böden pachten! Und so habe ich in den Anfangsjahren schöne Äcker und Wiesen hinzugekauft und unseren

Betrieb sinnvoll ergänzt. Ältere Bauern, die nicht mehr selbst Landwirtschaft treiben konnten, kamen zu mir und haben mir ihre Äcker zum Kauf angeboten. Und wenn ich ihnen sagte, daß ich momentan wenig Geld hätte, da ich so viel in meinen Betrieb investieren müßte, haben sie mir angeboten, ihre Äcker auch zu pachten. Das war in den ersten Jahren, etwa bis 1936, durchaus noch möglich – später ist auch das verboten worden.

Nun muß ich etwas Interessantes erwähnen. Während ich noch in Konstanz war – vermutlich Ende März 1933 –, kamen zwei Frauen zu meiner Frau nach Horn. Sie sagten, das Haus gefalle ihnen – es war ja das letzte Haus am Ende des Ortes damals –, und fragten, ob sie für acht Tage hier wohnen könnten, sie würden sich auch selbst verköstigen. Meine Frau wußte zunächst nicht recht, ob sie ja oder nein sagen sollte, aber wir haben uns dann schnell entschlossen, denn wir waren auf solche kleinen Nebenverdienste ja angewiesen, da der Betrieb noch nichts einbrachte. Ich schickte dann einige Möbel, und diese Leute waren sehr glücklich, daß sie in einem so schönen Haus acht oder zehn Tage wohnen konnten. Das brachte uns auf den Gedanken, diese Idee weiter zu verfolgen. Wir haben dann sehr schnell viele Anfragen bekommen. In allen jüdischen Zeitungen las ich Anzeigen wie diese: Wo kann ich für die Auswanderung nach Australien oder für die Auswanderung nach Argentinien in kurzer Zeit Landwirtschaft oder Gärtnerei lernen? Solche Möglichkeiten wurden vor allem von den Leuten gesucht, deren Berufsmöglichkeiten schon 1933 drastisch eingeschränkt worden waren – Ärzte, Lehrer, Richter, Anwälte, Beamte. Für diese sogenannten Umschichtler gab es Vermittlungsstellen in den größeren Gemeinden, in Stuttgart und in Berlin. Dort haben auch wir uns gemeldet und geschrieben, sie dürften uns Leute schicken. Wir haben das Haus dann groß ausgebaut, das Dach ausgebaut und noch ein kleines Haus dazugekauft. Anfänglich gaben wir noch in jüdischen Zeitungen Annoncen auf, doch wir hatten bald so viele Anfragen, daß das gar nicht mehr nötig war. Unser Betrieb entsprach also einem brennenden Bedürfnis, da man natürlich wußte, daß zum Beispiel die Engländer in Palästina niemanden hereinließen, der kein Geld hatte, es sei denn, er war Landwirt oder Farmer oder gelernter Gärtner. Wer keinen solchen praktischen Beruf vorzuweisen hatte, mußte 1000 Pfund bezahlen, um einreisen zu dürfen, also fast schon ein Kapitalist sein. Und die Umschichtler wußten, daß sie weder nach Australien noch nach Kanada oder Südamerika kamen, wenn sie nicht den Nachweis erbringen konnten, daß sie etwas von der Landwirtschaft verstünden. Aus dem ganzen Reich kamen so Leute zu uns, und wir hatten bald mehr Anfragen, als wir Leute aufnehmen konnten. So haben wir gesehen, daß dies nicht nur eine schöne Aufgabe, sondern auch eine kleine zusätzliche Erwerbsquelle für uns war.

Finanzielle Unterstützung haben wir von keiner Organisation bekommen – ich habe mich aber auch nicht darum bemüht, denn ich wollte völlig unabhängig bleiben. Mein Vater jedoch und die Eltern meiner Frau gaben uns ein Darlehen auf das Haus – 10000 Mark –, das eingetragen wurde. Es war eine Art Eigentumsbrief, der meinem Vater und meinem Schwiegervater ausgehändigt wurde. Ich hatte auch etwas Geld, aber das hat natürlich alles sehr viel mehr gekostet. Hinzu kam, daß mein Schwiegervater schon fast 70 Jahre alt war und sein Reisegeschäft nicht mehr ausüben konnte, weil er ohnehin schon im ›Stürmer‹ angeprangert war, aber auch, weil er nicht mehr ganz so jung war. Das Detailgeschäft in der Bahnhofsstraße aber, so hat man sich gesagt, wird langsam absterben, denn gerade dieses Geschäft hatte sehr viele Beamte als Kunden, weil es gut und gediegen war – in kleinem Maßstab – und weil es auf persönlichen Kontakten beruhte. Und die Beamten durften nun bei Juden nicht mehr kaufen. Da habe ich meinen Schwiegereltern angeboten, einen Teil der Scheune umzubauen, Bad und Dampfheizung einzubauen und ihnen dort eine gemütliche kleine Wohnung einzurichten. Es war eine Riesenscheune, die wir gar nicht voll benötigten, denn wir wollten höchstens vier Kühe halten für unseren eigenen Bedarf, um etwas Milch und Butter und auch Mist zu haben. Wir wollten auch keinen Getreideanbau. Wir wollten alles auf Selbstversorgung hin ausbauen, da wir ja als Juden nicht damit rechnen konnten, nun eine große Milchwirtschaft aufzubauen und die Milch auf den Markt zu bringen. Die Produkte der Gärtnerei jedoch und die Beeren wollten wir durchaus vermarkten, wenn wir einmal so weit waren. Und wir dachten natürlich daran, daß alle die Leute, die wir zur Ausbildung aufnehmen würden, zum größten Teil auch Selbstversorger sein müßten.

Meine Schwiegereltern brachten damals auch ein entzückendes Dienstmädchen mit, die Bärbel, die dann bei uns auf dem Hof mitgearbeitet hat. Eine Tante meiner Frau lebte in Gießen – ihr Mann hatte einen Großhandel im Darmgeschäft –, und dort oben im Hessischen gab es immer schon Antisemitismus. Als der Onkel sah, daß sein Geschäft immer mehr zurückging, siedelte er nach Stuttgart über. Die Tante aber hatte solches Heimweh nach Konstanz, daß sie dort nicht mehr wohnen bleiben wollte, und so hat man ihr hier unten eine Wohnung besorgt, im ›Paradies‹. Sie brachte ein hessisches Bauernmädchen als Hausmädchen mit, sie war mir gleich sympathisch, wie sie da in ihrer hessischen Tracht ankam. Als nun das Geschäft des Onkels noch schlechter ging, mußte die Tante zu ihrer Mutter ziehen und das Mädchen aufgeben. Meine Schwiegermutter hat sie dann als Dienstmädchen aufgenommen, und so kam die Bärbel zu uns. Und hier auf dem Hof hat sie den Herrn Hangarter, unseren Gärtner, kennengelernt. Er war ein schöner, idealer und feiner Mann, und die beiden haben gut zueinander gepaßt. Ganz unbeteiligt war ich dabei nicht, denn als Herr Hangarter einmal zu mir sagte: ›Wissen Sie, ich habe ein Mädel in Wangen, ich glaube, ich muß jetzt doch nach Wangen, die Leute haben ein Grundstück und haben mir angeboten, daß ich dort eine eigene Gärtnerei aufmachen kann‹ – da habe ich nur gesagt: ›Aber Herr Hangarter, die ganze Zeit, am Sonntag, gehen Sie doch immer mit der Bärbel spazieren, ich dachte immer, Sie heiraten mal die Bärbel!‹ – ›Ja, die Bärbel würd' ich heiraten, aber wissen Sie, die Bärbel ist evangelisch, und ich bin streng katholisch. Und ich werd' nicht evangelisch, unsere Pfarrer erlauben das nicht.‹ Da sag ich: ›Ich werd' mit der Bärbel sprechen!‹ Und ich habe mit der Bärbel gesprochen, habe ihr gesagt: ›Der Herr Hangarter will Sie heiraten, haben Sie ihn gern?‹ ›Natürlich hab' ich ihn gern!‹ ›Aber wissen Sie, unter welcher Voraussetzung? Sie müssen katholisch werden!‹ ›Das muß ich mir ein paar Tage überlegen!‹ Dann hat sie ihre Schwester in Konstanz gefragt, kam wieder und hat gesagt: ›Ja, ich werd' katholisch...‹ Und sie ist eine gute Katholikin geworden – es spielt ja keine so große Rolle, es ist alles zum selben Gott. Sie hatten eine wunderbare Ehe, und sie haben drei Kinder zur Welt gebracht – leider leben sie beide nicht mehr.

Wir haben den Betrieb dann sehr schnell entwickelt, und die Handwerker im Dorf waren durch uns mehrere Jahre gut beschäftigt. Die landwirtschaftlichen Arbeiten mußten noch alle mit der Hand gemacht werden, es gab außer Pflügen noch keine Maschinen. Die Bauern im Dorf waren von uns so begeistert, daß der Bürgermeister und der Alt-Bürgermeister, der unser Nachbar war, zu uns gekommen sind und gesagt haben: ›Ja gut, Herr Dr. Bloch, Sie haben hier Vieh im Stall, Sie haben sicher nicht viel Erfahrung...‹ ›Ich hab' nicht viel Erfahrung, aber die Bärbel, die hat Erfahrung, die ist ein Bauremädel!‹ ›Aber alles weiß sie auch nicht! Wenn Sie jemals etwas haben, wenn ein Stück Vieh krank wird oder eine Geburt schwierig ist – Sie können uns rufen bei Tag und bei Nacht! Wir kommen immer zu ihnen.‹ ›Ja, aber, Sie wissen doch, heute – die Juden...‹ ›Das kümmert uns überhaupt nicht!‹

In diesem Dorf hat es, solange wir da waren, keine Ortsgruppe der NSDAP gegeben. Die Bauern waren katholische, fromme Leute, und niemand wollte in die Partei. Es gab noch zwei Wahlen beziehungsweise Volksabstimmungen 1933/34, und dabei stellte sich heraus, daß es in Horn prozentual gesehen am meisten Nein-Stimmen gegen Hitler gab. Aber die Herren haben sich alles gut gemerkt! Wie gut, habe ich erst später erfahren. Als ich 1951 zum ersten Mal wieder nach Deutschland kam, um unsere juristischen Angelegenheiten und Fragen der Wiedergutmachung zu erledigen, ging ich natürlich auch nach Horn. Ich ging hinauf auf den Wasserturm, ein bißchen wehmütig und traurig, allein, ohne meine Frau, die schöne Landschaft, die veränderten Verhältnisse... Ein Bauer hat mich erkannt und gerufen: ›Grüß Gott, Herr Dr. Bloch – ja, kommen Sie wieder zurück?‹ ›Nein, ich denke nicht...‹ ›Aber – jetzt können Sie doch wieder zurückkommen! Das ganze Dorf hofft, daß Sie wieder zurückkommen!‹ ›Dafür sind zunächst keine Voraussetzungen gegeben. Und ich komme auch nicht zurück. Ich habe in Israel jetzt meine Existenz, meine Arbeit und meine Familie. Außerdem liegt Deutschland in Trümmern, und es ist nicht so leicht, wieder zurückzukommen.‹ ›Ja‹, sagte er, ›jetzt will ich Ihnen etwas erzählen, welches Glück wir in Horn hatten, daß der Krieg ungünstig ausgegangen ist. Denken Sie, weil es in Horn keine Nazi gab und weil es hier so viele Nein-Stimmen gab‹ – das haben die bei allen Dörfern genau registriert – ›hat man Pläne ausgearbeitet, hier im Dorf zwei oder drei Erbhöfe zu bilden und alle anderen zu Knechten zu machen oder nach dem Osten zu schicken. Wir hätten Haus und Hof verloren, es war alles schon vorbereitet! Man hat nur gewartet auf den Tag nach dem Krieg. Stellen Sie sich vor, was wir für ein Glück hatten, uns wäre es so schlimm ergangen wie Ihnen, noch schlimmer sogar!‹

Gleich in der ersten Zeit in Horn, das hat mir der Ratsschreiber erzählt, war jemand von der Kreisleitung aus Radolfzell da und hat gefragt, was die Juden hier eigentlich machen. Und der Ratsschreiber hat diesem Mann geantwortet: ›Ich habe Ihnen gesagt, was die Juden machen. Die arbeiten – mehr wie je ein Mensch in unserem Dorf gearbeitet hat! Von früh bis abends spät, um eine Gärtnerei zu entwickeln, modern und schön und produktiv, und eine dazugehörige Landwirtschaft. Sie sind genauso wie wir ernsthafte Landwirte und Bauern.‹ Daraufhin ist der Mann von der Kreisleitung offenbar wieder abgezogen, ohne daß wir je Reklamationen bekamen. Man dachte wohl – das war noch am Anfang –, wenn das so ist, dann haben wir kein Gesetz und keine Handhabe, gegen diesen Dr. Bloch vorzugehen. Wir hatten auch keine großen Schwierigkeiten zunächst, weder mit den Behörden noch mit den landwirtschaftlichen Genossenschaften. Wir sind Mitglied geworden in allen Genossenschaften, wir durften in die Viehversicherung, und der Tierarzt ist über die Pflichtversicherung zu uns genauso gekommen wie zu den anderen auch. Wir durften aber auch, weil wir später Milchüberschüsse hatten, in die Milchkammer und durften unsere Milch dort abgeben. Die Milch wurde damals nach Fettgehalt verkauft und nicht nach Liter, und wir hatten wegen unserer biologisch-dynamischen Fütterungsmethode den höchsten Fettgehalt – das war uns gar nicht recht. Ich weiß noch gut, es waren entweder 4,8 oder 5,2 %, und die meisten Bauern in Horn hatten knapp gegen 4 %. Wir lagen knapp 1 % darüber, weil wir dem Vieh eben eine gesunde Ernährung ohne künstliche Zusätze und auch eine gute Pflege gegeben haben, und wahrscheinlich auch, weil wir sehr gutes Vieh gekauft hatten – nicht das billigste, sondern das qualitativ beste Vieh. Und so bekamen wir zeitweise den besten Preis für die Milch, die wir geliefert haben. Auch die Gärtnerei hat sich sehr gut getragen. Unser Gärtner hat auch Blumen für das Dorf in Blumentöpfen herangezogen, die er zu Allerheiligen, bei Beerdigungen und anderen Gelegenheiten verkaufte. Und im Sommer waren Feriengäste da, die Blumen und Obst bei ihm kauften, so daß der Gärtner alleine von seinen Gartenprodukten leben konnte, die er in Horn selbst verkaufte.

Unsere biologisch-dynamische Methode hat sich so gut bewährt, daß wir schon bald viel mehr produzieren konnten, als wir anfänglich dachten. Wir mußten eben der Technik nachgeben, auch zur Erziehung unserer Praktikanten, wir mußten im Treibhaus arbeiten können, mußten Frühgemüse haben, um ihnen zu zeigen, wie man etwa mit Mistbeetkästen arbeitet. Wir haben dazu die überschüssige Wärme der Treibhäuser in Mistbeete geleitet, so daß sie genauso arbeiten konnten wie in einem Treibhaus, die doch sehr teuer waren – und soviel wollten und konnten wir auch nicht anlegen und investieren. Wir hatten etwa 250 Mistbeetfenster.

Wir mußten uns aber sehr schnell um den Verkauf unserer Produkte bemühen. Durch eine Verbindung mit der Firma Werthmann in Konstanz und einem Reformhaus in Radolfzell, die

Der Gartenbaubetrieb

Dr. Erich Bloch in Horn am Bodensee

ist eine neuere Anlage für Gemüse-, Ost- und Beerenbau und liegt auf der Halbinsel Höri zwischen Radolfzell und Stein am Rhein in einer der fruchtbarsten und schönsten Gegenden des Bodensees. Der Betrieb steht unter Leitung von Fachleuten und gilt als Musterbetrieb in seiner Anlage und Bebauungsmethode.

Eine moderne Treibhausanlage und heizbare Kästen dienen in erster Linie der Anzucht und Pflege von Spezialkulturen wie Gurken, Tomaten usw. Für den Frühgemüse-Bau stehen zur Zeit über 200 Frühbeetfenster zur Verfügung. Eine landwirtschaftliche Abteilung, Großvieh, Hühner- und Bienenzucht ergänzen organisch die Gärtnerei, die in ihrer Grundstruktur biologisch arbeitet.

Die Betriebsleitung macht es sich zur besonderen Aufgabe, junge jüdische Menschen (Knaben und Mädchen) als Gärtner und Landwirte auszubilden und älteren Jahrgängen eine beschleunigte berufliche Umschichtung zu ermöglichen. Die Ausbildung ist individuell und richtet sich in Methode und Dauer nach den beruflichen Absichten des Eleven. Es besteht u. a. die Möglichkeit einer vollkommenen Lehrausbildung (2—3 Jahre), wie auch einer Spezialausbildung z. B. für Auswanderer nach Palästina (1—1½ Jahre). Die Ausbildung ist praktisch, das Praktische wird aber theoretisch unterbaut. Theorie besonders in den Wintermonaten. Vorkommende Arbeiten wie Planierungen, Wegebauten, Trockenlegung und Drainierung von Moor- und Seegelände usw. sind besonders wertvoll und instruktiv. Sämtliche einschlägigen Arbeiten wie Schreinern, Verglasen, Malen usw. werden in der eigenen Werkstatt ausgeführt. Es besteht Gelegenheit zum

Treibhausanlage

Erlernen von hebräisch, englisch, französisch. Mädchen können auch Hauswirtschaft erlernen.

Verpflegung — reichliche und gesunde Ernährungsweise — (5 Mahlzeiten) und Unterkunft wird im Hause gegeben. Neben dem Haupthaus mit Ökonomie gehören zum Betrieb zwei benachbarte Landhäuser. Elektrisches Licht, Bad usw. vorhanden. Der monatliche Beitrag für Ausbildung, Unterkunft und Kost beträgt RM. . . . . Soweit es der Leitung möglich, ist dieselbe bereit, je nach den finanziellen und sozialen Verhältnissen des Eleven, den Beitrag zu ermäßigen. Bei Anspruch eines Einzelzimmers wird ein Zuschlag erhoben.

Arbeitsgruppe

Anmeldungen und Einstellungen können während des ganzen Jahres erfolgen. Nähere Auskunft wird jederzeit bereitwilligst erteilt.

Dr. Erich Bloch, Horn am Bodensee
über Radolfzell
Telefon Gaienhofen 16.

Horn ist erreichbar von der Eisenbahnstation Radolfzell, auf dem Landweg mit dem Autobus, auf dem Seeweg von Radolfzell und Konstanz aus. Auch steht ein eigener Wagen zur Abholung zur Verfügung.

Prospekt des Gartenbaubetriebes Dr. Erich Bloch in Horn am Bodensee, ca. 1935 nach unserem Demeter-Gemüse gefragt haben, konnten wir wöchentlich zweimal liefern. Wir hatten einen großen Wagen, wie ihn die amerikanischen Farmer haben, einen Roadster mit einem Anhänger, auf den man sogar mehr Gemüse laden konnte, als wir liefern konnten. Wir haben sogar eine Zeitlang noch ein zweites Geschäft in der Kreuzlinger Straße in Konstanz beliefert, haben das dann aber wieder aufgegeben, weil wir sahen, daß wir unseren Betrieb gar nicht so weit vergrößern wollten.

Wir haben dann sehr schnell Eleven, das heißt Praktikanten, bekommen – junge Leute im Alter von 15 bis 18 oder 20 Jahren. Wir hatten aber auch schon einen oder zwei Umschichtler, Ärzte beziehungsweise deren Ehefrauen, die nach Palästina auswandern und auf diese Weise einen bäuerlichen Haushalt kennenlernen wollten, um zu lernen, dort eine eigene kleine Wirtschaft nach diesem Muster aufzubauen. So waren wir auf dem Hof durchschnittlich 20–25 Leute unterm Jahr. Wir hatten aber auch Mädchen als Praktikantinnen im Haus, das heißt, wir haben nicht nur eine gärtnerische und landwirtschaftliche, sondern auch eine hauswirtschaftliche Ausbildung geboten, die ebenfalls sehr gesucht war, so daß meine Frau stets sehr viel Hilfe im Haus hatte. Bald hatten wir viel mehr Anfragen, als wir Leute aufnehmen konnten, wir mußten die Leute schon zurückstellen oder auf später verweisen. Aber es gab dann auch andere Betriebe: die Palästina-Gesellschaft in Berlin hatte Höfe gepachtet bei Berlin, aber auch in Bayern und in ganz Deutschland, wo fünfzig bis siebzig Leute von Fachkräften ausgebildet werden konnten. Hier am Bodensee gab es noch in der Nähe von Markdorf einen Hof, der einem jüdischen Bauern gehörte, wo wir ab und zu Leute weiter verweisen konnten. Natürlich mußten wir etwas nehmen – wir bekamen ja keine Zuschüsse –, aber wir nahmen nur wenig, für Kost und Logis und Ausbildung zu Anfang 35 Mark, später 50 Mark im Monat, das war schon der Höchstsatz. Es war kein Geschäft, aber es war Geld, das in die allgemeine Kasse hineinfloß, und wenn wir zehn oder fünfzehn Leute hatten, so hat das genügt. Schließlich haben wir auch noch produziert und verkauft. Wir nahmen auch viele auf, die kein Geld hatten, auf der anderen Seite hatten wir dann Praktikanten, deren Eltern sehr reich waren, da konnten wir etwas mehr verlangen. Der Sohn des reichen Wertheimer zum Beispiel, des Emmendinger Schnapsfabrikanten, bezahlte 90 Mark, aber der Vater war Millionär, dem das nichts ausgemacht hat.

Die Dauer der Ausbildung war ganz unterschiedlich. Durchschnittlich war mindestens ein Jahr geplant, denn sonst hätte man ja kein glaubwürdiges Zeugnis ausstellen können. Unter einem Jahr konnte man kaum von einer richtigen Ausbildung im Gartenbau oder in der Landwirtschaft sprechen, ein Jahr war das mindeste. Viele junge Leute wollten damals zwei Jahre kommen und sind auch zwei Jahre geblieben. Aber viele haben die Ausbildung auch vorher abgebrochen, wenn ihre Eltern ausgewandert sind oder wenn sie selbst eine Möglichkeit zur Auswanderung fanden – das war ein dauerndes Kommen und Gehen. Wer eine Ausreise hatte, der ging – auch wenn er nur ein halbes Jahr da war. Viele haben Gärtnerei und Hauswirtschaft gelernt, einige jedoch nur Hauswirtschaft. Sie waren meistens auch ein Jahr da.

Zu uns kamen Junge und Alte, die nach Bedarf und nach Möglichkeit fortgingen. Ich habe diesen Leuten dann geholfen, wenn sie ihre Auswanderung besorgen mußten, denn ich war im Verkehr mit Behörden und auch juristisch schon erfahren, und diese Leute hatten große Schwierigkeiten! Da habe ich Eingaben für sie gemacht, bin die nötigen Stellen angegangen und habe alles für sie erledigt. Daneben bekamen sie auch Hilfe von jüdischen Beratungsstellen in Stuttgart, Freiburg oder Karlsruhe, auch vom Palästina-Amt in Berlin, das auch in Basel eine Vertretung hatte.

Die jüdischen Ausbildungsstätten wurden von den Behörden anerkannt, man machte ihnen keine Schwierigkeiten, im Gegenteil, man hat sie begrüßt. Unser Betrieb war zwar nur ein Kleinbetrieb, aber auch wir wurden anerkannt! Wir wurden von den Palästina-Auswanderungsbehörden und auch von den deutschen Auswanderungsbehörden anerkannt. Unsere

Das westlich des Hofes an der anderen Straßenseite liegende Haus, in welchem Gärtner Hangarter mit einem Teil der Eleven wohnte

Zeugnisse und Dokumente, die wir ausstellten, galten als amtlich glaubwürdig, um bei Botschaften und Konsulaten eine Auswanderung beantragen zu können. Unsere Leute bekamen von mir ein Zeugnis, das mir der Ratsschreiber von Horn amtlich bestätigt hat – das hat genügt. Damit hatten die Schüler nirgendwo Schwierigkeiten – wo ein Stempel ist, schaut man ja bekanntlich nicht hin, denkt, daß dies schon von der zuständigen Stelle kommt –, das wurde auch von den Konsulaten ohne weiteres anerkannt.

Auch mit deutschen Behörden hatte ich zu tun, mit dem Finanzamt zum Beispiel. Ich habe jedoch keine schlechten Erfahrungen gemacht, die Behörden waren gut auf uns zu sprechen, ohne Voreingenommenheit.

Unser Ziel war es, ganz unabhängig zu sein von der Umwelt, denn wir sahen natürlich, daß diese Regierung, das sogenannte ›Dritte Reich‹, darauf ausging, den Juden jeden Boden abzugraben und ihre Existenz zu unterminieren.

Nun könnte man natürlich fragen, wieso wir nicht auf den Gedanken gekommen sind, daß auch wir diesen Beruf einmal verlieren könnten. Auf diesen Gedanken bin ich wirklich nicht gekommen, weil ich mich durch eine Rede, die Hitler in den ersten Monaten auf einer öffentlichen Kundgebung gehalten hat, irreführen ließ. In dieser Rede hatte er die Juden wie üblich mit Hohn und Spott als Parasiten bezeichnet, als Ausbeuter und Ausnützer, die eine besondere Begabung hätten, sich stets nur an die Quellen zu setzen, wo das Einkommen recht hoch und recht groß sei und wo sie die Arbeit der anderen für sich in Anspruch nehmen könnten. So säßen sie eben in unseren Medien, in unseren Zeitungen, im Theater und in der Kulturwelt, und – soweit ich mich erinnere – hat er gesagt, daß die Juden auf diesen Gebieten nichts verloren hätten und ihre Vorherrschaft wie jede andere ›parasitäre Arbeit‹ abzubauen sei. Aber – und das hat er gesagt im Hinblick auf das Ausland, das überall an der Börse sehr erregt reagierte und auch zum Teil schon anfing, Deutschland zu boykottieren, auch in Amerika, wo Millionen von Juden an maßgebenden Stellen saßen – gegen jene Juden, die Handwerker oder Arbeiter seien oder sich ehrlich mit ihrer Hände Arbeit ihren Verdienst holten, habe er nichts. Das hat er damals gleich zu Anfang erklärt, zur Beruhigung, er war natürlich taktisch sehr klug und verschlagen. Wir haben uns damals gesagt, wenn er das öffentlich und ostentativ erklärt als den Willen der Regierung, dann können wir eigentlich nicht viel befürchten, denn wir arbeiten wie jeder Bauer und jeder Landwirt, offen und ehrlich, wir wollen von niemandem Nutzen haben, nur unseren eigenen Verdienst. Und im stillen haben wir gedacht, diese Regierung wird so oder so nicht lange am Leben bleiben, wirtschaftlich nicht und auf alle Fälle moralisch, menschlich und auch sittlich nicht, denn wenn sie dieses Programm tatsächlich verwirklicht, dann wird man ihr in den Arm fallen, dann werden andere Kulturträger und hohe verantwortliche Menschen kommen und einen solchen sittlichen Verfall des deutschen Volkes nicht hinnehmen. Das war natürlich eine große Selbsttäuschung, aber man gibt sich gerne Selbsttäuschungen hin, wenn man selbst einen eigenen Plan hat und glaubt, mit diesem Plan in der Not durchzukommen – da ist man dann blind gegen alles andere.

Natürlich haben uns Menschen gewarnt. Eigene Verwandte haben uns gewarnt: ›Ihr baut um und habt so viel Geld hineingegeben, und je schöner ihr das macht, desto schneller werdet ihr enteignet, weil jeder denkt, so ein schönes Gut, das ist gerade recht für mich als Arier oder für diesen oder jenen Nazi, aber euch wird man's mißgönnen!‹ Das hat man uns wohl gesagt, aber ich habe alles in den Wind geschlagen. Ich dachte: Nein, ich habe mir das vorgenommen, und das ist meine Antwort auf das Programm und das Regime der Nazi, daß ich mich eben in Gottes Namen zunächst einmal ausschließlich der Landwirtschaft und der Gärtnerei hingebe. Das ist ein Beruf, den ich liebe, und selbst wenn ich auswandern muß, kann er mir nur helfen und nichts schaden. So sind wir geblieben.

Mein Bruder ist schon 1933 mit seiner Freundin weggegangen. Er hat an der Technischen Hochschule in Berlin studiert und war kurz vor dem Abschluß als Architekt, durfte aber das Examen nicht mehr beenden. Er ging dann sofort nach Holland in ein Umschichtungslager für Juden und später nach Palästina. Und mein Bruder hat mir geschrieben: ›So lange du kannst, bleibe am Bodensee! Bleibe und baue dein Gut aus! Es ist hier alles so primitiv und so schwer, es gibt solche Massen von Flüchtlingen, die nicht wissen, woher sie das Brot nehmen sollen, woher sie ein Dach über den Kopf nehmen können‹ – es kamen so viele aus allen Richtungen auf einmal – ›und ich sehe die Zukunft gar nicht rosig. Wenn du natürlich einmal gehen mußt, dann kommst du zu uns nach Palästina, aber bleib, so lange du kannst, dort!‹ Und diesen Rat habe ich auch befolgt. Denn eines hatte ich mir vorgenommen: Wenn ich schon weg muß, dann möchte ich nach Palästina. Dieses Land ist mir nahe durch frühe biblische Erzählungen und religiöse Motivationen, und – außerdem – wenn ich schon als Jude verfemt bin, dann will ich schon lieber unter Juden wohnen, als später in einem anderen Land zu riskieren, als Jude überzählig und unbeliebt zu sein. Aber vorbereitet für irgendeine Auswanderung haben wir uns nicht, man kann nicht zwei Dinge auf einmal tun.

Das Dorf und seine Bewohner

Wir hatten gute Beziehungen zu allen landwirtschaftlichen Organisationen, so daß wir zum Beispiel das Getreide, das Mehl, das wir nicht selbst erzeugten, bis zuletzt von einem Müller in Wangen bekamen, der selbst ein großer Nazi war. Überhaupt war es bemerkenswert, daß in diesem Teil Deutschlands nur ein Bruchteil der Nazi auch Antisemiten waren. Sie waren Anhänger Hitlers, der es in seinem Fanatismus, in seiner Dämonie so weit gebracht hatte, daß sie angesichts der furchtbaren Arbeitslosigkeit und des Niedergangs der Wirtschaft glaubten, er sei der Retter und der Beglücker Deutschlands. Aber sie waren nicht unbedingt Antisemiten. Sie haben das Programmatische nie erfaßt und auch ›Mein Kampf‹ nie gelesen, sondern sie haben in Hitler und der NSDAP eine Partei wie all die anderen Parteien gesehen, die eben nur mit größerem Pathos und mit größerer Vehemenz vorging.

Ein Mann wie dieser Müller in Wangen hat mir, wenn ich ihn gefragt habe: ›Wir kommen immer noch zu Ihnen, wird das denn weiterhin möglich sein?‹, nur gesagt: ›Was wollen Sie denn, wir haben doch nichts gegen die Juden, mir sind Juden recht. Ich kenne in Wangen ein Dutzend Juden, wir haben nichts gegen die Juden. Sie sind genauso Menschen – wir sind zwar für den Hitler, aber wir haben nichts gegen die Juden.‹ Das haben sie geglaubt, so wie ich geglaubt habe, daß mir niemand meinen Hof ernsthaft wegnehmen könnte, so waren auch sie in dem Glauben, daß die Juden nicht ernsthaft gefährdet seien, allenfalls dort, wo Herr Hitler erklärte, sie seien nicht am rechten Platz, eben in der Presse und am Theater zum Beispiel.

Unser Nachbar beispielsweise, der Altbürgermeister B., war ein Schreiner und Zimmermann, der viel bei uns gearbeitet hat, weil wir sehr viel mit Holz ausgebaut haben. Er war es auch, der – wie auch der damalige Bürgermeister – zu uns gesagt hat, er und wer auch immer stünde uns zur Verfügung, wenn irgend etwas einmal im Stall nicht in Ordnung sei. Seine älteste Tochter war verlobt mit einem SS-Mann, der in Öhningen an der Grenze stand. Wenn ich diesen SS-Mann gesehen habe, hat er uns gegrüßt wie jeden anderen Nachbarn auch, freundlich und nett. Er war manchmal in Uniform, manchmal in Zivil, stammte aber nicht aus Horn, vielleicht aus Öhningen oder einem anderen Höridorf. Diese Leute haben oft gar nicht zu Ende gedacht, wie gefährlich all diese Parolen gegen Minderheiten von Menschen, gegen Kommunisten oder Juden oder Zigeuner oder Sozialisten, waren. Dieser B. hatte noch kleine Kinder, die zum Teil auch mit unseren Kindern gespielt haben und ohne jedes Vorurteil waren. Der Jüngste war ein goldiger Bub, damals vielleicht zwölf Jahre alt – er ist oft zu uns gekommen und hat sich im Betrieb unterhalten, weil wir auch junge Leute hatten. Er hat sich gefreut, und wir haben manchmal auch gesungen und haben uns zusammengesetzt im Garten, hinterm Haus. Später habe ich erfahren, daß dieser junge Mann im Alter von siebzehn Jahren zum Militär mußte und daß man ihn zur SS gepreßt hat, ob er wollte oder nicht! Er ist gefallen – aber er mußte zur SS, allerdings zur Waffen-SS, also an die Front. Er ist gefallen – als ich das gehört habe, ist es mir so nahe gegangen, als wenn man mir gesagt hätte, mein eigener Sohn sei gefallen, weil er so ein gutes, liebes, nettes, freundlich benachbartes Kind war. Als man mir dann sagte, er sei ein SS-Mann gewesen, konnte ich das zunächst gar nicht begreifen, aber der Vater hat mir gesagt: ›Ja, der hat müssen, nicht aus freiem Willen ist er gegangen!‹ Es war ihm arg genug! Es gibt solche eigenartigen Fälle, man muß da sehr vorsichtig sein, von Mensch zu Mensch genau unterscheiden.

Die Bauern in Horn haben uns in jeder Weise geholfen, ich möchte fast sagen, sie haben uns geliebt. Ich will dafür ein Beispiel geben. Es gab im Dorf nur zwei Bauern, die Pferde hatten, alle anderen, auch wir selbst, haben mit Kühen gefahren, leider – mit Milchkühen. Dadurch hat man im Sommer zur Zeit der Heuernte viel Milch verloren. Wir hatten, da wir ein kleinerer Betrieb waren, keinen so großen Heuwagen wie die Bauern mit großen Höfen. Als wir einmal auf dem Feld waren und unseren Wagen gerade vollgepackt hatten, zog ein Gewitter auf. Da kam ein Bauer dazu und hat gesagt: ›Es kommt jetzt ein Gewitter, euer Wagen ist voll, ich nehm' meine Pferde und fahr' euch schnell heim, damit ihr noch trocken heimkommt!‹ – Also, das war einmalig! Das war geradezu ein Privileg, so hilfreich waren die Bauern zu uns. Das gilt auch für die Handwerker, die, wenn sie auch auf dem Bau da oder dort noch arbeiteten, in der letzten Stunde noch zu uns gekommen sind, wenn wir einmal einen Wasserrohrbruch hatten im Winter oder ähnliches – immer waren sie gleich zur Stelle und haben uns geholfen. Es war eine richtige brüderliche Gemeinschaft, wir haben während dieser sechseinhalb Jahre in Horn wie unter Brüdern gelebt, wie ich nicht einmal in Konstanz gelebt habe, wo ich mit allen Menschen gut und freundnachbarlich gelebt hatte und nicht wenig bekannt war. Und wir waren in Horn ja Neulinge, ich kannte zwar die Höri, aber in Horn selbst hatte ich nie zuvor gewohnt. Wir haben also in Horn trotz der Nazizeit nur das Beste erfahren.

Auch der Pfarrer war ein sehr netter Mann; er war ein Schulfreund des Dichters Jacob Picard, der 1938 ein Jahr lang bei uns wohnte. Auch die Schwestern waren sehr nett. In Horn gab es eine kleine Schwesternstation, von der auch die Nachbardörfer Hemmenhofen und Gundholzen mit betreut wurden. Den Dienst besorgten drei Schwestern, und diesem Krankenpflegeverein konnte man beitreten, für ein paar Mark im Jahr – auch uns haben sie aufgenommen. Diese Schwestern sind bei jeder Gelegenheit gekommen, in einem Betrieb mit

Bauern bei der Heuernte in Horn, 1938

20–25 Menschen gab es natürlich viele kleine Unglücksfälle, mal mußten sie einen Verband anlegen, ein anderes Mal gab es Infektionen oder Eiterungen und dergleichen – die Schwestern kamen immer zu uns. Der Pfarrer hat einmal sogar gesagt, er wünsche mich kennenzulernen, ich solle ihn besuchen. Es war ein älterer Herr, der nur noch ein paar Jahre da war. Er hat uns erzählt, daß er in Konstanz mit einem Juden von Wangen namens Picard ins Gymnasium gegangen sei und daß er die Juden sehr achte und sehr schätze und auch uns sehr achte und sehr schätze. Und das hat er offensichtlich getan. Inwieweit er jedoch Einfluß auf die Bevölkerung genommen hat von der Kanzel, kann ich nicht sagen. Doch als wir nach Horn kamen, gab es keine Ortsgruppe der NSDAP, und solange wir da waren, gab es keine. Der einzige, der sich im Ort hervorgetan hat, war ein zugereister Mann, der uns auch einmal ein Grundstück, das wir gekauft hatten, wieder weggenommen hat. Etwa 1937/38 kam ein Gesetz heraus, das besagte, wenn ein Jude ein Stück landwirtschaftlich nutzbares Land kauft, und es findet sich ein Arier, der es will, so bekommt es der Arier, und es darf nicht auf den Juden eingetragen werden. Und wir hatten eben eines gekauft, doch dann kam dieser Mann von der Partei; er war für die ganze Höri zuständig. Ich habe ihn sogar gekannt als Bauer. Man hatte mir das Gesetz schon zuvor schriftlich mitgeteilt, und dieser Mann kam nun zu uns, in Uniform sogar, und hat mir verkündet, der und der bekomme den Acker. Er hatte das Geld schon bei sich, ich mußte es wieder annehmen, und ein anderer Bauer hat mein Grundstück bekommen. Ich hätte das Grundstück nach 1945 wieder zurücknehmen können, aber ich habe es nicht gewußt – ich war ja im Ausland –, daß das Gesetz ein unrechtmäßiger Rechtsakt war und daß ich es im Wege der Wiedergutmachung hätte zurückbekommen können. Es spielt keine Rolle, denn wir hätten auch den übrigen Hof nicht zurückgenommen.

Der Nationalsozialismus hat sich also im Dorf sichtbar nirgendwo niedergeschlagen. Allenfalls bei Beflaggungen. Damals war es noch erlaubt, entweder schwarz-weiß-rot oder mit Hakenkreuzfahnen zu flaggen. Auch uns hat man gezwungen, und ich habe schwarz-weiß-rot geflaggt. Als man zu uns kam, habe ich gesagt: ›Ja, ich darf doch gar nicht, ich bin doch Jude, bin doch bekämpft.‹ ›Nein‹, hat der Ratsschreiber gesagt, ›Sie können verhaftet werden, Sie müssen eine Flagge zeigen! Sie haben ja eine schwarz-weiß-rote Flagge.‹ ›Gut, wir werden sie anschaffen...‹

Nach dem Ersten Weltkrieg ist mir jede Verehrung, jeder Kult vor einer Flagge unmöglich geworden. Ich war so antinationalistisch eingestellt, weil ich sah, mit welchen Lügen man uns geködert und Millionen umgebracht hatte, für keinerlei Ideale, für keinerlei wahre Ehrenrettung des Vaterlandes, sondern für Macht, Intrigen und Hegemonie. Jedes Symbol war mir deshalb zuwider. Das ging so weit, daß ich später auch in Israel an meinem Haus nie eine blauweiße Flagge aufgezogen habe. Ich bin deshalb auch beanstandet worden, nachdem Israel gegründet war. Aber ich war davon überzeugt, daß diese Verehrung von Emblemen zu den verderblichsten Dingen gehörte, nicht mehr war als Götzendienst! Wer anfängt, die Jugend so zu erziehen, daß die Flagge für sie zum Symbol des Anbetens wird, ist schon halb verloren. Natürlich brauchen die Nationen – leider – Symbole, um sich zu unterscheiden, aber eine Erziehung der Jugend zur kultischen Verehrung von Flaggen bei bestimmten festlichen Anlässen habe ich mehr und mehr abgelehnt. Doch auch wir mußten die schwarz-weiß-rote Flagge aufziehen, und zwar ziemlich lang – wir waren schon am Aufbrechen, als man auch das verboten hat. Von da an durfte nur noch die Nazi-Fahne gezeigt werden.

Auch Uniformierung, Disziplinierung von Schülern, ist bei uns nicht aufgetreten; ich habe zumindest nichts gesehen. Unsere Kinder durften noch in den Kindergarten. Ich habe nie gehört, daß man das nicht erlaubt hätte. Wahrscheinlich – wir konnten dann ohnehin nicht mehr länger bleiben – hätten sie nach 1938 auch das nicht mehr gedurft. Aber bis zur »Kristallnacht« im November 1938 durften die beiden Mädchen in den Kindergarten – der Bub war ja erst 1938 geboren. Und sie sind ohne Schwierigkeiten zurechtgekommen und haben mit den Nachbarkindern gespielt auf der Straße...

An den Festlichkeiten im Dorf, sofern es welche gab, haben wir hingegen nicht teilgenommen. Es gab noch die Prozessionen, Fronleichnam natürlich, da haben wir ohnehin nicht teilgenommen, da haben wir uns still verhalten. Wir haben uns überhaupt sehr zurückgezogen aus der Öffentlichkeit. Wir hatten genügend mit uns selbst zu tun, wir mußten ja unter uns leben. Wir wollten nicht in der Öffentlichkeit in Erscheinung treten, wir waren froh, wenn man uns in Ruhe ließ, da wollten wir uns um andere Leute auch nicht kümmern.

Ein ›familiärer Kibbuz‹

Wir sind mit der Zeit immer mehr Menschen geworden. Eine unserer ersten Praktikantinnen war die Sekretärin eines Anwalts in Nürnberg, Anna Reizenberger. Sie war so begeistert, nicht nur von der Landwirtschaft, sondern von Horn und von der Höri, und sie hatte Geld von einem verstorbenen Onkel geerbt, daß sie sich gesagt hat, wenn wir glaubten, wir könnten hier überleben, dann könne sie das für sich eigentlich auch annehmen. Sie hat sich dann unterhalb unseres Hauses auf dem Weg nach Hornstaad ein Haus mit einem mindestens 1500 oder 2000 Quadratmeter großen Garten gekauft. Wir haben ihr gesagt, kaufe das Haus, wir nehmen es mit in den Betrieb hinein, und du arbeitest mit. Das Haus war sehr groß, so daß sie dann später in den Sommerferien auch jüdische Ferienkinder aufnehmen konnte. Sie war aus Nürnberg, wo es eine große jüdische Gemeinde gab. Die Juden dort oben in Franken waren sehr schlimm verfolgt, dort saßen Streicher und all die schlimmen Leute... Da sind die Juden aus den Dörfern praktisch alle nach Nürnberg geströmt. Denn sie dachten, dort in der Großstadt finden wir noch Schutz und Rettung, dort haben wir noch Glaubensgenossen und haben eine Quelle zum Auswandern und zur Unterstützung, wenn wir keinen Beruf mehr haben. Auf alle Fälle gab es dort von Anfang an sehr viele reiche Juden, die Hopfenhändler und die Bankiers,

Auch der Arzt Dr. Nathan Wolf in Wangen nahm von 1936/37 an jüdische Ferienkinder bei sich auf, nachdem ihm die Behandlung »arischer« Patienten 1935 untersagt worden war

und Anna hatte viele Beziehungen dorthin und hat uns auf den Gedanken gebracht, daß wir im Sommer auch Ferienkinder aufnehmen könnten. Sie konnte in ihrem Haus – Kinder kann man viele unterbringen, auch mit Notbetten – mindestens sieben, acht Kinder nehmen, und auch wir konnten nach dem Ausbau unseres Hauses Kinder aufnehmen –, so daß wir zusammen vielleicht fünfzehn jüdische Ferienkinder, Mädchen und Jungen, Schüler aufgenommen haben, die in der Regel etwa zwei Monate bei uns blieben. Die Schwester von Anna Reizenberger war Gymnastiklehrerin und durfte nur noch jüdische Kinder unterrichten. Sie kam im Sommer, um die Kinder zu beaufsichtigen und mit ihnen Spaziergänge zu machen in den Wald, um Gymnastik und Sport zu treiben – das war eine sehr gute Lösung. Natürlich bin ich, wenn es zu viele waren, auch manchmal mitgegangen zur Beaufsichtigung – man mußte ja sehr vorsichtig sein: Kinder können leicht Feldschaden anrichten, etwas wegnehmen, was großes Ärgernis – bei den Juden sowieso – hervorgerufen hätte. Die Aufnahme von Ferienkindern war natürlich auch eine glückliche Einnahmequelle.

Und die Kinder haben sich sehr wohl gefühlt in unserem Haus. Wir haben zusammen viel musiziert, ich selbst habe gesungen und gegeigt. Über ein Jahr wohnte bei uns die Frau eines berühmten Augenarztes aus Stuttgart, eines Dr. Sander. Sie war als Schriftstellerin bekannt und hat bei uns im Stall, im Haus und im Garten gearbeitet. Ihr Mann kam jedes Wochenende, um sie zu besuchen, er hat wunderbar Klavier gespielt und auch gesungen – wir hatten also stets eine Art ›Collegium Musicum‹ und haben das Wochenende für uns gestaltet, Freitagabend, Samstag und Sonntag. Es gab auch Literarisches, und wir haben Theater gespielt – wir waren also eine richtige Kolonie, auf allen Gebieten, der Arbeit, der Kultur und der Gemeinschaft. Der Kantor von Konstanz, Dr. Bravmann, kam jede Woche einmal und hat hebräischen Unterricht gegeben für die, die nach Palästina wollten, und die Großmutter meiner Frau, die früher Lehrerin für Englisch und Französisch war, hat nach Wunsch

Französisch oder Englisch gegeben. Und ich habe bei Winterwetter, wenn Zeit war, zusammen mit Herrn Hangarter Theorie gegeben: die theoretischen Grundlagen von Landwirtschaft, Ackerbau, von Gemüsebau und Bienenzucht.

Um die Bienenzucht zu erlernen, mußte ich erst einen Lehrer suchen, und ich fand ihn im Leiter der Imkerei des Bezirks Bodensee-Radolfzell. Dieser Mann hat zu mir – er war ein Lehrer in Radolfzell – gesagt: ›Ich komm' zu Ihnen, auch wenn Sie ein Jude sind, das ist mir ganz gleich, kann schimpfen, wer will!‹ Wir haben ein Bienenhaus gekauft und hatten vielleicht fünfzehn oder sechzehn Bienenstöcke, was genug war für unseren Eigenbedarf.

Unser Holz haben wir selbst gemacht. Wir haben Holz gesteigert – es gibt viel Wald auf dem Schienerberg, und jedes Jahr gab es dort große Holzversteigerungen. Wir hatten einen großen Kachelofen, und wir haben selbst Brot gebacken. Das untere Zimmer haben wir mit dem Kachelofen zusätzlich geheizt, wir hatten aber auch Dampfheizung für das ganze Haus. Diese haben wir den Eltern, aber auch meiner Frau zuliebe, einbauen lassen, da sie den Winter über nicht frieren wollten. Normalerweise hatte der Bauer nur seinen Kachelofen, und der Rest des Hauses blieb kalt. Wir hatten ein Badezimmer eingebaut, das wir für die vielen Leute natürlich gebraucht haben. Im unteren Raum hatten wir eine Werkstatt, wo wir auch das Gemüse gerichtet haben. Dort stand eine große Badewanne, wo man sich kalt duschen konnte. Wenn es regnete, haben wir das Gemüse in der Werkstatt gereinigt und geputzt, sonst hat man das im Garten gemacht, im Freien. Wir hatten auch eine Hobelbank – die über 250 Mistbeetfenster mußten jedes Jahr überholt werden, denn sie waren gekittet, und der Kitt

1937/38 ungefähr ein Jahr zu Gast bei Blochs: der jüdische Schriftsteller Jacob Picard (vorn sitzend mit Pfeife)

Das Innere der am 10. November von der SS zerstörten Synagoge von Wangen

Altes jüdisches Badhaus in Wangen

sprang meistens ab. Auch die Gläser gingen öfters kaputt, da mußte man lernen, wie man die Fenster richtig verglast. Man mußte sie neu streichen, sonst wären die Rahmen kaputtgegangen – schließlich steckte da ein riesiges Vermögen drin. All das bot auch eine gute Gelegenheit zum Lernen im Winter, dazu hatten wir die große Werkstatt eingebaut.

Es war etwas so Schönes, wie man es sich eigentlich nicht vorgestellt hätte in dieser Zeit – es war noch einmal ein Traum von einem Leben. Blickt man von heute aus zurück, so ist dieser Gegensatz unbegreiflich: die Gefahr des Todes auf der einen Seite, eine vollkommene Gemeinschaft auf der anderen Seite, fast ein familiärer Kibbuz. Wir haben mit unserer Gemeinschaft in jenen Jahren sogar die schöne Synagoge in Wangen wieder neu belebt – die jüdische Gemeinde in Wangen war ja schon erloschen, und es fanden keine Gottesdienste mehr statt. Etwa sechsmal im Jahr, zu den wichtigsten Feiertagen im Herbst, im Winter und im Frühjahr, gingen wir nach Wangen in die alte Synagoge. Dr. Wolf aus Wangen konnte noch vorbeten, in seiner Jugend hatte man den jüdischen Menschen diese Dinge noch gelehrt. Wir haben das schon nicht mehr gelernt, und ich hätte auch nicht im richtigen Ritus vorbeten können. Ich verstehe es, aber ich kann es nicht selbst. Dr. Wolf hingegen konnte es, und das war sehr schwierig, denn an Feiertagen hat jedes Gebet eine andere Melodie. Auch wenn es am Samstag oder an Werktagen anders gebetet wird, so hat es an diesem Feiertag diese und an jenem Feiertag jene Melodie. Und ich habe gepredigt! Wir waren etwa acht oder neun Leute, dazu noch drei aus Wangen, wir waren also ein »Minjan«, das heißt zehn Leute. Und ein Gottesdienst durfte offiziell nur stattfinden, das heißt, die Thora durfte nur aufgerollt und daraus vorgebetet werden, wenn mindestens zehn Männer versammelt waren. Auf diese Weise ist noch einmal Leben gekommen in die kleine Synagoge von Wangen, in den letzten Jahren vor dem 9. November...

Verbot der Gemüselieferung nach Konstanz

Etwas möchte ich ergänzen, das vielleicht wichtig ist. Wir hatten einmal Schwierigkeiten mit der Ablieferung von Gemüse und Produkten. Offenbar hat jemand durch eine Denunziation im ›Braunen Haus‹ in Konstanz angezeigt, daß das Gemüsegeschäft Werthmann Gemüse abnehme von einem Juden, der jede Woche zweimal käme, und verlangt, daß dies abgestellt werden müsse. Und eines schönen Tages, als ich wieder einmal bei Werthmann war, sah ich, wie aus dem Haus gegenüber in der Paradiesstraße zwei SA-Leute oben vom Fenster herunterschauen, ganz ostentativ, um zu sehen, was wir denn da machen, wenn wir mit dem Wagen hier halten. Wir haben wie immer unsere Körbe ausgeladen und sie dem Herrn Werthmann gegeben, der in seinem Geschäft eine eigene Abteilung mit Demeter-Produkten hatte. Wir haben wie üblich abgerechnet und sind wieder gegangen, doch wir haben gesehen, daß alles genau verfolgt wurde. Und als ich wieder zu Werthmann kam, hat er gesagt, ich dürfe nun nicht mehr kommen, das ›Braune Haus‹ habe ihn vorgeladen und ihm Vorhaltungen gemacht. Er habe ihnen zwar entgegnet: ›Diese Leute haben ein Spezialprodukt, meine Kundschaft wünscht das, und ich weiß nicht, wo ich das sonst herbekommen könnte!‹ Doch man habe ihm nur gesagt: ›Das kümmert uns nicht, schauen Sie, wo Sie's herkriegen, von einem jüdischen Gemüsebauern jedenfalls dürfen Sie nichts mehr annehmen. Oder Sie kommen ins KZ!‹ So bin ich also nicht mehr gekommen.

Wir haben uns dann überlegt, was wir machen sollen. Immerhin gab es damals, im Jahr 1937, in Konstanz noch etwa 200–250 Juden, also etwa 50 bis 60 Familien. Wir hätten unser Gemüse an bestimmten Markttagen auch von Haus zu Haus an Konstanzer jüdische Familien verkaufen können, was wir mit den Kartoffeln, die uns Herr Werthmann nicht alle abnehmen konnte, ohnehin schon taten. Diese Chance hätten wir noch gehabt. Doch schon bald darauf hat Herr Werthmann telefoniert und uns mitgeteilt, er habe eine Order bekommen vom

›Braunen Haus‹, der Jude Bloch müsse das biologische Gemüse nun wieder liefern, man verlange das jetzt, man habe sich die Sache überlegt. Und als ich Herrn Werthmann fragte, wie das denn möglich sei, sagte er mir: ›Ja, ich habe eben einige Nazis unter meinen Kunden, und die haben vor allem für ihre Kinder stets das biologische Gemüse verlangt. Und als das nicht mehr da war, haben sie gesagt: ›Das gibt's doch nicht! Daß da einer biologisches Gemüse baut und nun plötzlich nicht mehr liefern darf! – Wir wollen das biologische Gemüse wieder haben!‹ Und sie haben im ›Braunen Haus‹ verlangt, daß das wieder her muß. Wenn schon kein ›Arier‹ da ist, der das liefern kann, dann muß eben doch der Jude liefern.‹

Da haben wir also wieder liefern müssen und haben auch geliefert. Das war etwa Ende 1937, Anfang 1938. Vielleicht haben wir noch ein Jahr oder zehn Monate geliefert, bis es dann sowieso zu Ende ging.

Warnungen und Illusionen

Noch haben also sowohl christliche wie jüdische Freunde in Konstanz gewohnt. Meine Eltern waren auch noch da, und ich bin jede Woche heimgekommen, habe ihnen Obst und Gemüse gebracht. Und die Großmutter meiner Frau war noch da, nur um die nächsten Verwandten zu nennen. Und es war noch eine Menge guter Freunde da. Von den etwa 600 Juden, die vielleicht am 1. April 1933 noch in Konstanz lebten, sind bis 1938 etwa die Hälfte ausgewandert. Weitere 150 dieser restlichen 300 sind erst nach der ›Kristallnacht‹ ausgewandert. Und der Rest ist eben nirgends mehr untergekommen, ist geblieben.

Ich muß jedoch offen sagen, daß ich gar kein so großes Interesse hatte, noch nach Konstanz zu kommen, weil ich *eine* Erfahrung gemacht hatte: Wenn ich in Konstanz eingekauft habe – ich konnte ja noch in allen Geschäften einkaufen, und wir mußten uns versorgen – dann sind mir viele gute alte Bekannte – vor allem Beamte – ausgewichen. Mancher verschwand schnell im nächsten Haus, damit er nicht in Verlegenheit kam, nach außen hin, daß er einen Juden grüßte – weil er charakterschwach war –, aber auch nach innen, weil er sich schämte, mich nicht zu grüßen. Es gab aber auf der anderen Seite so viele achtbare Menschen, zum Beispiel ehemalige Lehrer von mir aus der Volksschule, aus dem Gymnasium und Bekannte vom Schachklub, die mit größter Hochachtung betont freundlich an mir vorbeigegangen sind, in der Kanzleistraße, auf dem Obermarkt oder auf dem Bodanplatz. Damals hat man noch den Hut gezogen – wer einen getragen hat, ich habe schon lange keinen mehr getragen, aber die alten Herren, die Lehrer, haben noch einen getragen – und viele blieben stehen: ›Grüß Gott, Herr Doktor Bloch!‹ Um zu zeigen, der Mann ist nicht in meiner Verachtung, soll jeder sehen, der ist für mich der Doktor Bloch, der er immer war! Da habe ich zu meiner Genugtuung sehr viele Erinnerungen, an wirklich mutige und überaus anständige Menschen. Aber auch an das Gegenteil – manche sind sogar plötzlich umgekehrt, wenn sie mich sahen, und sind in eine andere Straße gegangen, um nicht ›Heil Hitler‹ sagen zu müssen...

Ich hatte auch viele Mitschüler, die sich überhaupt nicht geniert haben. Ich habe viele getroffen auf der Straße, die mich angehalten haben – ich habe gedacht, ich gehe lieber vorbei, aber sie sind stehengeblieben und haben mich gefragt, was ich mache, wie's mir geht, und – viele haben mich gewarnt! Sie haben gesagt: ›Du kennst die Situation nicht. Schau, wir sehen da besser hinein, wir wissen, was besprochen wird gegen euch, und mit welcher Boshaftigkeit man Vorschläge macht, gegen euch vorzugehen!‹ Und Sie haben mir sogar gesagt: ›Wenn du kannst, geh fort! Geh fort, ich rate dir, bleib nicht hier!‹ Das haben mir ein oder zwei Schulkameraden noch gesagt. Und sie hatten ja recht.

Insgeheim wußten wir schon, nachdem es sich so entwickelt hatte, daß es zu Ende gehen würde – doch wir haben noch aufgebaut und aufgebaut! Wir haben uns gesagt, wir lassen uns überhaupt nicht reinsprechen in unsere Pläne durch diesen gemeinen, niederträchtigen und verrückten Hitler, diesen dahergelaufenen Schlawiner, wir sind selbst souveräne Menschen, und wir haben eine Lebensberechtigung hier in diesem Raum, und wir leben so, wie wir glauben, das Recht zu haben zu leben. Sonst hätten wir doch auch keine Kinder mehr bekommen! Unsere Verwandten haben uns geschrieben: ›Ihr seid ja verrückt, jetzt, in dieser Zeit, noch Kinder zu kriegen! Ihr könnt doch gar nicht da bleiben, man will euch doch vernichten, euch vertreiben und umbringen.‹ Das letzte unserer Kinder, unser Michael, kam noch im Juni 1938 zur Welt! Und im November ist schon alles zusammengebrochen, war der ganze Traum zu Ende... Meine Gutgläubigkeit hatte auch ein Motiv, das ich ganz offen bekennen will: Meine ausgesprochene Liebe zu dieser Bodensee-Heimat, die bei mir schon in den ersten Kindheitstagen feststand – als ob die Landschaft für mich dagewesen wäre und für niemanden sonst. So habe ich mich gefühlt.

Und ich hatte in all den Jahren keinerlei Schwierigkeiten auf der Höri gehabt, auch mit Nazis nicht. Wir hatten nur indirekt eine schlechte Erfahrung gemacht mit dem Dichter Ludwig Finckh, den ich sogar gut kannte. Ich habe vor 1933 im Stadler-Verlag einige Jahre lang einen Jahreskalender, ›Der Wanderer vom Bodensee‹, herausgegeben und habe dort auch Novellen und kleine Erzählungen von Finckh aufgenommen, stand also mit ihm im Briefwechsel. Finckh war in jungen Jahren mit Hesse befreundet, ging aber dann den entgegengesetzten Weg: Hesse ging den international-menschlichen, universalen Weg, und er ging den engen, nationalistischen, chauvinistischen Weg. Und Finckh hat nun irgendwie Anstoß daran genommen, daß ich diesen Hof in Horn geführt und so viele jüdische Menschen auf die Höri gebracht habe, obwohl sie mit ihm doch gar nichts zu tun hatten und auch sonst mit der Bevölkerung kaum in Berührung kamen. Zudem hat sich in seiner Nähe, neben der Villa von Hermann Hesse, die der Maler Waentig bewohnte, ein jüdischer Sanitätsrat aus Berlin, Dr. Lewin, zusammen mit seiner Frau ein Haus gebaut. Seine Tochter war schon in der Ausbildung als Krankenschwester und ist kurze Zeit später ausgewandert. Wir haben diesen Mann öfters eingeladen, an Feiertagen oder am Samstag zum Essen zu uns, denn wir wußten, daß er als jüdischer Mensch auf der Höri sehr einsam lebte. Er kam und hat uns auch beraten, wenn irgend jemand krank war – er war ein fabelhafter Kinderarzt. Er hat uns erzählt, daß er Leibarzt war bei den Hohenzollern, sowohl bei Kaiser Wilhelm wie auch beim Kronprinz, und daß er überall in diesen Kreisen, im Schloß, ein anerkannter Mann war. Er ist übrigens auch nach Palästina ausgewandert. Aber dem Dichter Ludwig Finckh war er ein Dorn im Auge, so nahe in seiner idyllischen Dorfecke, und Finckh hat bei dem damaligen Bürgermeister von Gaienhofen, den ich gut gekannt habe, offenbar den Antrag gestellt, den Juden auf der Höri kein Aufenthaltsrecht oder Wohnrecht mehr zu gewähren. Der Bürgermeister hat ihm wohl geantwortet, er könne das nicht beschließen, er solle sich an das Bezirksamt wenden. Auf alle Fälle hat man mir selbst eine Schweizer Zeitung aus Steckborn oder Stein gegeben – ich bin ja lange noch, bis September 1939, jede Woche zweimal in die Schweiz gefahren –, in der zu lesen war, daß Ludwig Finckh ein Nationalsozialist ersten Ranges und auch ein großer Antisemit geworden sei, obwohl er hätte wissen müssen, daß in Wangen dreihundert Jahre vor ihm schon Juden lebten und damals die vollen Lebens- und Schutzrechte von den Freiherren von Marbach bekommen hatten, daß sie also in gutem Frieden und in Harmonie mit der ganzen Bevölkerung auf der Höri gelebt haben.

Wir hatten in der Nachbarschaft in Horn einen Kleinbauern, der zwei oder drei Kühe und ein wenig Land hatte, als Bauer jedoch nicht recht existieren konnte. Dieser Bauer hat eines Tages nun sein Gütle an einen jüngeren Margarinefabrikanten aus dem Rheinland verkauft, der sehr nett zu uns war. Er war kaum im Sommer angekommen, da hat er uns schon als Nachbar besucht und hat uns gesagt, er sei kein Judenfeind und kein Nazifreund, und sein Lieblingsdichter sei Heine, der würde alle anderen in den Schatten stellen, und den Heine lasse er sich nicht nehmen! Er hatte zwei Kinder und hat gesagt: ›Schicken Sie doch mittags Ihre

Kinder zum Spielen zu meinen Kindern‹ – denn mittags war ja kein Kindergarten. Wir haben das auch oft gemacht, und wenn die Kinder Geburtstag hatten oder Einladungen bei anderen Kindern, dann waren bis zuletzt auch unsere Kinder immer dabei, die beiden Mädchen. Und der Bauer hat ihm gesagt, wenn Sie den Hof verpachten, geben Sie ihn Dr. Bloch, ich will diesen jüdischen Menschen helfen. Mein Vater hat mir erzählt, daß viele Kleinbauern auf der Höri im Leben nicht ein Stück Vieh in den Stall bekommen hätten, wenn ihnen die Juden das nicht ohne Bezahlung und ohne Zinsen und ohne irgendwelche Bürgschaften in den Stall gestellt hätten. Dann hat man es abbezahlt, das wurde vielleicht zweimal im Jahr genau eingetragen in ein kleines Buch, und auf diese Weise konnten die Bauern dann noch einmal ein Stück Vieh dazu kaufen, wenn sie die anderen abbezahlt hatten. Die Juden hatten also eine gute Funktion auf der Höri – doch das wollte Herr Finckh nicht gelten lassen, er wollte die Höri am liebsten als erster ›judenrein‹ sehen. Und als sie 1940 ›judenrein‹ war, soll er ein Danktelegramm an Hitler geschickt haben.

Örtliche Unterschiede jüdischen Überlebens am Bodensee

In Wangen lebten an Juden damals immerhin noch etwa 15–20 Seelen, dazu zählten Dr. Wolf, der zwei kleine Kinder hatte, seine Frau, seine Mutter und seine Schwester, die übrigen waren zum großen Teil alte Witwen. In Wangen war also die jüdische Gemeinde so gut wie ausgestorben. Die Frage ist natürlich, warum sich die Bevölkerung in Gailingen so und in Wangen wiederum anders verhalten hat. In Wangen war die Bevölkerung gegenüber der kleinen Minderheit von Juden – obgleich es eine Ortsgruppe der NSDAP gab – tolerant, man hat sie nicht verfolgt und hat sie nicht entwürdigt, man hat sie in Ruhe gelassen, ihrer Wege gehen lassen. Außerdem gab es in Wangen während der Nazizeit noch etwas, das man nicht vergessen sollte. Die Mutter einer kinderlosen, jüdischen Familie namens Wolf besaß in Wangen ein Häuschen, ganz in der Nähe von meinem Haus, in welchem meine erste Frau mit dem Kind geblieben war. Als Frau Wolf starb, haben wir gemeinsam in Konstanz beschlossen, dort eine jüdische Jugendherberge einzurichten. Man hat ein jüdisches, unverheiratetes, jüngeres Mädchen, Marianne Hilb, als Jugendherbergsmutter angestellt und hat sie auch bezahlt. Natürlich war die Herberge im Winter geschlossen, sie war vielleicht von März bis November geöffnet. Dorthin kamen noch in den ersten Jahren jüdische Jugendgruppen. Das Haus war zweistöckig, mit einem schönen Garten und einer Küche dabei, wo sie selbst kochen konnten – es bot Platz für insgesamt etwa zwanzig Betten. Man hat natürlich gesagt, sie müßten sich sehr ruhig verhalten im Dorf – zwanzig junge Menschen machen Lärm –, sie dürften da kein Aufsehen erregen. Erst 1937 ist die Herberge verboten und aufgehoben worden. Marianne Hilb ist zwei Jahre nach der Eröffnung mit ihrer Mutter und ihrem Bruder in die Schweiz gezogen, und meine erste Frau hat dann, weil sie direkt nebenan wohnte, die Jugendherberge bis zu ihrer Schließung verwaltet. Es gab also in Wangen noch ein Eldorado für jüdische Jugendgemeinden, während die jüdische Gemeinde des Ortes schon ganz erloschen war.

In diesem Zusammenhang muß ich Ihnen noch etwas Interessantes erzählen. In Wangen war der Nazi-Bürgermeister etwas jünger als ich, ein Gärtner, den ich gut kannte, weil auch er eine Gärtnerei in den zwanziger Jahren begonnen hatte. Er hatte sein Haus von einem Juden gekauft und auch das Land. Bei ihm auf dem Rathaus mußte ich oft einmal etwas Amtliches erledigen, für meine Kinder und für meine Frau, gerade in den Nazizeiten – man mußte Statistiken ausfüllen und Bescheinigungen haben –, ich habe also öfters dort zu tun gehabt. Und dieser Bürgermeister war schon vor 1933 ein Nazi, was jedoch niemand gewußt hatte. Er galt offiziell als Demokrat – es gab eine national-liberale Partei und eine demokratische Partei –, und er galt als Demokrat. Doch als die Nazis zur Herrschaft kamen, lief er in SA-Uniform herum. Und man hat erfahren, daß er eine ganz frühe Mitgliedsnummer aus dem hiesigen

Die Dorfstraße von Wangen um die Jahrhundertwende

Bezirk hatte – er ist also heimlich beigetreten! Doch dieser Mann, wieder ein Beispiel, war zu mir die Herzlichkeit in Person – ich mußte ja oft mit ihm etwas verhandeln. Und als wir einmal von Stuttgart den Auftrag hatten, eine größere Lieferung von Sellerie zu machen, war unser Wagen zu klein. Aber dieser Gärtner hatte einen Lastwagen und nahm – um einen zusätzlichen Verdienst zu haben – auch größere Aufträge an. Und mein Gärtner Hangarter ging hin zu diesem Gärtner und hat ihn gefragt, ob er unsere Sellerie nach Stuttgart bringe. ›Selbstverständlich‹, hat er gesagt, und er, SA-Mann und nationalsozialistischer Bürgermeister von Wangen, kam zu uns mit seinem Lastwagen, wir haben die Sellerie aufgeladen, Herr Hangarter ist mitgefahren und hat sie nach Stuttgart gebracht und fuhr mit ihm wieder zurück. Als sie wiederkamen, habe ich mit ihm abgerechnet, er hat mir die Hand geschüttelt – so, als ob nichts gewesen wäre. Solche eigenartigen Beziehungen gab es also hier. Und so ist es auch in Wangen dementsprechend nicht so schlimm zugegangen.

Doch es gab in Wangen auch einen Gärtner, der gegen die Juden gehetzt hat, wo er nur konnte. Ich hatte einen guten Freund, Hugo Böschenstein, ein Schweizer aus Stein am Rhein und ein großartiger Graphiker, der sich später zum bösartigen Nazi entwickelt hat – er wohnte in Wangen. Er soll dann auch, als wir schon fort waren, den Juden nichts Gutes getan haben. Die zwölf oder fünfzehn Juden, die noch in Wangen lebten, sind ja im Jahre 1940 alle deportiert worden, und er soll dafür gesorgt haben, daß sie auch alle mitkamen – es waren alles alte Leute, zum Teil 80 Jahre und älter. Die Bürger von Wangen haben den Böschenstein am ersten Tag, als die Franzosen da waren, ausgewiesen und haben ihm für alle Zeiten den Zuzug nach Wangen verboten. Die Schweiz ließ ihn nicht mehr herein, weil man wußte, daß er als Schweizer ein Nazi geworden war, und hat ihm sogar die Staatsbürgerschaft entzogen. Daraufhin ist er nach Überlingen gezogen.

In Gailingen war es natürlich viel schlimmer, weil dort von Anfang an ein bösartiger Bürgermeister eingesetzt worden ist, der auch sehr gegen die Juden gehetzt und feindliche Vorwürfe erhoben und Ortsgesetze erlassen hat, um die Juden wie in einem Ghetto zu halten. Sie durften dort nur wenige Stunden am Tag ihre Häuser verlassen. Einkaufen durften sie nur ganz kurz und in bestimmten Läden, und auf der Straße durften sie sich nicht sehen lassen, und wenn man sie sah, hat man sie mit Steinen beworfen oder angespuckt oder getreten – also sehr schlimm! In Gailingen gab es ein jüdisches Krankenhaus und ein jüdisches Altersheim, und dementsprechend waren noch sehr viele Juden da, hauptsächlich alte Juden – Hunderte von Menschen. Daß man in Gailingen so schnell umgefallen ist, habe ich mir dadurch zu erklären versucht, daß die jüdische Bevölkerung in Gailingen viele Geschäfte hatte. Viele Juden waren auch in das benachbarte schweizerische Diessenhofen gezogen und haben dort Fabriken errichtet. In Diessenhofen gab es auch keine Fabrikarbeiter, und um Fabrikarbeiter zu werden, kamen die Leute aus Gottmadingen und aus der ganzen Gegend, sie zogen nach Gailingen und gingen von dort nach Diessenhofen zu den Juden in die Fabriken. Diese Leute hatten – merkwürdigerweise – zwar ihr Brot und ihren Verdienst bei den Juden, haben die Juden aber mit Mißgunst betrachtet – vielleicht aus Eifersucht, vielleicht aus Haß –, weil die Juden eben sehr erfolgreich waren. Sie hatten nicht nur Detailgeschäfte, sie sind auch gereist. Sie reisten privat, sie führten auch Engros-Geschäfte aus, und sie betrieben Güterhandel, bis weit in die Schweiz hinein. Da hat man eben etwas mehr Geld verdient als nur ein kleiner Landwirt. Und da gab es nun offenbar Leute, denen das nicht behagte, die gegen die Juden agitiert und die Juden schimpflich behandelt haben. Wie das so schnell so radikal werden konnte, ist mir heute noch ein Rätsel, denn ich war viel in Gailingen und hatte sehr nahe Verwandte dort, Tanten und Cousinen, und habe nie etwas von Antisemitismus bemerkt. Man kann das in verschiedenen Publikationen nachlesen, wie verbunden die Leute, zumindest die älteren Menschen, mit den Juden waren, daß sie die Mentalität der Juden sogar geliebt und angenommen haben. Man hatte in Gailingen eine Sondersprache – das gab es nirgendwo sonst –, die noch aus dem Mittelalter mit jiddischen oder mittelhochdeutschen Worten durchsetzt war, und diesen Jargon haben die Leute auf dem Land beibehalten. Und die Christen haben ihn angenommen und haben auch so gesprochen. Jedes zehnte Wort war irgendein jiddisches Wort.

Man hat die jüdische Fasnacht in Gailingen gefeiert wie die offizielle Fasnacht, die Juden bekamen das Recht, einen großen öffentlichen Umzug zu machen, und da haben alle mitgemacht! Man ging dann abends in die Tanzlokale, und man ging zusammen in die Schule. Ich hatte selbst eine bildhübsche Cousine, die in zweiter Ehe einen christlichen Freund aus der Volksschule geheiratet hat, er war Metzger von Beruf. In erster Ehe war sie mit einem Züricher Juden verheiratet, das hat man vermittelt – man hat ja früher die Mädchen nicht frei wählen lassen –, und als ihr Mann früh gestorben war, hat sie gesagt: ›Jetzt heirate ich meine Jugendliebe, den christlichen Metzger aus Gailingen!‹ Das weiß ich zum Beispiel aus eigenem Erleben. Und solche Fälle von Jugendlieben und Verbindungen zwischen Juden und Christen gab es etliche. Nun, Gailingen ist eben sehr drastisch ausgefallen. Vielleicht hing das auch ein wenig mit dem dortigen Rabbiner zusammen, der die letzten zehn Jahre amtierte und der gegen den Wunsch der Mehrheit der Gailinger jüdischen Bürger zu übertrieben orthodox war, fast krankhaft übertrieben in seiner Forderung nach Befolgung der 618 jüdischen Gebote, von denen ein moderner Jude schon nicht mehr glaubte, daß er sie noch halten müsse. Wenn einer fromm und religiös war, dann hatte er in erster Linie das Bedürfnis zu beten, am Morgen oder am Abend, und natürlich seinen Sabbath-Ruhetag und seine Feiertage zu halten, vielleicht auch die rituellen Gebote der Speisevorschriften. Aber er hat das derart übertrieben, da gibt es so viele kleinliche – 618! – Gebote, die schon im letzten Jahrhundert kein Mensch mehr befolgt hat, die hat er alle wieder eingeführt. Dadurch hat er vielleicht unbewußt versucht, die jüdische Bevölkerung von der christlichen abzutrennen. Das könnte ein psychologischer

Grund sein. Denn er war uns allen in Konstanz unangenehm, er hielt hier auch Vorträge, man hat darüber diskutiert, und man hat ihn absolut abgelehnt. Er kam dann später in Dachau ums Leben, wahrscheinlich hat er dort nichts gegessen und ist auch mißhandelt worden, ein ganz frommer Jude, der lieber starb als gegen die Speisevorschriften zu verstoßen.

Ich war auch nach 1933 noch einige Male in Gailingen, denn ich hatte noch eine Tante dort und meine Frau einen alten Onkel im Altersheim. Und die Leute haben geklagt, wir wußten das. Wenn die Gailinger Verwandten einmal zu uns nach Horn kamen, haben sie sich gewundert, daß wir uns noch so frei bewegen im Dorf, und wenn sie nach Konstanz kamen, wunderten sie sich, daß jeder noch ganz unbehelligt in seiner Wohnung war, daß es kein Ausgehverbot, kein Einkaufsverbot gab. In Gailingen waren also die Verhältnisse am schlimmsten, die schlimmsten in dieser Gegend.

Randegg und Worblingen waren dagegen schon verlassen, Worblingen schon um die Jahrhundertwende, Randegg nach dem Ersten Weltkrieg. In Randegg lebten vielleicht noch fünfzehn, sechzehn oder zwanzig Juden-Witwen. Sie hatten ihre Kinder alle verheiratet nach der Schweiz und sind dadurch größtenteils auch selbst dahin gekommen.

›Harmlose‹ Begegnungen mit der Gestapo

Im großen und ganzen bin ich in den sechs Jahren bis zur ›Kristallnacht‹ nicht in Konfrontation mit den Nazis gekommen, mit Ausnahme der Tatsache, daß ich einmal keine Waren mehr nach Konstanz liefern durfte. Ich erinnere mich jedoch an einige harmlose Begegnungen mit der Gestapo, die erste davon schon gleich im Jahre 1933. Meine erste Frau wohnte damals mit dem Sohn in Wangen, und die ehemalige Hauseigentümerin, die alte Frau Sandmer, wohnte unten im ersten Stock. Und diese Frau war bekannt dafür, daß sie nicht auf den Mund gefallen war und daß sie auch im Dorf alles, was nicht in Ordnung war, sogleich ausposaunte und darauf hindeutete und hinklopfte. In ihrer Harmlosigkeit hat sie scheinbar bei den Nachbarn auch einige Dinge gegen die Nazis gesagt – und sie ist sofort angezeigt worden! Noch im Laufe des Jahres 1933 – ob es im Sommer war oder im Herbst, weiß ich nicht mehr genau – kamen zwei Gestapo in Zivil, haben die Frau verhört und ihr vorgehalten, daß sie öffentlich antifaschistische Äußerungen getan habe. Diese Frau war schon gegen achtzig Jahre alt und natürlich politisch ohne irgendein Urteil, sie wußte gar nicht, was vorging, sie wußte nur, daß diese Regierung gegen die Juden war. Man hat dann bei ihr eine Hausdurchsuchung vorgenommen und gefragt, wer denn noch da wohne, und man hat ihnen gesagt: ›Die Frau Bloch.‹ Daraufhin hat man die Hausdurchsuchung auch auf die Räume ausgedehnt, die meine Frau und ich früher bewohnt hatten. Damals befand sich noch der größte Teil meiner Bibliothek im oberen Zimmer – wir hatten noch gar keine Zeit gehabt, sie rüber nach Horn zu holen –, und diese Bibliothek haben sie sich, wenn auch flüchtig, durchgesehen. Die alte Frau Sandmer hatten sie verwarnt und ihr gedroht, sie nähmen sie mit und sie würde verhaftet, doch dann haben sie wohl gesehen, daß sie mit der alten Frau nicht viel machen konnten. Sie haben sie also nur verwarnt und ihr gedroht, daß sie bei der geringsten Klage verhaftet würde und nach Dachau komme. Und zu meiner Frau haben sie gesagt, sie hätten jetzt keine Zeit mehr, aber da seien so viele Bücher und Dinge, die wollten sie sich noch einmal genauer ansehen, sie kämen noch einmal. Meine Frau ist zu Tode erschrocken und hat mir sofort mitteilen lassen, ich solle rüberkommen, sie sei von der Gestapo bedroht worden, und sie wollten noch weitere Hausdurchsuchungen machen. Ich weiß nicht warum, aber ich kam nicht gleich dazu, und meine erste Frau hat eine solche Angst bekommen, daß sie alles verbrannt hat. Oben hatte ich, da es eine ausgebaute Dachwohnung war, alles mit Wandschränken ausgekleidet, und dort waren auch die Bibliothek und mein Arbeitszimmer. In einem dieser Seitenschränke fand sie eine ganze Kiste mit Briefen und Aufzeichnungen. Das alles hat sie – ich hatte einen kleinen

Kachelofen – die ganze Nacht über zusammen mit dieser Frau Sandmer verbrannt, auch die Briefe und Tagebücher meiner Mutter und meine eigenen Notizen und frühen Aufzeichnungen. Sie hat gar nicht erst geschaut, was da drin ist, und auch nicht abgewartet; sie dachte, am anderen Tag kommen sie, da könnte was drinstehen. Warum? Weil ich meiner ersten Frau einmal erzählt hatte, daß ich in Freiburg in einer sehr linksstehenden Studentengruppe war. Im zweiten Zimmer, das hinter der Bibliothek lag, stand ein alter Schrank. Und ich hatte mir als Student gerade damals in Freiburg eine ganze Bibliothek kommunistischer und marxistischer Literatur angeschafft. Zum Glück hatte ich diese Literatur in diesem alten Schrank, der wie ein Wäscheschrank aussah – und sie sagten, sie würden jetzt nicht reinschauen, sie hätten keine Zeit und kämen wieder. Wenn sie diese Literatur gesehen hätten, wäre ich sofort verhaftet worden unter dem Verdacht, ich sei geheimer Kommunist. Da war so ziemlich alles da, Lenin, Trotzki, was so an Broschüren in Deutschland erschienen ist und was ich aus Studienzwekken damals gelesen hatte, auch das Kommunistische Manifest und Schriften von Marx und Engels. Zum Glück hat sie auch das noch rechtzeitig verbrannt. Auf diese Weise sind wir noch einmal gut weggekommen. Sie sind dann noch einmal gekommen, aber nur ganz kurz, und haben alles sehr oberflächlich untersucht. Für mich war das ein großes Unglück, denn alle meine Jugendbriefe, interessante Briefwechsel, Schauspiele, die Tagebücher meiner Mutter, alles war vernichtet. Aber ich habe das verschmerzt, denn ich habe mir gesagt, es ist noch einmal gut abgegangen, ich hätte auch verhaftet werden und nach Dachau kommen können. Das war die erste Begegnung.

Einige Jahre später, vielleicht im Jahre 1937, habe ich früh mein Obst und mein Gemüse nach Konstanz gebracht wie jede Woche. Ich bin dann in Konstanz meinen Besorgungen nachgegangen, und auf der Bodanstraße, in der Nähe des jüdischen Geschäfts Haberer und Einstein, ein Haus, das von Juden bewohnt war, treffe ich einen Mann namens Simon, der mir – nur so mit dem Finger – andeutet, ich solle in den nächsten Hausgang gehen: ›Ein Glück, daß ich Sie treffe. Ich muß Ihnen sagen, bei Ihnen findet wahrscheinlich morgen oder übermorgen in Horn eine Hausdurchsuchung statt von der Gestapo. Wir Konstanzer Juden und ich speziell haben Beziehungen zur Gestapo, jedesmal wenn etwas bevorsteht, wenn auch nur das Geringste an Verdächtigungen vorliegt, kommt ein Mann und warnt uns. Wenn bei Ihnen etwas ist, seien Sie so gut und beseitigen Sie alles, es ist eine Anzeige gegen Sie ergangen, bei Ihnen würden Kommunisten ein- und ausgehen.‹

Ich bin sofort nach Hause gefahren, habe mir überlegt, was kann das sein, bin aber nicht darauf gekommen – Kommunisten gehen ein und aus, ich habe niemanden, der Parteimitglied ist, und bin selbst nicht in der Partei. Immerhin aber habe ich damals auch selbst viele wertvolle Dinge verbrannt, aus Angst. Das waren Hörspiele von mir, eines hieß ›Die Rettung‹, auch ein Drama – ›Das maschinelle Herz‹ – und verschiedene andere Arbeiten, wo ich mir dachte, sie könnten Formulierungen enthalten, die zwar nicht auf die Nazis bezogen sind, aber doch mit der Problematik der Streitigkeiten dieser Zeit zu tun haben, in denen auch Menschen dieser Art geschildert oder ironisiert werden. Ich will also lieber alles verbrennen, soll es fort sein, ich will ihm keine Tränen nachweinen, ich kann wieder Besseres schaffen, Neues. Und am anderen Morgen, früh, nachdem ich mit den Arbeiten im Stall fertig war und mich wieder gewaschen hatte – man legt ja seine Kleider ab, denn es riecht sonst zu sehr nach Stallmist in der Wohnung –, habe ich mir eine kleine Pause gegönnt und bin ein bißchen vor dem Haus auf und ab gegangen. Da sah ich, wie unten an der Straßenkreuzung zwei Zivilisten, gekleidet wie Touristen, auf und ab gingen und sich neugierig unser Haus betrachteten. Das also, sagte ich mir, sind jetzt die Gestapoleute. Ob sie reinkommen würden, wußte ich nicht, ich ging aber dann selbst ins Haus und habe absichtlich – damit sie mich auch antreffen würden – in meinem Büro gearbeitet. Und sie kamen herein. Sie waren jedoch anständig und höflich und sagten nur, sie seien gezwungen, eine Hausdurchsuchung zu machen, und ich solle zu dem Vorwurf

Stellung nehmen, in meinem Haus seien Kommunisten, und es gingen auch andere Kommunisten von auswärts hier aus und ein. Ich sagte ihnen, ich habe Leute, wisse aber nicht von allen, woher sie kämen, es seien junge Leute da, zwischen 18 und 25 Jahren, aus Berlin und aus Nürnberg, aus dem Rheinland und von überall her: ›Um deren politische Vergangenheit kümmern wir uns natürlich nicht, wir hier politisieren nicht, aber sagen Sie mir, wie kommen Sie darauf?‹ Einer der beiden sagte mir dann, man habe am vorletzten Sonntag im ›Hirschen‹ ein Gespräch zwischen einem Mädchen, das bei mir wohnte, und einem Kommunisten aus der Schweiz belauscht. Sie hätten zwar nur leise miteinander gesprochen, aber man habe sie belauscht und erkannt, daß es Kommunisten seien. Der Mann sei schon im KZ gewesen, man habe ihn dort als Schweizer wieder freigelassen, er habe aber keine Erlaubnis, wieder hierher zu kommen. Daraufhin haben sie mein ganzes Zimmer – ich hatte zwei große Schreibtische – und auch meinen Schrank und meine Bücherei oben durchgesehen, haben einige wirklich belanglose Dinge mitgenommen, angeblich, um sie zu studieren, aber irgend etwas Verdächtiges finden konnten sie nicht. Sie haben auch nicht damit gedroht, mich zu verhaften. Es hat sich dann folgendes herausgestellt: Ein Mädchen aus Berlin hatte eine Liebschaft mit einem Schweizer Kommunisten. Dieser Schweizer war offenbar in Lindau tätig und hat vermutlich auch mit einem Motorrad Botendienste von der Schweiz aus für deutsche Kommunisten ausgeführt. Er war auch schon einmal geschnappt worden und im KZ gewesen. Die Schweiz hat dann auf irgendeine Weise interveniert und hat ihn freibekommen. Ich weiß nicht, ob er seinen richtigen Schweizer Paß hatte, er ist aber bei Stein am Rhein über die Grenze gekommen, zwei- oder dreimal. Dieses Mädchen hat mir dann gesagt, es handle sich um eine Liebschaft, sie sei keine Kommunistin, aber ich denke schon, daß sie zumindest Trägerin war, Mitträgerin für den Mann, daß sie Dinge bekommen und mit der Post weitergeleitet hat, irgend etwas war schon dran. Und ich habe entschieden, daß wir das Mädchen nicht behalten können. Jetzt waren wir verdächtig, und wir haben die Aufforderung bekommen, daß bei mir keine Kommunisten sein dürften, sonst würde der Betrieb geschlossen. Dem Mädchen haben wir Geld gegeben, sie hatte eine Verwandte in Freiburg, wo sie erst einmal hinwollte, bevor sie nach Berlin zurückfuhr. Die Sache ist dann verlaufen wie das Hornberger Schießen: Wir haben nichts mehr gehört, seitdem das Mädchen weg war. Doch mir war bald klar, woher die Denunziation gekommen war. Der Wirt, bei dem die beiden mittags Kaffee getrunken, vielleicht auch zu Abend gegessen hatten, war ein Schweizer namens R., ein jovialer Mann, den ich schon viele Jahre kannte und der auch mich gut kannte. Und dieser Mann war ein geheimer Nazi, man hat es ihm gar nicht angesehen. Er war auch ein Spion, der irgend etwas aufgeschnappt hat, vielleicht nur zwei Worte, über Kommunisten oder irgend etwas, und der sofort angezeigt und gemeldet hat, daß hier Leute bei ihm säßen, die verdächtig seien und etwas mit Kommunismus zu tun hätten und daß zumindest das Mädchen bei mir wohne. Auf die Weise war man also dauernd unter Aufsicht, das haben wir gemerkt.

Dieser ›Hirschen‹-Wirt R. ist später ein ganz wilder Nazi geworden, so wie der Böschenstein, der Schweizer aus Stein am Rhein. Wir selbst gingen dort nie hin. Wir haben keine Wirtschaft gebraucht, und ich habe meinen Leuten immer gesagt: ›Geht nirgends hin, führt keine öffentlichen Gespräche, damit niemand auffällt. Geht spazieren, geht an den See, geht in den Wald, aber verhaltet euch ruhig und sprecht über Politik nirgends etwas, denn es ist klar, daß wir beaufsichtigt werden‹ – wenn das Dorf auch noch so anständig und parteilos war. ›Aber die haben ihre Schergen ja hinten und vorn, und wenn ihr ins nächste Dorf geht, haben sie sie auch. Man muß also vorsichtig sein!‹

Und es ist sonst außer dieser einen dummen Sache nichts vorgefallen.

Ich kann noch etwas erzählen in diesem Zusammenhang. Als die Deutschen in Österreich einmarschierten, Anfang 1938, sind Tausende von österreichischen Juden an die deutsch-österreichische und an die deutsch-schweizerische Grenze geflohen. Sie hatten Pässe, und man hat ihnen zum Teil Schwierigkeiten gemacht, einige hatten auch keine Pässe. In meinem Buch ist diese interessante Geschichte, wie Tausende von Juden im Auftrag der Konstanzer Gestapo und mit Hilfe und Wissen der israelitischen Gemeinde nachts über den Saubach gebracht wurden, näher beschrieben. Nachdem sie drüben waren, wurden sie von den Deutschen nicht mehr zurückgelassen. Sie sind dann in Schweizer Arbeitslager gekommen, aber sie haben sich gerettet. Doch sie kamen bis nach Horn, in jener Woche! Am Abend klopfte es plötzlich an unsere Türen, und draußen standen österreichische Juden. Man habe ihnen gesagt, wir seien auch Juden und wir könnten ihnen helfen. Ich habe ihnen gesagt, sie könnten hier übernachten, denn sie hatten Pässe und waren nicht persönlich gesucht oder als Verbrecher gestempelt. ›Aber‹, habe ich gesagt, ›ich kann euch nur eine Nacht beherbergen, und ihr könnt euch bei mir nicht lange zeigen. Wenn das beobachtet wird, vom Gendarm oder von irgend jemand, und eine Anzeige kommt, dann wird unser Betrieb sofort geschlossen. Wir in Horn als Zwischenstation für flüchtige Juden, denen wir helfen wollen, in die Schweiz zu kommen, das können wir leider nicht machen. Wir können euch zur Not etwas Geld geben, wir können euch Proviant geben, und ich kann euch sagen, wie man unter Umständen schwarz über die Schweizer Grenze kommt. Ich kenne mich da gut aus, und ich kann auch mal ein Stück mit euch spazieren gehen.‹ Man mußte dazu hinauf nach Schienen, und vor Schienen ging es Richtung Westen zu einem Hof, der auf der einen Seite deutsch auf der anderen Seite schweizerisch war. Wenn man diesen Hof umging, kam man in einen hohen Wald, der nur ganz sporadisch von Schweizer Zöllnern kontrolliert wurde. ›Von dort kommt ihr leicht auf den Hohenklingen, der Weg ist sogar markiert, und von dort kommt ihr leicht weiter nach Schaffhausen oder nach Zürich. Ihr könnt auch über den See fahren, wenn ihr Geld habt, wenn ihr einen der Fährleute unten in Horn-Staad bittet, ihr wollt nach Steckborn fahren – ihr gebt keinen Grund an, seid nicht aufgeregt, habt Pässe, denn ohne Paß geht es natürlich nicht!‹

Wir konnten sie also aufklären, das haben wir auch getan, wir konnten sie eine Nacht beherbergen, im Heu oder im Stroh.

Wir hatten damals Leute bei uns, die ein bis zwei Jahre bleiben wollten, um gründlich etwas zu lernen. Und sie haben sich natürlich beworben, in Berlin und in Stuttgart, in Großstädten, in Mannheim und in Karlsruhe, überall haben sie sich auf die Auswanderungslisten setzen lassen. Und bei der geringsten Chance zur Auswanderung haben sie sich die entsprechenden Papiere besorgt, und wir haben sie nicht festgehalten. Ich habe auch vielen geholfen, da ich juristisch ein bißchen geschult war und wußte, wie man diese vielen Hindernisse umgehen – das heißt erledigen – konnte: Hindernisse mit den Finanzämtern – man mußte Unbedenklichkeitsbescheinigungen haben, man mußte Papiere haben über seine beruflichen Fähigkeiten, man mußte Ausweise haben von der jüdischen Gemeinde, man mußte Ausweise haben vom letzten Wohnort, von Horn also, vom Bürgermeister, daß gegen einen leumundsmäßig nichts vorlag, hundert Dinge – dabei habe ich allen geholfen. Und dann sind sie plötzlich, manchmal ganz schnell, verschwunden. Die einen, junge Menschen, kamen mit einer Gemeinschaftsgruppe nach Palästina, andere kamen allein nach Australien, andere kamen allein nach Peru, nach Venezuela, in alle Richtungen der Welt. Und sie sind meistens einsam von uns weggegangen, hatten vielleicht irgendeinen Freund oder weitläufigen Verwandten, der schon dort war. Aber es sind bei uns immer schnell wieder andere nachgekommen – es waren ja so viele auf der Vormerkliste –, und wir hatten keinen Mangel an Bewerbern, weil jeder auswandern wollte oder – bevor er die Papiere hatte – noch eine Umschichtung vornehmen wollte. Wir hatten viele Leute, die es sehr bedauert haben, daß sie nach sechs Monaten bei uns aufhören mußten, aber wir haben uns gefreut, daß sie überhaupt rausgekommen sind. Ich habe auch mit vielen Leuten später wieder Kontakt bekommen, sie haben mich besucht und mir geschrieben. Wir haben also auf diese Weise genügend Erfahrungen gesammelt, auch für unsere eigene Auswanderung in der höchsten Not.

Politisch – zum Beispiel für den Schmuggel von politischen Schriften – haben wir uns jedoch überhaupt nicht betätigt, und es ist auch niemand zu uns gekommen, der das von uns verlangt hätte. Wir lebten ganz wie auf einer Insel – auf der Insel der Seligen beinahe –, harmlos und unbefangen, so daß wir jederzeit irgendwelchen Verdächtigungen oder Untersuchungen standhalten konnten.

Wir sind noch 1935 zu einem zionistischen Kongreß nach Luzern gefahren. Ich habe mein Auto gefüllt – wir konnten vier, fünf Leute mitnehmen, es war ein großer Wagen –, und auch eine Elevin hatte einen Wagen, so daß wir vielleicht mit zehn Leuten dorthin gefahren sind, Buben und Mädchen, wer Lust hatte und Interesse, besonders an Palästina. Wir sind ohne Schwierigkeiten über die Grenze gekommen – jeder hatte einen gültigen Paß, ich hatte sogar noch einen Grenzausweis, der gültig war bis zur ›Kristallnacht‹. Wir sind ohnehin viel über die Grenze gegangen und dabei überhaupt nie untersucht worden – nur die Papiere angeschaut, fertig, weiter. Es hat mich gewundert, daß man an der Grenze nicht schon unsere Autonummern als verdächtig registriert hatte, daß sie nicht ab und zu untersuchten, ob wir nicht Geld schmuggelten. Ich hätte damals Hunderttausende von Mark aus Deutschland rausbringen können, wenn ich sie gehabt hätte, doch mein Geld lag ja im Betrieb fest.

Aber – es kamen Leute zu mir, jüngere Burschen von reichen Eltern, Leute die gesehen hatten, daß ich so einsam wohnte, aber auch Dritte, die von irgend jemandem beauftragt worden waren und die zu mir sagten: ›Hören Sie, wir haben viel Geld, und das Geld ist schwarz, wir können es nicht rausbringen, aber Sie haben doch einen Paß, und Sie kennt man doch, und Sie sind nicht verdächtig – könnten Sie das nicht in Ihrem Auto verstecken? Ich habe 100000, ich habe 200000 Mark, Sie können zehn oder zwanzig Prozent davon für sich behalten.‹

Doch ich habe so etwas prinzipiell nicht gemacht. Ich habe mir gesagt, das Geld kann mich nicht verlocken, es kann mich nur ins KZ bringen. Und dann sind alle verloren, meine ganze Familie und alles, der ganze Betrieb. Und – wer Geld rausschmuggeln will, der soll es selber machen oder Dritte damit beauftragen. Und es gab auch Leute, die so etwas riskiert haben. Es gab jüdische und es gab christliche Leute, die den Juden Geld rausgeschmuggelt haben, und nicht wenig. Ich kannte eine Halbjüdin, ein kleines Mädchen, sie hieß H. und hat einen christlichen Jungen geheiratet, und dieser Junge kam ziemlich spät, etwa Anfang 1939, als er schon wußte, daß alles verloren war und alles liquidiert würde, einmal mit dem Motorrad zu mir und hat zu mir gesagt: ›Dr. Bloch, ich will Ihnen helfen, ich weiß, Sie müssen fort. Gold und Silber, was Sie auch haben – ich gehöre einem Schmuggelring an, der Verfolgten hilft, wenn Sie mir sagen, wohin, ich bringe Ihnen alles raus.‹

Ich habe es nicht getan. Ich hatte auch kein Vertrauen. Erstens habe ich mir gesagt, wer weiß, ob er nicht ein Doppelgänger ist, der beiden Seiten dient. Wer weiß, ob er nicht geschnappt wird und dann meinen Namen nennt. Und er wollte Geld dabei verdienen, zehn Prozent. Später habe ich erfahren, daß dieser Mann verhaftet wurde, ins KZ kam und dort umgekommen ist. Also ich war gottfroh, mit ihm nichts zu tun gehabt zu haben. Es war sehr naheliegend, schwach zu sein, aber ich habe mir dieses Mißtrauen zum Grundsatz gemacht, weil ich mir sagte, die Situation ist so gefährlich, und ein Fehler bringt mich und die ganze Familie ins Unglück. Und vorläufig ist noch keine Gefahr, daß wir verschwinden, ins KZ – nach der ›Kristallnacht‹ war das schon wieder anders.

In Konstanz ging ein Gärtner – auch um Geld zu verdienen – zu jüdischen Frauen und hat ihnen gesagt: ›Wenn ihr wertvolle Sachen habt, Silber, Gold, Münzen oder irgend etwas, das ihr retten wollt oder das drüben zu versilbern ist, ich bring's euch in die Schweiz, wohin ihr wollt.‹ Drei Frauen haben davon Gebrauch gemacht, doch der Mann wurde denunziert – er hat es vielleicht zwei-, dreimal mit Erfolg versucht – man hat bei ihm eine Hausdurchsuchung vorgenommen und Wertgegenstände von jüdischen Familien gefunden. Und diese drei harmlosen Frauen – aus guten, bürgerlichen Familien –, in ihrer Dummheit haben sie ihren Männern nicht einmal gesagt, daß sie ihren Schmuck, ihre Ringe und ihre Brillanten dem Gärtner gegeben hatten – sind vor Gericht gestellt worden und haben alle zwei bis drei Jahre Zuchthaus bekommen, die sie in Bruchsal absitzen mußten – unvorstellbar harmlose Frauen, mit fünfzig oder sechzig Jahren. Einer dieser Frauen, sie hieß Betty P. und wohnte in der Schwedenschanze, hat man noch einen Wink gegeben, daß sie verhaftet werden sollte. Sie war vielleicht schon 75 Jahre alt, und da die Grenze in ihrem Garten verlief, hat man den Drahtzaun aufgeschnitten, und bei Nacht und Nebel ist jemand mit ihr in die Schweiz hinüber, wo sie zahlreiche Freunde und Verwandte hatte. Bei ihrem Sohn Oskar P. in Diessenhofen ist sie dann bis an ihr Lebensende geblieben, sie ist noch über neunzig Jahre alt geworden. Diese gute alte Frau, die sieben oder acht Kinder hatte – ein sehr gastfreundliches Haus –, konnte noch entwischen, aber ich habe ihren Steckbrief gesehen von der Staatsanwaltschaft Konstanz, sie war überall angeschlagen in der Stadt und wurde überall als Verbrecherin gesucht. Schade, daß man das nicht fotografiert hat. Das war also ein todeswürdiges Verbrechen, etwas zu retten und für seine Not in die Schweiz zu bringen. Im Gegensatz zu vielen haben wir das nicht getan, und es hat uns auch nicht leid getan.

Symbolische Warnungen vor der SS

Jetzt muß ich noch etwas erzählen – Assoziationen. Ich hatte zweimal schon ein unangenehmes Gefühl bezüglich der ›Germania SS‹, für die man eine große Kaserne gebaut hat in Radolfzell. Einmal wäre mir dadurch beinahe ein tödliches Unglück passiert. Ich habe Ende Juli 1937 etwa vier, fünf Mädchen aus Fürth und aus Nürnberg, die zu uns als Ferienkinder kommen wollten, in Radolfzell am Bahnhof abgeholt. Ich war sogar zuvor noch auf dem Markt und hatte zum Teil noch Kisten geladen, und dazu haben wir dann die Koffer der Mädchen gepackt. Auf dem Weg bis zur Eisenbahnbrücke Richtung Moos war sonst nie Verkehr, doch an diesem Tag ist die ›SS Germania‹ in ihre neue Kaserne eingezogen. Am Bahnhof standen Güterwagen, von denen sie ihre Ausrüstung – Maschinengewehre, kleine Mörser usw. – abgeladen haben. In einem Sautempo fuhren sie mit ihren Lastwagen leer von der Kaserne oben runter und etwas langsamer wieder zurück. Und ich komme an die Kreuzung und denke wie immer, ich höre nichts, ich sehe nichts, ich fahre auch durch, mit 20–25 Stundenkilometern vielleicht. Doch in diesem Moment saust auf mich ein großer SS-Lastwagen zu. Ich hatte noch die Geistesgegenwart, nach rechts abzubiegen, da ich aber die Kurve zu scharf genommen hatte, war der Anhänger umgefallen. Sie wußten natürlich nicht, wer wir waren. Aber aus Interesse hatte sich halb Radolfzell, Kinder, Halbwüchsige und neugierige Leute, versammelt, um zu gucken, was wir da einluden. Mein Garagier war auch in der Nähe und hat mir geholfen, den Anhänger wieder aufzustellen. Nur ein Bruchteil von Sekunden, und wir wären alle überfahren worden, und die armen Mädel wären auch tot gewesen. Alle haben natürlich gelacht, weil das Gepäck und die leeren Kisten auf der Straße lagen. Ich wußte freilich nicht, ob der Anhänger noch in Ordnung war, und fragte ihn, ob ich ihn vielleicht stehen lassen solle, die Mädchen heim fahren, so daß er mir in der Zwischenzeit den Anhänger in Ordnung bringen könnte. Doch er hat sich die Sache angesehen und gesagt, wenn ich langsam führe, käme ich gut heim. Ich habe mich dummerweise darauf eingelassen, und hinter Iznang ist der Anhänger abgesprungen und hat einen Elektrizitätsmasten umgerissen, so daß zwischen Iznang und Radolfzell der Strom unterbrochen war – also sehr unangenehm. Wir haben den Anhänger daraufhin zu einer Garage in Moos gebracht, wo er dann richtig repariert wurde.

Ich erhielt aber eine Anzeige und etwa 150 Mark Strafe – wegen fahrlässiger Beschädigung eines elektrischen Mastes – man hatte ihn am anderen Tag schon wieder aufgestellt und in

Ordnung gebracht. Ich fand diese Strafe ein bißchen hoch und habe – im Grunde war das Leichtsinn – Einspruch erhoben. Man mußte dazu vor das Amtsgericht in Radolfzell, doch die Richter dort kannte ich, denn mein Vater war auch auf dem Amtsgericht in Radolfzell oft als Anwalt tätig gewesen. Der Richter hat keinerlei antisemitische Bemerkungen gemacht oder etwa gesagt: ›Natürlich, der Jude, der fährt leichtsinnig mit einem angeschlagenen Anhänger mit sechs Leuten und mit Gepäck!‹ Er sagte nur sinngemäß: ›An sich ist das ein bißchen hoch, normalerweise zahlt man für so etwas 60 bis 70 Mark, aber Sie waren schon etwas leichtsinnig, ermäßigen wir die Strafe auf 90 Mark.‹ Ich hatte also Erfolg mit meinem Rekurs, ich habe es selbst nicht glauben wollen, in dieser tollen Zeit...

Nachträglich habe ich gedacht, das war eine symbolische Warnung vor dieser SS. Eines schönen Tages hörte ich großen Lärm vor meinem Haus, es war wieder die SS, die diesmal Kunden gesucht hat für ihren Pferdemist, der aber nicht immer gut ist, ich selbst habe nur Kuhmist genommen. Aber unser Nachbar, der Gärtner K., der uns vielleicht schon ein bißchen feindlich gesinnt war, weil unser Gärtner doch auch Blumen und Kränze verkaufte – er hat uns zumindest nicht so freundlich gegrüßt wie die andern –, hat von der SS jede Woche ein oder zwei große Wagen Pferdemist bekommen. Von unserem Haus führte der Weg in einer großen Kurve nach links, hinunter nach Horn-Staad, er war straßenbautechnisch noch nicht gemacht, sondern wie früher ganz primitiv geschottert – eine scharfe Kurve, zuerst nach links und dann nach rechts. Dort war der Fahrer vermutlich zu scharf hineingefahren, und unten konnte er die Pferde nicht mehr halten, so daß sie samt Deichsel an einer Hauswand hängen geblieben sind. Es gab natürlich großen Krach und Lärm und Hilferufe, und einer dieser SS-Leute kam zu mir und fragte, ob ich ein Telefon hätte und ob er bei mir telefonieren dürfe. Das habe ich natürlich selbstverständlich erlaubt. Dann haben sie um Hilfe gerufen, ein Auto und Helfer, denn die Pferde hingen da halb tot mit der Deichsel an der Wand und mit dem schwer beladenen Wagen, der Fahrer konnte das auf jeden Fall nicht mehr allein in Ordnung bringen. Sie sind dann gekommen, eine ganze Kolonne, und ich habe mir das ein bißchen von weitem angesehen, um mal zu schauen, was das für Leute waren. Es waren fast durchwegs junge Burschen, man konnte gar nichts besonders Bösartiges an ihnen bemerken, aber ein gutes Gefühl hatte ich nicht bei dem Gedanken, daß sie jetzt das Dorf kennenlernten und mit K. in Verbindung standen, der ihnen vielleicht sagte, da oben wohnt ein Jude, auch ein Gärtner, und so... Also, ich dachte, das ist sehr unangenehm, daß die in unser Dorf kommen, regelmäßig, und auch noch so aufsehenerregende Dinge machen. Das war so eine Art innere Warnung vor diesen Leuten.«

Das Ende einer Illusion
Der 9. November 1938 in Konstanz und auf der Höri

»Als Herr vom Rath am 7. November 1938 ermordet wurde, hatte ich gerade meinen Vater zu seinem 70. Geburtstag zu uns nach Horn eingeladen. Zu seinem Glück hatte er sein Haus schon verkauft – er brauchte ja keine 12-Zimmer-Wohnung mehr, denn meine Schwester war fort, mein Bruder war fort, ich war in Horn, und die Praxis wurde immer weniger frequentiert – und hatte eine kleine Wohnung in einem jüdischen Haus in der Döbelestraße 4 bezogen. Es war eine schöne Wohnung, die noch genügend Praxisräume für ihn und seine Klienten bot. Durch den Verkauf des Hauses konnte er – wie auch meine Mutter – jeden Tag 100 Mark offiziell mit in die Schweiz nehmen. Das hat man bei Verwandten abgegeben, und mit der Zeit sind auf diese Weise vielleicht 20 000 Mark zusammengekommen, eine sichere, kleine Stütze in der Not, wenn man Deutschland einmal verlassen mußte und gar nichts mehr hatte. So war ich froh, daß mein Vater das Haus hatte verkaufen können, wenn auch zu einem spottbilligen Preis. Es war das Haus in der Schottenstraße, für das er vielleicht noch 33 000 Mark bekommen hat, das er aber für 55 000 Mark im Jahre 1910 gekauft und in das er für etwa 17 000 Mark Neuerungen eingebaut hatte. Obwohl die Häuser auf Dauer im Wert gestiegen sind – in dieser Lage sowieso –, hat er nur noch knapp die Hälfte des Wertes bekommen, aber mehr war damals nicht zu holen. Diese niedrigen Preise hatten gar nichts damit zu tun, daß die Verkäufer Juden waren, aber weil die Juden in den ersten Jahren schon vielfach ihren Besitz abstoßen mußten, um beweglicher zu sein, waren zu viele Angebote auf dem Markt, was die Preise natürlich gedrückt hat. Auf der anderen Seite war auch wenig Geld da, man kam eben erst aus der Krise heraus, und man mußte froh sein, wenn man das Geld in bar bekam.

Damals also hatte ich meinen Vater eingeladen, und wir hatten uns vorgenommen, ihm zusammen mit den Eleven ein schönes Fest zu seinem 70. Geburtstag zu bereiten. Einer der Eleven war ein gelernter Koch, der natürlich besonders gut gekocht und gebacken hat und der uns half, das Geburtstagsfest für meinen Vater vorzubereiten. Auch zwei Schwestern meines Vaters waren gekommen, eine aus Gailingen mit ihrer unverheirateten Tochter, die andere aus Zürich mit ihrem Schwiegersohn und ihrer ältesten Tochter, sowie meine Großeltern aus Emmendingen, der Großvater war schon 87 oder 88, die Großmutter 83 oder 84 Jahre alt. Sie haben bei uns noch einige Zeit gewohnt, wir haben sie eingeladen, bei uns ein bißchen Ferien zu machen. Als ich abends im Radio hörte von diesem Mord, da wußte ich sofort, so wie das von Goebbels angekündigt und ausgenützt wurde: Jetzt ist Schluß! Jetzt haben wir keine Ruhe und keinen Frieden mehr, jetzt werden wir entweder auch umgebracht oder entmachtet und entrechtet, jetzt haben wir keine Chance mehr, hier zu leben. Das hat man sofort gespürt, wie man das Stunde auf Stunde im Radio wiederholt und vergrößert hat, wie man auf gemeinste und niederträchtigste Weise immer nur auf die Juden geschimpft hat wie nie zuvor, wie man behauptet hat, es sei nicht nur ein Jude, es seien alle Juden schuld, und die deutschen Juden seien Verräter, auch wenn es ein polnischer Jude war, das spiele keine Rolle, und die deutschen Juden hielten zusammen mit den Juden im Ausland, sie seien internationale Verbrecher, Feinde Deutschlands, die man jetzt entrechten müsse, denen man jetzt zeigen müsse, wer man sei. So lange hatte man ein Mumienspiel getrieben – aus wirtschaftlichen Gründen –, jetzt aber wurde gesagt, das sei der Anlaß, die Juden zu verfolgen, die Juden zu vertreiben, die Juden in die KZ zu bringen, die Juden zu entrechten und zu sehen, daß sie keinerlei Existenzrecht,

Die jüdische Synagoge in Wangen am See

keinerlei Funktion mehr hätten, wo auch immer sie säßen. Das war mir auf der Stelle klar. Und das hat sich dann sehr schnell weiter entwickelt, bis zum 9. November.

Der 10. November war ein Donnerstag, und wie jeden Donnerstag mußte ich auch an diesem Morgen unser Gemüse nach Konstanz bringen. Ich war ohnehin schon immer sehr früh auf, ich mußte ja noch in den Stall – das Gemüse wurde stets schon am Abend zuvor gepackt und vorbereitet –, und als ich früh morgens aus dem Stall kam, etwa gegen halb sechs, sah ich, wie Kolonnen der SS Richtung Wangen fuhren. Da habe ich alles gewußt. Dort gibt es eine jüdische Gemeinde, eine Synagoge, jetzt werden die Juden drangsaliert. Ich dachte, ein oder zwei Wagen kommen dann wahrscheinlich auch zu uns, ich war schon innerlich vorbereitet. Sie kamen aber nicht. Sondern sie sind alle – eine Kolonne von vielleicht zehn Wagen – nach Wangen gefahren. Ich habe es gleich gewußt, habe auch meiner Frau gesagt: ›Es kann heute was passieren, ich habe gesehen, wie die SS im Sturmsausen nach Wangen gefahren ist, und ich habe kein gutes Gefühl, es kann auch bei uns was passieren, bereite dich auf alles vor. Und wenn möglich, schicke den Gärtner mit den Praktikanten in den Wald, um Holzbuscheln zu machen!‹ Sie sind dann nicht in den Wald gegangen, aber sie haben draußen auf dem Feld auf Pachtböden gearbeitet, sie waren also nicht da am Vormittag.

Ich bin dann gefahren und habe an dem Tag noch die Frau des Gärtners, also unser früheres Bärbele, die Hausangestellte, mitgenommen. Sie hatte eine Schwester draußen in Allmannsdorf, und ihr Kind war für etwa acht Tage in Konstanz im Krankenhaus, und es war der Tag, wo sie's hätte können mitnehmen und abholen. Unterwegs, an der Weggabelung von Moos nach Bankholzen, standen SS-Posten. Und hinter der Brücke in Radolfzell standen SS-Posten. Ich habe mir gedacht, ich werde schon gemeldet werden, meine Nummer, wenn man mich sucht. Da sie aber noch nicht bei uns waren, war ich noch nicht gemeldet. Auch auf der Konstanzer Rheinbrücke standen SS-Posten. Zuerst habe ich die Bärbel rausgebracht zu ihrer

Schwester und habe ihr gesagt: ›Mittags um zwei komme ich, dann holen wir das Kind und fahren zurück.‹ Dann habe ich mir gesagt, ich weiß nicht, das mit den SS-Posten, das hat doch irgend etwas mit den Juden, mit uns zu tun. Ich glaube, ich fahre jetzt erst einmal nach Hause und gehe nicht gleich zu Werthmann durch die Laube oder durch die Stadt. Ich bin erst nach Hause gefahren, vielleicht morgens um halb sieben war ich schon da. Und da fand ich einen furchtbaren Zustand: Meine Mutter, weinend und entsetzt, der Vater ist morgens um fünf geholt worden, und alle Juden im ganzen Haus auch. Man hat sogar einige Frauen mitgenommen, aber sonst haben sie größtenteils nach Männern gefragt. Und mein Vater hatte bei seinem 70. Geburtstag ungeheuer viele Geschenke bekommen, was man eben so schenkt, auch Weinflaschen, Schokolade, Süßigkeiten, Erinnerungen von den Gemeindemitgliedern, von seinen Mandanten. Das war alles in einem der Räume gestanden, sie sind hineingestürmt, haben das gesehen und haben die Flaschen auf den Boden geworfen, haben alles kaputt geschlagen und haben gesagt: ›Was braucht der Jude zu feiern, überhaupt, was braucht er so alt zu werden‹ – sie haben also viel häßliches Benehmen gezeigt, und meine Mutter war sehr verzweifelt.

Dann habe ich gesagt: ›Ich will sehen, was ich mache.‹ Ich war noch so klug – ich weiß nicht, woher eigentlich – und habe den Wagen nicht gehalten vor dem Haus meiner Eltern, sondern bin seitwärts gefahren in die Schützenstraße und bin zu Fuß zurückgelaufen.

Und noch etwas anderes muß ich nachtragen. Als ich vorbeigefahren bin, Bodanstraße, Sigismundstraße, war abgesperrt, und ich sah viele Menschen stehen und SS, und auch etwas Feuer. Da war mir klar, hier ist etwas mit der Synagoge los. Deshalb war ich erst recht vorsichtig.

Dann bin ich also zuerst zu Fuß zu Herrn Werthmann und habe ihm gesagt: ›Hören Sie, ich sehe, was da vorgegangen ist, schon bei der Synagoge habe ich's gesehen, mein Vater ist verhaftet, angeblich sind alle jüdischen Männer verhaftet, ich kann heute kein Gemüse bringen.‹ ›Um Gottes willen, ich habe schon gar nicht mehr damit gerechnet, Sie können hier nicht vorfahren, Sie werden sofort verhaftet. Wir wissen schon, daß Ihr Vater verhaftet worden ist, und wir wissen schon, daß man versucht hat, Ihren Vater im Rhein zu ertränken. Und daß es schlimm ist, was alles vorgefallen ist – schauen Sie zu, daß Sie so schnell wie möglich verschwinden, damit Sie nicht auch noch verhaftet werden!‹

Ich bin also wieder gegangen und habe mir gesagt: ›Ich will zumindest noch zur Großmutter meiner Frau gehen, um zu sehen, ob ihr nichts geschehen ist, um zu sehen, was da los ist.‹ Als ich zur Großmutter Geismar in die Zogelmannstraße 16 kam und oben anlangte, sagt sie: ›Um Gottes willen, Erich, du kommst jetzt hierher, die suchen dich auf allen Straßen! Schon zweimal waren sie da, sie waren bei euch daheim, da hat die Mutter gesagt, sie weiß nicht, wo du bist, und jetzt kommst du hierher, und sie waren da, und ich hab' gesagt‹ – und das war etwas sehr Schlaues – ›was wollt Ihr vom Dr. Bloch, den habt Ihr doch schon heute morgen um fünf verhaftet!‹ Darauf waren sie abgezogen, da kam es dann zu Verwechslungen. Die einen haben gedacht, der Dr. Bloch sei schon verhaftet, und die anderen haben nicht gewußt, daß es zwei Dr. Blochs gibt. Das war mir sehr zum Vorteil, wahrscheinlich.

Und trotzdem muß ich mich wundern, mit welchem Glück ich durchgekommen bin. Ich habe mir dann folgendes gesagt: Erstens, wenn es hier so zugegangen ist, ist es in Wangen – ich hab's ja gewußt – genauso zugegangen, und dann haben sie auch uns nicht vergessen. Ich habe von einem Häuschen versucht zu telephonieren, aber unsere Telephone waren gesperrt – alle jüdischen Telephone waren gesperrt –, man konnte nicht telephonieren. Meine Frau hat auch versucht, bei meinen Eltern und bei den Großeltern anzurufen, es war keine Verbindung möglich. Dann habe ich mir gesagt, es bleibt mir nichts übrig als hinauszufahren, wo ich die Bärbel abgesetzt hatte bei ihrer Schwester, Brunner hießen die Leute, und dort wollen wir beraten, was wir machen. Und diese Brunners haben zu mir gesagt – das war dann schon gegen

Kantor Alexander Geismar

Die Großmutter von Erich Blochs Frau, Frau Bertha Geismar, emigrierte 1937 nach New York

Mittag, vielleicht halb zwölf: ›Hören Sie, Dr. Bloch, wir haben eine leere Scheune, wir können Ihren Wagen jetzt ganz ruhig da reinstellen, so daß es niemand sieht. Und wir verstecken Sie bei anderen, wenn Sie wollen, Sie werden ja sonst auch verhaftet!‹ Dann habe ich gesagt: ›Lassen Sie mir Zeit, ich will mir das überlegen.‹

Ich habe dann den Anhänger abgekoppelt und bin mit meinem Wagen auf den Friedhof gefahren. Ich dachte, am Grab meiner Mutter werde ich erfahren, was ich tun soll.

Ich komme auf den jüdischen Friedhof, der rechts von der Einsegnungshalle liegt – in der dritten Reihe auf dem alten Friedhof ist das Grab meiner Mutter –, und während ich in diese Reihe hineingehe, sehe ich, daß die städtischen Gärtner das Laub rechen und den Friedhof in Ordnung bringen. Da dachte ich mir, merkwürdig, merkwürdig, gerade heute, entweder denken sie, es kommen jetzt genug tote Juden, da soll es ein bißchen in Ordnung sein, oder aus welcher Absicht auch immer – vor mir her, bis zum Grab, zieht ein städtischer Gärtner – Sie kennen diese Laubrechen, sie sind damals wie heute rot angestrichen – das Laub zusammen. Da habe ich gleich gewußt, was los ist. Da habe ich gewußt: Du wirst heute noch diese roten Striemen auf deinem Rücken haben, wie dir der Rechen das anzeigt, wie bei der Geißelung Christi auf Bildern zu sehen ist. Du wirst also verhaftet, heute noch.

Aber was machen? Und ich habe mir gesagt: Ich will auf alle Fälle heim. Ich will sehen, was meiner Frau und den Großeltern passiert ist, und – Teufel komm raus – ich hoffe, ich komme noch nach Hause. Dann natürlich wird irgend etwas geschehen. Das habe ich gewußt.

Ich habe die Gärtnersfrau dann abgeholt, und wir haben das Kind im Krankenhaus geholt – wir mußten noch ein bißchen warten, es wurde ein halbe Stunde später, bis der Arzt alles freigegeben hatte. Wir sind dann nach Radolfzell gefahren, unterwegs standen überall die SS-

Die am 10. November 1938 von der SS zerstörte jüdische Synagoge von Konstanz

Wachen. Da habe ich mir gedacht: Jetzt werde wahrscheinlich auch ich gesucht, und überall, wo SS-Wachen standen, habe ich Vollgas gegeben. Und da ich ja nicht aussah, wie man die Juden sich vorstellt – fein, reich, geschniegelt –, sondern eher wie ein Bauer, und dazu noch den Farmerwagen mit dem Anhänger hintendran hatte, kam niemand auf die Idee, daß ich der Gesuchte sein könnte. Sie haben mich überall durchgelassen, aber an der Tankstelle vor Iznang stand der SS-Mann auf der Straße. Da hätte ich auf jeden Fall halten müssen. Ich konnte ihn ja nicht überfahren, die Straße war damals noch sehr schmal. Aber was habe ich gewußt? Es gab einen kleinen Pfad, vor der Tankstelle rechts ab, wo man hinüber fuhr nach Weiler, da bin ich abgewichen, ziemlich hart, schnell, urplötzlich entschlossen, der SS-Posten hat das nicht bemerkt, er dachte vielleicht, der Bauer will womöglich nach Gaienhofen, das ist eine Abkürzung. Ich fuhr also durch den Wald, ich kannte den Weg ganz genau, und kam in Horn am Oberdorf wieder heraus. Ich hätte nun natürlich zur Gärtnersfrau sagen können: ›Gehen Sie jetzt erst mal heim und schauen Sie, was los ist, und dann lassen Sie mich's durch irgend jemand wissen.‹ Im Oberdorf wohnte nämlich mein Freund, der Gemeinderechner Weißmann, der hatte dort seinen Hof, wo ich ruhig hätte bleiben können. Aber ich habe mir gesagt: Jetzt fährst du heim, läßt sie nicht mehr lange warten. Ich fahre also nach Haus, und vor meinem Haus ... ein SS-Posten! Mein ältestes Töchterlein spielt vor dem Haus, hüpft auf den Füßen und sagt: ›Oh, der Vater kommt, Mutter, der Vater kommt!‹ Da habe ich nur gedacht: Mein liebes Kind, wenn du jetzt wüßtest, was dem Vater passiert, würdest du nicht so freudig springen und hüpfen.

Also, ich bin sofort hinein. ›Wer sind Sie?‹ ›Ich bin Dr. Bloch.‹ ›Wo waren Sie die ganze Zeit, man sucht Sie doch schon seit heut früh um sieben Uhr!‹ ›Ich – ich habe mein Gemüse abgeladen‹ – ich hatte es dort stehen lassen bei dem Brunner in Allmannsdorf. Da sagte er nur: ›Sie sind verhaftet, und Sie haben sofort mitzukommen!‹

›Entschuldigen Sie einen Augenblick. Ich bin seit heute früh um fünf Uhr unterwegs‹ – was auch der Wahrheit entsprach –, ›ich habe nichts gegessen, ich habe sehr viel zu tun gehabt und habe auch das Kind der Gärtnerin vom Krankenhaus mitgebracht. Ich habe nur den einen Wunsch, daß ich noch etwas essen kann‹ – ich wollte natürlich mit meiner Frau sprechen.

›Gut, gut, Sie können ein paar Minuten was essen, Ihre Frau soll Ihnen was richten.‹ Ich sagte zu meiner Frau, sie solle mir etwas in mein Büro bringen. Ich habe dann noch alles nachgesehen, was zu ordnen war, und habe zu meiner Frau gesagt: ›Also hör, wenn ich nicht mehr heimkomme, erschrecke nicht! Ich weiß gar nicht, was passieren kann, ich kann umkommen, ich kann auch ins KZ kommen, sei tapfer und mach alles gut weiter, so weit es geht, irgendwie wird sich ein Weg finden.‹

Ich kam dann ins Rathaus, und im Rathaus saß der Ratsschreiber Auer, den ich gut kannte. Er war absichtlich zur Arbeit gegangen; bei ihm standen noch zwei SS-Leute, ein Offizier und ein Untergebener, im Rathaus selbst überall junge SS-Leute. Der Offizier hat daraufhin mit Radolfzell telephoniert, was man mit mir machen solle, man habe mich gefunden, ob man mich gleich forttransportieren oder dort verhaften lassen solle. Es gab im Rathaus ein kleines Nebenzimmer, das abgeschlossen war mit einem Gitter – also einen kleinen Arrest –, und sie haben offenbar die Anweisung bekommen, man solle mich wie die anderen Verhafteten in den Arrest bringen. Und als ich da hinein kam, sah ich furchtbare Szenen. Da waren Burschen im Alter von fünfzehn Jahren bis zwanzig Jahren, so übel zugerichtet, daß sie nicht mehr zu erkennen waren: Ganz dicke Köpfe, zerschlagen, zerkratzt, blutig, die einen lagen auf dem Boden, die anderen auf einer Pritsche, andere saßen auf einem Stuhl. Meine Frau hatte das Recht bekommen, den Leuten etwas zu essen zu bringen. Und sie mußte auch für zwei, drei SS-Leute kochen und ihnen etwas zu essen geben.

Ich weiß nicht, ob sie viel gegessen haben, ich fragte nur: ›Was ist geschehen, was ist los?‹ – keiner gab mir eine Antwort. Nach etwa zehn Minuten hat man mich herausgenommen und in

Der Ort des Geschehens: Das Rathaus von Horn (Bildmitte) lag genau gegenüber von Blochs Hof (im Vordergrund links)

den Keller geführt und hat mich – ich mußte mich auch ausziehen – mit Geißeln und Stahlruten halb tot geschlagen. Dann hat man mich raufgebracht und hat mich zu erwürgen versucht, ich habe aber so schreckliche Laute ausgestoßen, daß der Ratsschreiber rausgekommen ist. Dann haben sie aufgehört und haben mich wieder in das Arrestzimmer hineingestoßen. Das ging alles sehr lang, es war vielleicht schon fünf Uhr oder sechs Uhr abends, bis das alles geschehen war. Dann gingen die jungen Burschen vor dem Fenster auf und ab und haben so getan, als ob sie ihre Gewehre laden wollten, wie um zu sagen: Jetzt werdet ihr erschossen! Aber sie taten es nur, um uns aufzuregen. In jenem Moment hat man nämlich den Befehl gegeben, die Juden zu entlassen, weil die Empörung in der Welt so groß war. Das hatten sie nicht erwartet, daß die Welt in solche Erregung geriet, wenn man den Juden mal ein paar Schläge versetzte oder ihnen etwas raubte und etwas stahl. Und tatsächlich hatte Goebbels damals die Aktion zwischen fünf und sechs abgeblasen. Wer irgendwo in einem Arrest saß, durfte nach Hause. Die Konstanzer Juden hat man nicht entlassen, man hat sie noch etwas länger behalten, man hat noch nicht gewußt, ob man sie nach Dachau bringt oder nicht. Aber in Wangen und in Horn hat man uns entlassen.

Wir sind nach Hause gewankt, und die armen Burschen sind natürlich gleich ins Bett gegangen. Dr. Wolf, unser Hausarzt, der in Wangen wohnte, war telephonisch nicht zu erreichen – er kam ja später auch nach Dachau. Ich war noch so unfähig zu gehen, daß mich mein Gärtner auf dem Buckel in den zweiten Stock ins Schlafzimmer getragen hat. Ich hatte solche Schmerzen, daß ich nur noch aufs Bett gesunken bin, Kopf nach unten, und gebeten habe, mich nicht mehr anzurühren. Damit die Beine nicht unten hingen, hat man einen Stuhl geholt, so daß die Beine auf dem Stuhl lagen und mein Körper auf dem Bett. Man hat mich ausgezogen bis aufs Hemd, das Hemd, so hatte ich gebeten, solle man anlassen, es war ganz blutüberströmt, und so bin ich also halb tot, halb lebend, liegengeblieben.

Und abends um acht Uhr hat's geläutet. Da kam die Gestapo aus Konstanz und hat alle Juden in Wangen – die Männer – verhaftet. Zum Glück wußten sie nicht, daß bei mir auch noch fünf oder sechs junge Männer wohnten, so organisiert waren sie nicht! Sie haben statt dessen nur nach mir verlangt, ich solle mich sofort richten, ich sei verhaftet und ich käme ins KZ. Meine Frau hat gesagt: ›Mein Mann, ich weiß nicht, den kann man nicht verhaften, der ist halb tot, der rührt sich kaum! Wir wissen gar nicht, was machen, wir können auch keinen Arzt finden.‹ ›Ich will das sehen.‹ Er ist also gekommen an mein Bett, hat verlangt, man solle das Hemd mal aufmachen, dann hat er gesagt: ›Wer hat das gemacht?‹ Meine Frau hat gesagt: ›Heute Mittag, die SS.‹ In diesem Moment, eine fremde Stimme, komme ich zu mir, schau mich um, sehe einen bärtigen Mann, ganz bösartig da stehen, sinke wieder zusammen, und höre nur noch: ›Den brauchen wir nicht mitnehmen, der überlebt die Nacht heute sowieso nicht mehr!‹ Und ist gegangen.

Dieses schreckliche Erlebnis der Mißhandlung war für mich die Lebensrettung. So wie ich geartet und gestaltet bin – wenn mir diese traurige Sache nicht passiert wäre und ich nach Dachau gekommen wäre, wäre ich todsicher in Dachau umgekommen. Weil ich eine so prädestinierte, innere, stolze Natur habe, daß ich nicht *einem* Kommando dieses Gesindels nachgekommen wäre. Ganz bestimmt nicht. Das habe ich von meiner Mutter, diese Dämonie. Da wäre ich lieber in Ehren zugrunde gegangen, als mich in Unwürde foltern zu lassen. Alles, was ich tat, hatte ich also für meine Begriffe, in letzter Konsequenz, richtig gemacht, obgleich ich mich vor den Mißhandlungen der SS an jenem Tag bestimmt hätte schützen können, wenn ich nicht nach Hause gegangen wäre. Ich bin mir ganz darüber im klaren, daß ich auf diese Weise mein Leben gerettet habe.«

Die Vertreibung aus dem »Paradies«

»Was war die Folge? Wir hatten ein Haus ebenso schlimm geschlagener wie seelisch zugrunde gerichteter junger Leute. Dann kamen schlimme Zeiten. Wir wußten, alles ist kaputt, alles ist erledigt. Sofort wurden die entsprechenden Gesetze erlassen: Eine Milliarde müssen die Juden Strafe zahlen, die Juden dürfen keine eigenen Geschäfte mehr haben, sie dürfen auch keine eigenen Grundstücke mehr haben, sie dürfen auch nicht mehr bei Ariern in Miete wohnen. Die anderen Gesetze gab es ja schon vorher, zum Beispiel, daß keine Frauen bei ihnen arbeiten dürfen, die nicht mindestens 45 Jahre alt sind. Also das kam Schlag auf Schlag. Aber ich habe trotzdem sehr viel Genugtuung erfahren. Schon am ersten oder zweiten Tag danach kam ein Dr. Uhlenhof, ein Jurist aus Bremen – er war schon ein dreiviertel Jahr zuvor bei uns, weil er einen biologisch bewirtschafteten Hof am Untersee errichten wollte, wo er aber nichts gefunden hat. Er hat jedoch später in Überlingen einen Hof gefunden und kam öfters auf Besuch zu uns, und er hat mir gesagt: ›Wissen Sie, man weiß alles, was mit Ihnen passiert ist und mit den Juden, am ganzen Bodensee. Es ist ein Skandal, und ich schäme mich, Ihnen noch einmal die Hand zu geben, und daß ich ein Deutscher bin!‹ Das hat er von sich gesagt, und das haben Dutzend andere gesagt. ›Aber ich helfe Ihnen, wo immer es geht. Sehen Sie, ich scheue mich nicht, zur Gestapo zu gehen, nach Konstanz, um zu helfen und zu retten, was man Ihnen noch helfen kann.‹ ›Wir müssen raus, uns kann niemand mehr helfen, wir müssen raus!‹ ›Aber dann kann ich Ihnen helfen, Ihren Hof einigermaßen günstig zu verkaufen.‹ Und das hat er getan.

Wir haben bekannte Immobilienhändler kommen lassen, damals den Immobilienhändler Marquardt aus Konstanz, den ich gut gekannt habe. Er kam und hat sich alles angesehen, und ich habe ihm gezeigt, was wir alles reingesteckt hatten, wir hatten etwa 75000 Mark nur an Aufbringungskapitalien investiert, ohne unsere Arbeit. Und Marquardt sagte uns: ›Hören Sie, es ist so schwierig, etwas zu verkaufen im Moment, die Bauern haben kein Geld, und die Liebhaber wollen jetzt auch nicht kommen. Sie sehen ja, wie die Situation ist, man spricht von Krieg, niemand will investieren in größerem Sinne, Sie werden Ihr Geld nicht mehr sehen, Sie müssen froh sein, wenn Sie 30000–35000 Mark bekommen!‹ ›Das ist sehr wenig, aber – ich bin froh.‹ Und er hat gesucht, aber niemand wollte den Hof, noch nicht einmal um diesen reduzierten Preis.

Ich habe mir gesagt: Am liebsten hätten wir jemanden, der den Hof mit dieser Methode weiterführt, und nicht irgend jemanden, der alles stehen und alles kaputt gehen läßt, der ihn nur als Spekulationsobjekt kauft. Daraufhin hat mir Dr. Uhlenhof, der auch anthroposophisch orientiert war, nach etwa 14 Tagen eine Lehrerin aus Kassel geschickt, eine feine Frau von vielleicht 35 Jahren. Sie sagte: ›Ich komme im Namen einer Gruppe der Waldorfschule aus Kassel, die aufgelöst wird, wo alle ihre Arbeit verlieren. Eine der Lehrerinnen, eine Frau Kruse, möchte zusammen mit zwei, drei anderen und mit einem jungen Gärtner gerne den Hof erwerben und in Ihrem Sinne führen. Aber – viel bares Geld haben auch wir nicht.‹ ›Nun gut, aber – das hat man mir gesagt – 30000–35000 Mark ist er wert.‹ ›Das wissen wir nicht, ob wir das aufbringen, vielleicht...‹

Dann aber hat man uns gesagt, wir dürften den Hof überhaupt nicht verkaufen ohne Genehmigung der Gestapo, des ›Braunen Hauses‹ in Konstanz, und der Preis würde dort gemacht. Man würde uns einen Schätzer schicken, und der würde uns sagen, was ich zu bekommen hätte. Und eines schönen Tages kam ein Mann, hat sich alles flüchtig angesehen, hat dann mit dem Ratsschreiber gesprochen – das hat mir der Ratsschreiber erzählt – und hat gesagt: ›Ha, so ein Hof, da zahlt man heute 12000–15000 Mark, was die da verschönert haben für die Zivilisation, das hat für einen Bauer keinen Wert, und das mit dem Garten ist nicht so wichtig, da kann man nicht viel zahlen...‹ Doch unser Gärtner hielt ihm entgegen: ›Also das kann nicht sein, der Hof ist mehr wert, da müssen Sie schon ein bißchen mehr überlegen und sehen, was er wert ist, und außerdem sind die und die Grundstücke ja auch noch dabei!‹

Am Ende ist jedoch nicht viel dabei herausgekommen, vielleicht sogar weniger. Man hat uns gesagt, daß wir mit Inventar – also mit den Kühen, den Bienen, den Hühnern, den Werkzeugen, mit den vollen Scheunen – im Herbst hat man doch die Scheunen voll – 23000 Mark verlangen dürften, 18000 Mark für Grundstück und Häuslichkeiten und 5000 Mark für die Gärtnereiartikel und das Inventar. Also 23000 Mark – wir konnten ja nichts dagegen machen. Man hat das der Frau mitgeteilt, die daraufhin Frau Kruse und den Gärtner zu uns geschickt hat. Und sie kamen, waren sehr feine Leute und meinten: ›Das ist natürlich ein Schundgeld, und wir können Ihnen nicht viel mehr geben, weil wir auch nicht mehr haben. Aber vielleicht können wir Ihnen ein bißchen helfen. Ich habe eine englische Freundin‹ – so sagte die Frau –, ›die sehr reich ist und die uns auch in der Schule schon oft geholfen hat. Sie lebt in Dornach bei Basel und ist Anthroposophin; ich werde hinfahren und fragen, ob sie Ihnen, wenn Sie mir eine Adresse angeben in der Schweiz, etwas schickt, als kleinen Ersatz für das, was wir hier so billig in die Hand bekommen.‹ Das hat sie auch getan und hat uns gesagt, die Frau könne 5000 Franken bezahlen, die sie an meine Tante in Zürich geschickt hat – das war für uns eine kleine Sicherheit für unsere Auswanderung und so auch eine große Hilfe: Es war nicht viel, aber es war doch eben etwas.

Zu meiner Frau habe ich gesagt: ›Wir kommen jetzt um Kopf und Kragen. Unser Leben ist noch nicht mal einen Pfennig wert. Wir müssen jetzt suchen, wo wir hinauskommen, ganz gleich wo, wir haben nicht mal mehr die Wahl, wohin. Am liebsten gehen wir natürlich nach Palästina‹ – da waren schon mein Bruder und eine Cousine meiner Frau, die in einem Kibbuz lebten –, ›aber wir haben jetzt so viele Verwandte und Freunde in Nordamerika und in Kanada und in Südamerika, wir müssen jetzt überall hinschreiben.‹

Nun begann ein großes Schreiben. Am vierten oder fünften Tag habe ich den ersten Eilbrief von meiner Schwester aus Brasilien bekommen, die schon gleich nach dem 1. April 1933 weggezogen war, weil sich mein Schwager, als die Wache vor seiner Arztpraxis auftauchte, mit Recht – der Stolz ist manchmal gut, er war klüger als ich – gesagt hat: Ich lasse mich nicht würdelos behandeln. Ich war vier Jahre im Ersten Weltkrieg, ich war Offizier. Ich bin zwar Zionist, doch ich habe keine Chance, jetzt nach Palästina zu kommen; ich habe jedoch zwei Brüder in Brasilien, die sollen mich anfordern, ich werde innerhalb weniger Wochen dieses Land verlassen! – Und das hat er getan, nach vier Wochen sind sie 1933 schon weggegangen. Und meine Schwester hat ein Telegramm geschickt: ›Bereitet alles vor, wir wollen euch helfen, damit ihr nach Brasilien kommt zu uns, ihr und die Eltern.‹ Also ein kleiner Hoffnungsschimmer. Nach kurzer Zeit kam ein Luftpostbrief – damals fuhr noch der Zeppelin jede Woche, vor dem Krieg sahen wir ihn jede Woche einmal bei uns durchfahren, den Rhein entlang in Richtung Meer – in dem stand, mein Schwager sei nach Rio de Janeiro geflogen, das war sehr weit, zum Innenministerium, zu dem er gute Beziehungen hatte. Meine Schwester hatte drei oder vier Jahre studiert und war sehr sprachbegabt. Sie konnte fünf Sprachen, war auch einmal in Italien, in Frankreich und in Amerika. Sie war hier gelernte Jugendleiterin, das war damals ein sehr guter Beruf, da fing die Entwicklung der Sozialarbeit eben erst an, nach dem Ersten Weltkrieg. Da sie auch sehr schnell Spanisch und Portugiesisch konnte, wurde sie Kinderlehrerin und Aufseherin bei der Familie des Innenministers. Da hatten sie natürlich einen Stein im

Brett, und der brasilianische Innenminister hat ohne Umschweife gesagt: ›Das Visum wird sofort ausgestellt, er kann sofort kommen und auch die Eltern, es wird nach Frankfurt ans Konsulat geschickt. Und Sie sagen, Ihr Bruder ist Landwirt? Wir haben eine Hazienda, ein Großgut in Brasilien, dort kann er, wenn er eingearbeitet ist, Verwalter werden. Dann hat er sogar gleich eine Stelle!‹

Am zweiten Tag, nach dem man mich mißhandelt hatte, wurde mein Zustand so schlimm, daß wir ohne Arzt nicht mehr weiter wußten. Dr. Wolf in Wangen war im KZ in Dachau, und christliche Ärzte durften Juden nicht mehr behandeln. Wir wußten nichts von einem anderen Arzt, doch ich kannte vom Gymnasium her, er war eine Klasse unter mir, einen sympathischen Mann, Dr. König in Radolfzell. Da haben wir unseren Gärtner nachts, nach Mitternacht, mit dem Wagen fortgeschickt, er solle ihn bitten, sofort zu kommen. Und er ist sofort gekommen! Er war sprachlos, daß überhaupt so etwas passieren konnte, daß ein Mensch wie ich, der geachtet und bekannt war und der nichts verbrochen hatte in seinem Leben, solchen Mißhandlungen ausgesetzt war. Er hat das, was man tun konnte, angeordnet, hat die Wunden mit Ölumschlägen versorgt und hat schmerzlindernde Medikamente dagelassen, doch mehr konnte auch er nicht tun. ›Aber rufen Sie mich wieder, wenn es nicht besser wird!‹ Meine Wunden sind dann langsam ausgeheilt, und mein Zustand hat sich allmählich gebessert!

Ebenso hat der Konstanzer Arzt Dr. Jung meinem Vater geholfen. Merkwürdigerweise hatte man in der Eile vergessen, einige Juden zu verhaften, zum Glück. Und dazu gehörte ein Vetter von mir, Edwin Weil in der Tägermoosstraße. Er ging schon bald darauf zu meiner Mutter, wozu sehr viel Mut gehörte, denn er mußte sich sagen, daß er in Konstanz bekannt war und deshalb auch noch unterwegs verhaftet werden konnte, wenn er erkannt würde. Er ist dennoch zu diesem oder zu jenem gegangen, hat allen geholfen und ihnen Mut zugesprochen. Und er hat gewußt, was meinem Vater passiert ist. Er hat gewußt, daß man das Auto, in welchem mein Vater mit anderen verhafteten Konstanzern war, beim Pulverturm angehalten hat und gesagt hat: ›Ist der Rechtsanwalt Bloch da drin? Er soll raus!‹ Und dann hat man einen Kahn dort genommen, ist auf den Rhein hinaus gefahren und hat ihn ins Wasser geworfen. Doch am Ufer sind offenbar Leute dazu gekommen, vielleicht Arbeiter, und haben gerufen und geschrien: ›Was ist da los, was macht ihr da, rettet den Mann, der geht ja unter!‹ Daraufhin haben sie es dann doch nicht gewagt, ihn ertrinken zu lassen, haben ihn wieder rausgezogen und triefend naß ins Auto gezerrt. Er ist dann in das Gestapohaus an der Mainaustraße gekommen – heute ist dort die Polizeiwache –, da gab es einen Keller, der schon vorbereitet war für Folterungen und Geißelungen. Dort wurde er eingesperrt, allein in ein Kämmerchen, und man hat ihn dort so sehr geschlagen und mißhandelt, daß er später auf einem Auge blind geworden ist. Und man hat ihn kommandiert – den alten Mann! –, er mußte Kniebeugen machen, eins, zwei, drei, bis er nicht mehr konnte. Mein Vetter hat all das erfahren und hat es mir erzählt.

Der zweite Vorsteher der jüdischen Gemeinde, ein Herr Berthold Wieler, ist ebenfalls nicht verhaftet worden. Auch er hat den jüdischen Frauen sehr gute Dienste geleistet. Er ist vielleicht absichtlich nicht verhaftet worden, damit noch ein Repräsentant der Konstanzer Juden übrig blieb, wenn es irgend etwas zu vermitteln gab. Dieser Mann war nämlich der von der Gemeinde bestellte Vertreter zwischen Gestapo und Juden, zwischen Partei und Juden. Er war ein jovialer, alter Konstanzer, allen sympathisch – vielleicht auch dem entsprechenden Judenreferenten –, man hat ihn auf jeden Fall nicht verhaftet. Und er hat erfahren, was mit meinem Vater passiert ist, und hat gehört, daß die Juden alle nach Dachau kommen sollten, was dann auch durch die Konstanzer Polizei geschehen ist. Dieser Herr Wieler ist daraufhin zur Gestapo gegangen und hat gesagt, er könne nicht begreifen, wie man einen so ehrenhaften Bürger so behandeln könne, er mache sie darauf aufmerksam, daß die ganze Stadt entsetzt sei über dieses Verbrechen. Und sie war es auch. Da haben sie Angst bekommen, um ihren Ruf,

Rechtsanwalt Moritz Bloch, kurz vor seiner Mißhandlung und seiner erzwungenen Auswanderung aus Deutschland

vor allem auch wegen Kreuzlingen und der benachbarten Schweiz. Und er empfehle ihnen, doch mindestens diesen Mann, der wahrscheinlich sowieso zugrunde ginge – er sei naß am ganzen Körper und bekomme sicher eine Lungenentzündung –, zu entlassen. Daraufhin haben sie gesagt: ›Gut, heute abend, wenn es dunkel ist, wird der Mann entlassen!‹ Dann ist mein Vetter in die Nähe des Hauses gegangen und hat gewartet, bis mein Vater schwankend herauskam. Er hat ihn dann in die Nähe auf eine Bank gesetzt, und ich weiß nicht, ob sie eine Taxe geholt haben, sie haben ihn auf jeden Fall heimgebracht. Zuhause haben sie dann sofort gesehen, daß er einen Arzt brauchte. Sie haben es dem Dr. Jung, unserem Hausarzt, gesagt, und Dr. Jung ist – trotz Verbot – gekommen! Als ich später nach dem Verkauf unseres Gutes selbst nach Konstanz kam, mußte ich mich von ihm weiter behandeln lassen, denn ich hatte durch all die Aufregungen und Mißhandlungen Störungen mit dem Herzrhythmus und mit dem Herzen, mußte aber für meine schwere Arbeit als Farmer in Palästina bald wieder gesund sein. Bei dieser Gelegenheit hat mir Dr. Jung erzählt, er habe von der Gestapo Vorladungen bekommen, und man habe ihn gewarnt, wenn er noch einen Juden verarzte, komme er nach Dachau. Aber er ließ sich davon nicht beeindrucken und hat weiterhin alle Juden behandelt, die in Gefahr waren. Und die Gestapo hat ihm nichts getan. Sie haben zwar manchmal gewarnt, haben aber dann doch nicht den Mut aufgebracht, ganz durchzugreifen, gerade hier an der Grenze nicht.

Wir bekamen auf unsere Briefe wegen unserer Auswanderung unglaublich viele positive Antworten, in denen uns ehemalige Praktikanten und Umschichtler aus unserem Betrieb in Horn, die schon ›gesettled‹ waren, aber auch Verwandte und Freunde aus allen Ländern mitteilten, daß sie uns helfen wollten. Ich hatte gesagt, der erste Brief, der positiv ist, muß uns aus dem Lande bringen. Und der erste Brief kam von christlichen Freunden aus Kanada, von einer Frau, die ich noch aus Wangen kannte. Sie war Haushälterin bei meinem Freunde Rombach gewesen, dem Lehrer, mit dem ich musiziert hatte, und war schon früh ausgewandert. Sie hat uns vielleicht 1937 einmal besucht und war voller Bewunderung, daß wir noch den Mut hatten, hier so etwas aufzubauen – sie waren nämlich inzwischen auch Landwirte in Vancouver in Kanada. Diese Frau hat uns das erste Zertifikat geschickt – die Erlaubnis für das Ehepaar Bloch und drei Kinder. Ihr Mann ist eigens dazu von Vancouver nach Ottawa gefahren, das war eine sehr weite Reise, die Zeit und Geld gekostet hatte, um das zu besorgen und sofort per Luftpost zu schicken. Wir haben gesagt, gut, das kommt rechtzeitig, das erste, das uns die Ausreise bringt, raus! Man mußte 1000 Dollar nachweisen, die hatten wir ja in der Schweiz. Und das Land bekam man umsonst! Sie schrieben, wir bekämen Land unmittelbar neben ihrem Land, und der Mann wollte uns zeigen, wie man dort arbeiten müsse. Es wurde alles schon maschinell gemacht, und sie wollten uns auch ihre Maschinen leihen, bis wir die ersten Ernten hätten, sie boten uns also an, mit ihnen zusammenzuarbeiten.

Ich ging sofort zum Reisebüro, hier in der Bahnhofstraße, wo man das Schreiben eingehend geprüft und beraten hat, um mir am Ende zu sagen: ›Das können wir Ihnen nicht vermitteln. Sie müssen das Schreiben nach Hamburg an die ›Canadian Pacific‹ schicken, nur die können die Fahrkarten ausstellen. Wir können in diesem Fall nichts machen, für Kanada gibt es spezielle Regelungen!‹ Ich schrieb also, ich schickte das per Einschreiben hin, erbat Mitteilung und Fahrkarten. Unser Geld bekamen wir auf ein Sperrkonto, wir bekamen davon nichts zu sehen, wir durften jeden Monat einige hundert Mark für unseren Unterhalt abheben, und wir durften auch, wenn wir ausreisten, Fahrkarten bezahlen, soweit der Betrag auf dem Konto war. Das wurde alles freigegeben.

Wir konnten, nachdem wir den Hof verlassen hatten – etwa am 1. März 1939 – zum Glück in die Wohnung unserer Großmutter in der Zogelmannstraße einziehen, die ich noch am Morgen des 10. November aufgesucht hatte. Deren Tochter war Zahnärztin und war mit ihrem Mann, einem Arzt, schon im Jahre 1937 nach New York ausgewandert. Sie hatte erkannt, was vorging, und hat gesagt: ›Warte nicht ab, Du bekommst sofort dein Touristenvisum nach Amerika, und dort werden die Kinder schon sehen, daß Du bleiben kannst‹, hat ihre Wohnung stehengelassen mit Sack und Pack und ist nur mit einem Touristenköfferchen fortgegangen. Das war unser Glück, denn wir konnten nun in diese Wohnung ziehen und mußten noch nicht einmal Miete bezahlen. Es war alles da, Möbel und Betten, Besteck und Silber, Mansarden – für unsere große Familie ein bißchen eng, aber doch Platz genug.

Von der ›Canadian Pacific‹ haben wir dann Antwort bekommen: ›Es tut uns sehr leid, aber wir können trotz Bürgschaft und Visum keine Fahrkarten bekommen, da die Quote für jüdische Landwirte für die nächsten fünf Jahre besetzt ist!‹ Ich wollte das zunächst nicht glauben, hielt es für irgendeine judenfeindliche Willkür, denn erstens war Kanada ein so großes Land, und zweitens gab es fast keine jüdischen Landwirte, wie konnte da diese Quote besetzt sein? Und außerdem war es ein Einwandererland für Landwirte. Da kam mir der Gedanke, einen guten Freund, Dr. Norbert Einstein, der einmal Leiter einer Metallarbeitergewerkschaft in Stuttgart war, zu fragen. Er war ausgewandert zu seinen Verwandten nach London, und in London gab es das Bloomsbury House, eine Station für Auswanderer, das vielen deutschen Juden bei der Einwanderung half. Ich schrieb ihm, das sei doch sicher eine Mystifikation, ich hätte doch alles beisammen, und ich schlug ihm vor, zunächst nach England zu kommen, um von dort aus nach Kanada zu gehen – das sei doch sicher möglich, und die

Behinderungen seien lediglich antisemitische Schikane. Doch er schrieb mir zurück, die Kanadier wollten tatsächlich keine Juden, sie hätten ein entsprechendes Gesetz erlassen, ein Scheingesetz, nicht einmal einen jüdischen Landwirt wollten sie haben. Da war also das erste Glück vorbei.

Kanada wäre für uns noch akzeptabel gewesen, auch die USA, aber im Grunde meines Herzens wollte ich am liebsten nach Palästina. Denn ich sagte mir, wir sind verfolgt und nirgends gut gelitten, und jetzt noch einmal in ein Land, wo wir vielleicht wieder nicht gelitten, wieder ungern gesehen sind als Einwanderer, als Deutsche, als Juden – dann schon lieber in ein Land, das man bekommen hat zum Aufbau, als Heimstätte für jüdische Menschen.

Sehr viele Briefe und Dokumente kamen auch aus Südamerika, aus zwei oder drei Staaten, doch nichts war vollständig. Und aus Brasilien – kam nichts! Wir haben meiner Schwester zurückgeschrieben, es sei nichts gekommen, der Konsul habe uns nichts mitgeteilt. Und meine Schwester schrieb zurück: ›Du mußt eben zum Konsul persönlich gehen, er wird es schon haben.‹

Ich bin also nach Frankfurt gefahren. Und der Konsul hat nachgesehen – er hatte einen eigenen Tresor, wo diese Dinge aufbewahrt werden – und hat gesucht und gesucht: ›Es ist nichts da! Vielleicht ist es aber beim Konsul in Hamburg, ich will anfragen ... Es ist nichts da!‹

Also ich dachte, das ist doch unmöglich, meine Schwester schreibt vor vielen Wochen, in der Zwischenzeit sind schon Briefe hin- und hergegangen mit Luftpost, und nichts da... Was ist da wieder passiert? Erst viel später ist mir ein Licht aufgegangen. Die Jagd nach Einreisezertifikaten unter den Juden – in ihrer Not – war so groß, daß besonders bei südamerikanischen Staaten Bestechungen vorkamen. Gegen viel Geld wurden da ausgestellte Einreisepapiere weitergegeben, und unsere Genehmigung war erloschen. Ich hätte also vielleicht 2000 Mark in einen Briefumschlag stecken und dann sagen müssen: ›Bitte geben Sie mir mein Visum!‹

Mein Schwager hatte es unmittelbar beim brasilianischen Innenminister in Auftrag gegeben, und als ihn der Minister später noch einmal getroffen und gefragt hat, wie es uns denn gehe, ob wir eingewandert seien, wir hätten uns nie gemeldet, um auf dem Gut zu arbeiten, hat mein Schwager gesagt: ›Er hat es nie bekommen!‹ ›Ich gehe der Sache nach...‹ Aber ich glaube nicht, daß das noch aufzuhellen war.

Letzten Endes war es eine Kombination in letzter Minute, die uns gerettet hat. Die Schwester meiner Frau war etwa Anfang 1938 nach New York gegangen, wo schon ein Onkel und eine Tante lebten. Sie hatten geschrieben, sie wollten uns noch ein Zertifikat besorgen, wir sollten nach Stuttgart ins Konsulat und uns dort vorstellen, wir bekämen dann eine Nummer. Sie hatten eine Quote für deutsche Einwanderer, im Jahr 5000 Personen. Das hat natürlich längst nicht mehr ausgereicht, so viele Juden wollten fort, so daß man eine Nummer bekam für spätere Jahre. Wir gingen hin und bekamen eine Nummer, und da hieß es, in etwa drei bis vier Jahren könnten wir daran denken, daß wir an die Reihe kämen. Meine Schwiegereltern hatten ungefähr dieselbe Nummer, die wären im Jahre 1945 oder 1946 aufgerufen worden, kamen dann aber nach England. Also fünf Jahre, sechs Jahre, so lange hätten wir warten müssen.

Folgendes hat man mir gesagt – und das war unsere Rettung: Man bekäme einen Transitaufenthalt von den Engländern, die den Juden helfen wollten, wenn man eine amerikanische Nummer habe. Aber man brauchte eine Bürgschaft, denn man hatte ja kein Geld und sollte als Ausländer nach Möglichkeit auch nicht arbeiten. Ich hatte nun einen Vetter in England, der älteste Sohn meiner Tante aus Gailingen, der schon um die Jahrhundertwende mit seinem Bruder nach Amerika ausgewandert war, dem habe ich geschrieben, und er hat mir postwendend die Bürgschaft geschickt. Er hatte auch schon für meinen ältesten Sohn die Bürgschaft gegeben, der bereits im Januar 1939, zusammen mit meiner ersten Frau, rausgekommen ist. Der Bruder meiner ersten Frau war Lehrer an einer jüdischen Schule in Berlin. Er war zuvor an einer allgemeinen Schule Professor, hat aber nun jüdische Kinder in Gruppen zusammengestellt und nach England gebracht und dort auf jüdische Schulen verteilt. In Herrlingen bei Ulm gab es ein Landschulheim der Familie Essinger. Frau Anna Essinger hat ihre Schule geschlossen nach England gebracht, wo die englische Regierung ihnen eine Schloßschule bei Dover am Meer zur Verfügung gestellt hat, und diese Schule konnte noch zusätzlich Gruppen aufnehmen. Da mein Schwager diese Gruppen zusammenstellte, hat er gesagt, ich solle meinen ältesten Sohn mitschicken – er könne nach England kommen –, sonst hätte ich ihn mitgenommen. Also, immerhin einer gerettet! Er ist dann im Januar 1939 nach England gegangen und kam auf die Schloßschule New Herrlingen, wo er mit der Bürgschaft meines Vetters leben und studieren konnte – ein Jahr konnten wir hier noch einbezahlen für den Buben, das andere hat der Vetter bezahlt, der keine Kinder hatte und in sehr guten Verhältnissen lebte. Und dieser gute Vetter hat auch uns Bürgschaft ausgestellt, wodurch wir ebenfalls die Möglichkeit hatten, aus Deutschland herauszukommen.

Ich ging dann auf das englische Konsulat in Mannheim, mit der Bürgschaft meines Vetters und mit der Nummer des amerikanischen Konsulats. ›Gut, in Ordnung, Sie können nach England, Sie bekommen ein Einreisevisum in Ihren Paß eingetragen. Sie können fliegen oder mit dem Schiff fahren, es ist alles in Ordnung!‹ Wir haben dann beschlossen, wegen der drei kleinen Kinder zu fliegen, aber auch weil wir ja nicht viel Gepäck mitnehmen durften. Und wir haben beschlossen, einige Kisten Gepäck per Schiff wegzuschicken. Unsere Möbel und unsere Geräte haben wir in drei große Lifte – heute nennt man das Container – verpackt. Die haben wir in Horn aufgegeben, und sie mußten im Freihafen Hamburg lagern, bis man wußte, wohin. Die Fracht war sowohl nach New York wie nach Haifa bezahlt, da wir immer noch dachten: entweder Amerika oder Palästina. Das war bezahlt und dort gelagert, man mußte die Lagergebühr schon für ein Jahr im voraus bezahlen. Wo immer wir auch hinkämen, so dachten wir, könnten wir sie dann abrufen.

Es war schon Mitte des Jahres 1939, als wir etwa am 20. oder 25. Juli hier mit einem Taxi über die Grenze nach Kreuzlingen fuhren. An der Grenze wurden wir natürlich angehalten, klar, Auswanderer, Juden, aber wir hatten nicht viel Gepäck, nur soviel, wie wir tragen konnten. Ich konnte zwei Koffer tragen, ich konnte den Kleinen, der ein Jahr alt war, auf den Rücken nehmen, und meine Frau die zwei Mädchen an den Armen, eine Handtasche, und jeder einen Rucksack. Das war alles. Dann hat man uns angehalten und reingeführt, hat uns von Kopf bis Fuß untersucht und uns angeschnauzt und angebrüllt. Eine christliche Frau, die im Hause wohnte, war bis zur Grenze mitgefahren, um den Kleinen zu halten. Und diese Frau ist von einem SS-Mann bespuckt und beschimpft worden, wieso sie als Deutsche und Arierin Juden beim Auswandern helfe und auch noch dieses Kind betreue. So schlimm sind also auch in Konstanz die Zustände geworden! Aber die Frau war tapfer, sie hat sich menschlich gestellt, das Kind war in Ordnung, und als wir wieder draußen waren, haben wir das Kind ins Auto gesetzt und sind weiter gefahren – wir hatten ja jeder nicht mehr als 10 Mark in der Tasche.

Ich hatte weitläufige Verwandte in Kreuzlingen, der Mann stammte aus Wangen, ein Herr Gump, seine Frau war eine Großcousine von mir. Diese Familie hat uns zunächst aufgenommen. In unserem Paß stand: Durchreise durch die Schweiz, acht Tage Aufenthaltsgenehmigung, Weiterreise mit dem Flugzeug, bei Nichtbefolgung der Weiterreise: Zurückstellung an die deutsche Grenze! – Also: wir mußten unbedingt fort nach acht Tagen.

Meine Eltern sind schon im Februar 1939 nach Zürich, weil die Bürgschaft der Schwester sofort wirksam wurde. Als man hörte, was meinem Vater passiert war, durften meine Mutter und mein Vater sofort auswandern, auch ihr Gepäck wurde nach dem Freihafen Hamburg geschickt. Mein Vater mußte noch operiert werden, man versuchte noch, das Auge zu retten, es war aber nicht mehr möglich. Es war Dr. König, der die Behandlung ohne jede Bezahlung übernahm. Und selbst als mein Vater – er hatte noch etwas Geld – meinte, er könne das nicht annehmen, hat er ihm geantwortet: ›Ich werde mich doch schämen, wenn die Deutschen so gemein sind und einen Mann blind schlagen, daß ich als anständiger Mensch einem Mann in der Not ein Geld abnehme!‹ Also – man hat auch gute Erfahrungen gemacht.

Mein Vater hat dann bei seiner Schwester in Zürich gewohnt, und ich durfte ihn sogar noch einmal besuchen. Vor unserer Abreise, im Mai oder im Juni, hat man mir geschrieben, daß mein Vater operiert würde, worauf mir Dr. König ein Attest ausstellte, es könne das Leben abhängen von dieser Operation und es wäre menschlich notwendig und gut, wenn ich meinen Vater noch einmal sehen könnte. Und ich habe wahrhaftig einen Tagesschein bekommen, mußte aber mein Ehrenwort abgeben, daß ich zurückkomme. Doch ich hatte keine Sekunde daran gedacht, meine Frau und meine Kinder hier zurückzulassen als Verfolgte, wo sie dann am Ende noch als Geiseln genommen worden wären. Es ist aber durchaus vorgekommen, daß Juden, die einen Tagesschein hatten, nicht mehr zurückkehrten. So etwas hätte ich ohnehin nicht über mich gebracht. Aber ich konnte bei dieser Gelegenheit vieles besprechen mit den Verwandten in der Schweiz, zum Beispiel, ob sie unsere Lifte unter Umständen in die Schweiz bringen und dort lagern könnten, so daß sie nicht unbedingt verloren wären.

Wir konnten also einige Tage in Kreuzlingen wohnen, und am zweiten Tag unseres Aufenthalts ist ein Wunder geschehen. Da kam jene christliche Frau, die uns bis zur Grenze begleitet und uns geholfen hatte – meine Schwiegereltern wohnten ja noch in der Zogelmannstraße in Konstanz –, und brachte uns einen Luftpostbrief von meinem Bruder aus Palästina: ›Bitte nicht nach England abreisen, Zertifikat nach Palästina unterwegs!‹ – Da meine Schwiegereltern nicht mehr in die Schweiz durften, hat uns diese Frau den Brief gebracht. Für uns war das eine wunderbare Nachricht – doch wir mußten die Schweiz ja innerhalb von fünf oder sechs Tagen verlassen. Daran drohte natürlich alles zu scheitern. Was konnten wir nur tun? Wir haben sofort beraten, haben mit jüdischen Leuten aus der israelitischen Gemeinde gesprochen, die schon in der Schweiz wohnten, die Ansehen hatten und auch die Behörden kannten, die selbst schon Schweizer waren. Und alle haben uns gesagt: ›Nichts. Die Fremdenpolizei, sei es die in Frauenfeld oder in Bern oder sonst irgendwo, gibt heute einem Juden nicht einen Tag Verlängerung, es sei denn, er ist krank und kann nicht weiter fahren!‹ Ich habe mir das gründlich überlegt und mir gesagt: Nein, ich gehe nach Frauenfeld! Diese Chance... Jetzt soll ich nach England fliegen, mit drei kleinen Kindern, arbeiten darf ich nicht, ich habe zwar ein paar tausend Franken, falle meinem Vetter zur Last, ich weiß, es geht Jahre, bis ich die Genehmigung habe – an Krieg hat man gar nicht gedacht, wenn es auch fünf Wochen vor Kriegsausbruch war – also, ich probier's, was kann mir das schaden, vielleicht wirft er mich raus, dann habe ich zu der bisherigen Entwürdigung meiner Person noch eine Schande mehr erlebt, auch in der Schweiz.

Und ich bin gegangen. Der Leiter der Fremdenpolizei, so hat man mir gesagt, sei nicht nur ein Grobian, er sei auch ein Judenfeind. Wenn Juden kämen, seien sie gleich bei ihm unten durch. Da bräuchte man nicht einmal den Mund aufzumachen. Ich kam also zu ihm, sehr ruhig und überlegt, und habe gesagt: ›Ich habe eine besonders kritische Angelegenheit. Wir wollten eigentlich nach England gehen mit einem Zwischentransitvisum, wir haben acht Tage Genehmigung, wir wollen fliegen, und gestern bekam ich einen Eilbrief von meinem Bruder, wir könnten nach Palästina, was für uns eine Chance der Existenz ist. Ich hatte auch die Fahrkarte nach Haifa schon in der Hand, und nach Amerika hatte ich die Karte in der Hand.‹ Er hörte mich an und sagte: ›Zeigen Sie mir den Brief!‹ Liest den Brief durch, ein privater Brief, nichts Formelles. ›Zeigen Sie mir den Paß! Sie sind aus Konstanz?‹ ›Ja, ich habe dort gewohnt als Bürger, ich bin da geboren.‹ ›Wie lang, denken Sie, daß das braucht, bis das hier ist?‹ ›Das kann ich nicht wissen, aber ich nehme an vier bis sechs Wochen.‹ ›Ha, was Sie da denken

Anzeige aus dem jüdischen Gemeindeblatt Berlin, 28. November 1937

– das kann Monate dauern!‹ Und zu seiner Sekretärin: ›Schreiben Sie zwei Monate Verlängerung!‹ Alle, denen ich das erzählt habe, sagten mir: ›Unmöglich!‹ Und er hat das von sich aus gesagt ... hat eben einmal eine menschliche Regung gehabt. Ich war schließlich ein Nachbar, war da geboren, ein Mann, der schon 42 Jahre in Ehren gelebt hat, den er nicht so abkanzelte, wie wenn einer aus Wien daherkam, dem er vielleicht gesagt hat: ›Gehen Sie zum Teufel!‹ Und er hat sogar hinzugefügt: ›Wenn's nit langt, chömmet Sie wieder!‹ Ich mußte tatsächlich wiederkommen, es hat nicht gereicht, und ich weiß nicht, ob ich ohne dieses Angebot den Mut gehabt hätte, noch einmal wiederzukommen.

Unsere Verwandten in Kreuzlingen – der Mann war Güterhändler und hat all die Bauern ringsum gekannt – haben dann von einem alten Haus in Gottlieben erfahren, wo eine Frau gestorben war. Die noch möblierte Wohnung war frei, und sie haben sie für uns billig gemietet. Auch von anderer Seite bekamen wir Hilfe: Die jüdischen Mitglieder der Konstanzer Gemeinde haben ihre Steuerbeiträge nicht mehr nach Konstanz bezahlt, sondern hatten schon zwei Jahre zuvor einen Sammelfonds in Kreuzlingen angelegt, damit man den Juden helfen konnte, die verfolgt waren und nichts besaßen. So hat man auch uns etwas geholfen und uns jeden Monat einige hundert Franken gegeben. Das war natürlich für uns sehr angenehm.

Nicht sehr angenehm berührt waren wir natürlich, als vier Wochen später der Weltkrieg ausgebrochen ist. Ich erinnere mich noch, wie ich damals auf der Post in Kreuzlingen einen ehemaligen Mitschüler, Fritz Kessler, traf und wie er mich erschrocken ansah und sagte: ›Mensch, ich dachte, du gehst nach England, und jetzt bist du noch hier an der Grenze! Um

Gottes willen, mach doch, daß du fortkommst! Die ziehen doch ein, es kann vielleicht jeden Tag losgehen, und die Nazis wollen doch auch in die Schweiz oder durch die Schweiz!‹ Er hat mir gehörig Angst eingejagt, aber ich konnte nichts mehr ändern, es war so entschieden. Ich dachte, ich werde noch rauskommen, und ich kam auch noch raus, die Schweiz blieb verschont.

Kurz darauf eine neue Schreckensnachricht: Das Visum nach Palästina war doch nach London gegangen! Da habe ich zu meiner Frau gesagt: ›Jetzt wird es uns abgenommen! Da kommt ein anderer und sagt, das gehört mir! Es gibt dort jetzt so viele Juden, die nur darauf warten, also um Gottes willen, jetzt haben wir kein Geld und nichts, und was wird die Schweiz mit uns machen, was sollen wir jetzt tun?‹ Ich habe dann alle Hebel in Bewegung gesetzt, wir haben telefoniert und Depeschen geschickt und Luftpostbriefe geschickt und alles alarmiert, die Verwandten und die Freunde, auch meinen Freund Dr. Einstein im Bloomsbury House – und am Ende ist es ... nach Genf geschickt worden! Eines schönen Tages kam die Mitteilung, unser Visum sei da – ich weiß nicht, warum nach Genf, es gab auch ein Palästina-Amt in Basel, da hätten wir es doch näher gehabt! Und sie fragten uns, ob wir das Zertifikat jetzt, wo der Krieg ausgebrochen sei, noch ausnützen wollten! Und ich schrieb ihnen: Ja!!! Sie schrieben zurück, wir müßten kommen und das Zertifikat abholen und alles regeln, und sie machten uns darauf aufmerksam, daß unsere Kinder nicht auf dem Zertifikat stünden, daß ich also nur allein mit meiner Frau reisen könnte! – Jetzt wieder ein neuer Schrecken!! Da habe ich zu meiner Frau gesagt: ›Das mache ich nicht! Ich reise nicht allein, dann bleibe ich lieber hier, wenn wir schon umkommen müssen, kommen wir alle miteinander um, aber ich reise nicht allein!‹

Wir haben also beschlossen, das Visum auszunützen, sollten die Engländer uns dann verhaften! Wir gehen! Wir haben das Visum abgeholt, doch als ich dann zur ›Adriatica‹ – so hieß die Schiffahrtsgesellschaft, sie hatte ihren Sitz in Zürich – gegangen bin und meine Fahrkarte gezeigt habe, hat man mich nur ausgelacht: ›Ha, das ist aber sehr naiv! Meinen Sie, Sie dürfen mit dieser Fahrkarte jetzt fahren? Die sind alle ungültig. Sie müssen eine neue Fahrkarte kaufen.‹ ›Ja, gut – aber das wird doch verrechnet, das ist doch schon bezahlt, seit ein paar Monaten, Sie haben es doch sicher bekommen, das war abgerechnet über das Reisebüro in Konstanz...‹ ›Das spielt gar keine Rolle, es ist alles 100 % teurer und muß in Dollar bezahlt werden!‹ Also, sie war ungültig. Und: ›Wir geben Ihnen nichts dafür, Sie können sie an das Reisebüro in Konstanz zurückgeben, die können Ihnen das vergüten. Haben Sie denn noch ein Konto?‹ ›Ja, ein Sperrkonto.‹ ›Dorthin wird es dann überwiesen.‹ Das waren immerhin ein paar tausend Mark! Es war also nichts zu machen, wir mußten eine neue Fahrkarte kaufen – wir waren sehr beschämt! Mein Vater und meine Mutter sind betteln gegangen bei allen Verwandten, um das Geld für die Fahrkarte aufzubringen. Und es hat sich auch niemand bereit erklärt, unser Gepäck zu bezahlen, weil jeder gesagt hat: wer weiß, wie viele Jahre ... und so ist es in Hamburg geblieben.

Endlich bekamen wir auch eine neue Fahrkarte und fuhren mit einem wunderbaren Luxusschiff von Triest nach Alexandria, und von Alexandria nach Haifa. Für uns war diese Reise natürlich kein Vergnügen, sondern mit großer Aufregung verbunden, denn wir wußten ja nicht, was mit den Kindern wird.

Wir sind angekommen an einem sehr heißen Tag – am Geburtstag unserer ältesten Tochter, am 19. Oktober 1939. Freunde aus Radolfzell haben uns abgeholt, eine Familie Bleicher, dazu mein Bruder und die Cousine meiner Frau. Auf dem Schiff hatte man uns schon abgefertigt, von den Kindern wollte zunächst niemand etwas wissen. Als wir das Schiff dann verließen – mit dem deutschen Paß auf englischem Gebiet – sind wir verhaftet worden, nicht nur wir, alle mit deutschem Paß. Zu den Kindern haben sie gar nichts gesagt, die haben sie gar nicht bemerkt! Wir sind einfach ausgestiegen mit den Kindern. Ein Kind, das älteste, hat die Frau

Bleicher genommen, ein Kind hat die Cousine genommen, und ein Kind, Eva, blieb bei uns. Sie hatten Ausweise, um in den Hafen zu kommen, und gingen rasch hinaus. Wir waren also verhaftet und mußten aufs Polizeikommissariat. In der Nähe lag das Büro einer jüdischen Siedlungsgesellschaft, Rasko, die uns in Aussicht gestellt hatte, daß wir in eine ihrer Mittelstandssiedlungen aufgenommen werden könnten, wenn wir noch einen Transfer machen könnten, was aber nicht mehr möglich war. Sie hatten schon fünf oder sechs Siedlungen deutscher Juden, alles Umschichtler oder noch nicht umgeschichtete Menschen, die man dort instruiert hat. Es herrschte eine unheimliche Hitze an jenem Tag, und auf dem Polizeikommissariat bekamen wir nichts zu essen und nichts zu trinken, um zwölf machten sie gleich zu und ließen uns warten bis mittags um drei. Doch dann wollten sie eigentlich etwas ganz anderes von uns: Sie wollten von uns Deutschen Spionageangaben aus der Umgebung, aus der jeder gekommen war, Angaben über die dortigen Zustände. Sie hatten dafür eigene Beamte, die das zur Dokumentation aufgenommen haben. Ich sagte ihnen, ich sei schon vier Monate zuvor in die Schweiz übergesiedelt, und über Deutschland wüßte ich gar nichts. Dann haben sie mich gefragt, ob ich etwas wüßte über wichtige Fabriken? ›Ich weiß einiges, in Singen gibt es Fabriken, aber in Konstanz sind keine kriegswichtigen Fabriken.‹ ›Also gut, wenn Sie jetzt nicht aus Deutschland kommen, dann wollen wir von Ihnen nichts weiter wissen.‹

Sie haben uns dann gehen lassen, und wir konnten bei der Rasko unsere Verwandten und Kinder wieder finden. Wir kamen dann in ein Auffanglager, aber das mußte man alles selbst bezahlen, es gab noch keinen jüdischen Staat, nichts.

Ich bin dann mit meinem Bruder durch das Land gereist, und meine Frau blieb mit den Kindern in dem Auffangheim, da ich noch nicht wußte, wo ich mich am besten niederlassen sollte.

In diesem Zusammenhang ist die Siedlung interessant, die das Dorf Rexingen im Schwarzwald dort unten aufgebaut hat. Meine Großmutter mütterlicherseits stammte aus Rexingen, das ein Dorf war wie Gailingen, zur Hälfte Juden, zur Hälfte Christen, in gutem Zusammenleben. Von diesem Dorf waren natürlich vielleicht 100 oder 200 Juden schon in den ersten Jahren ausgewandert, als vielleicht 1936 jemand auf die kluge Idee kam, es sei doch schade um diese Gemeinschaft, die jahrhundertelang zusammen war, und es sei doch eine schöne Idee, wenn der Rest des Dorfes als jüdische Gemeinschaft geschlossen nach Palästina einwandern könnte. Mit dieser Idee wandten sie sich an die Mittelstandssiedlung Rasko, die den Plan prüfen wollte und dazu den Leiter der Rasko, einen Dr. Hirsch aus Haifa, kommen ließ, der die Vertreter dieser Leute empfing. Und dieser Dr. Hirsch war Feuer und Flamme. Er fand das wunderbar, ein jüdisches Dorf mit 200–250 Menschen zu erhalten und dort in Palästina wieder geschlossen anzusiedeln. Und er hat ihnen folgenden Gedanken nahegebracht, den sie auch angenommen haben: Es gab junge Leute, vielleicht acht, zehn oder zwölf, im Alter von 20 bis etwa 24, die hatten kein Geld, kein Kapital, und es gab auch junge verheiratete Leute, die hatten auch nicht viel Kapital, aber es gab auch etwas ältere Leute, die vielleicht schon 40 oder 50 waren und mehr Kapital hatten, aber keine so hohe Arbeitsleistung mehr erbringen konnten. Und Dr. Hirsch sagte: ›Das wird alles kompensiert!‹

Die Engländer verlangten für jeden 1000 Pfund bei der Einreise. Wir haben ein Sonderzertifikat bekommen, weil ich Landwirt war, mußte ich das nicht einbezahlen, aber ich mußte die 5000 Franken einbezahlen. Und die anderen mußten 1000 Pfund bezahlen, das waren damals etwa 15000 bis 16000 Mark. Die Leute aus Rexingen haben das also organisiert und sind etwa im Jahr 1937 ausgewandert. Die KKL, eine jüdische Bodenorganisation, hat den Boden gekauft am Mittelmeer bei Nahariya, ganz in der Nähe, wo ich später gewohnt habe, zwischen Akko und der Grenze zum Libanon. Da waren rings herum arabische Bauern.

Einer ihrer Propagandisten war noch zurückgeblieben in Rexingen, um noch weitere tüchtige Leute oder Fachleute zu suchen. Meine Frau hatte auch noch Verwandte in Rexingen von der Seite ihrer Großmutter, und eines schönen Tages, vielleicht Ende 1937, war ein Mann zu uns nach Horn gekommen und hatte uns von der Existenz dieser Siedlung erzählt und uns vorgeschlagen, dort auch dazuzustoßen. Ich habe damals gesagt: ›Jetzt denken wir noch nicht daran, aber wir merken sie uns vor, falls wir einmal gehen!‹ – Als er uns in seine Liste einschrieb, meinte er nur: ›Solche Leute wie Sie können wir brauchen, die werden bevorzugt genommen, die suchen wir!‹

Auf diese Weise waren wir also schon vorgemerkt für die Siedlung Shave Zion, das heißt ›Die Rückkehr nach Zion‹ – sie durften leider ihren Namen ›Rexingen‹ nicht behalten, das hat man nicht erlaubt. Bevor ich nach Shave Zion ging, wollte ich mir jedoch verschiedene andere Siedlungen ansehen. Mein Bruder hätte mich aufgenommen in den Kibbuz, aber ich fühlte mich schon zu alt – ich wurde damals 43 –, ich war schon zu sehr Individualist und geprägt, ich hätte mich dort wahrscheinlich nicht mehr richtig wohl gefühlt, denn man mußte sich da auch ein- und unterordnen. Aber meine Frau wäre sehr glücklich gewesen, und für die Kinder wäre es vielleicht auch gut gewesen. Ich habe mich dann aber doch nicht dazu entschließen können, obgleich ich mir den Kibbuz angeschaut habe – ein großartig organisierter, fortgeschrittener Kibbuz. Ich habe mir einiges angesehen, bin auch nach Jerusalem gekommen und habe mitten in Jerusalem einen christlichen Kommilitonen getroffen, der in Berlin eine Jüdin geheiratet hatte und mit ihr nach Jerusalem ausgewandert war. Das war natürlich ein seltenes Erlebnis – aber solche Dinge sind vorgekommen.

Ich habe mich dann, nach dem, was ich gesehen hatte, für Shave Zion entschlossen. Wir hatten jedoch keine Möbel, hatten fast nichts bei uns, das eine war in England, das andere war in Hamburg. Doch die Leute hatten Notbaracken errichtet aus Holz, innen gab es Betten und

Blick vom Hadar Hakarmel auf den Hafen von Haifa. Photographie um 1935

einen Schrank, man konnte also provisorisch darin leben, und wir haben uns da eingeordnet. Ich war dort natürlich ein begehrter Mann, weil ich landwirtschaftlich geschult war und weil ich auch die Fehler und die Mängel gesehen habe, die sie betriebstechnisch und verwaltungsmäßig bis dahin gemacht hatten. Die Siedlung war eine gemischte Form aus Kibbuz und Dorf. Man hat privat gewohnt und gemeinschaftlich gearbeitet. Und man hat Privatkapital eingelegt, der eine für den anderen, jeder hatte da sein Kapital eingelegt. Wir haben unsere Häuser selbst gebaut, mit zwei oder drei Zimmern unter Anleitung von Architekten und gelernten Facharbeitern. Da ich nicht viel Geld hatte und die Einlage nicht bezahlt hatte, wie es verlangt worden war, habe ich bescheidenerweise gesagt: ›Wir sind zwar fünf Leute, aber zwei Zimmer genügen uns, dazu eine große Küche, Bad und Klo.‹

Eines schönen Tages kam Dr. Hirsch nach Shave Zion – mit mir waren noch etwa zwölf neue Siedler angekommen – und sagte: ›Ja, liebe Leute, ihr baut jetzt Häuser, bald werdet ihr einziehen, ihr habt Möbel, und Du hast einen Lift, und Du hast einen Lift, aber Sie haben keinen Lift, und Sie haben keinen, wie denken Sie sich das?‹ Der eine hat gesagt: ›Mein Lift liegt in Hamburg!!‹ Der andere sagte: ›Mein Lift liegt in Bremen‹, ein dritter nannte Triest, wieder ein anderer hatte überhaupt keine Möbel. Und Dr. Hirsch erklärte, sie wollten uns helfen, unsere Lifte freizubekommen, vor dem 1. April 1940, dem Tag, an dem unsere Häuser bezugsfertig sein sollten. Da wollte ich natürlich versuchen, vielleicht auch unsere Lifte aus Deutschland rausbringen zu lassen. Nach Deutschland selbst durfte man nicht schreiben, das war feindliches Land. Ich habe einmal einen Brief geschrieben, da bin ich gleich von der englischen Zensur vorgeladen worden: ›Wenn Sie noch einmal nach Deutschland schreiben, werden Sie schwer bestraft!‹ Aber ich konnte nach der Schweiz schreiben. Mein Spediteur, die Firma Gruner in Konstanz, hatte ein Büro in Kreuzlingen, und ich schrieb nach Kreuzlingen, ob er bereit sei, die drei Lifte von Hamburg nach Triest zu beordern. Und er hat geantwortet, er schicke sie sofort ab, soviel er wisse, müsse die Fracht von Triest nach Haifa noch einmal bezahlt werden, weil die Italiener die vor dem Krieg bezahlte Fracht nicht anerkannten – und das sei nun doppelt so teuer wie vorher. Doch Dr. Hirsch war bereit, uns das Geld vorzustrecken und uns zu helfen. Er schlug dazu vor, wir sollten Werte aus unseren Liften verkaufen und unsere Schuld dann ratenweise zurückbezahlen. Unsere Lifte waren dann auch ganz schnell in Triest, wie es der Spediteur versichert hatte. Doch als ich das einem Bekannten aus Haifa erzählte, sagte er nur: ›Doktor Bloch, was seid Ihr für ein primitiver Idealist! Ihr habt jetzt über 230 englische Pfund für die Fracht nach Haifa bezahlt, und eventuell auch noch Zoll. Gerade jetzt sind Lifte angekommen, die die Italiener geleert haben, da waren nur ein paar Stück Eisen und ein paar schwere Steine drin! Und jetzt wird es Ihnen auch so gehen, die Italiener rauben alles aus und machen viel Geld damit, und Sie haben viel Geld ausgegeben und haben Schulden und haben nichts!‹ Doch es war schon alles in die Wege geleitet, und ich mußte es darauf ankommen lassen!

Am 30. März 1940 hat Dr. Scheuer, der Rechtsanwalt von Shave Zion, alle Leute, die ihre Häuser fertiggestellt hatten, zusammenkommen lassen und gesagt: ›Jeder bekommt jetzt einen Schlüssel, am 1. April kann jeder einziehen. Sie, Dr. Bloch, bekommen von dem und jenem Betten und Tisch und Schrank, Sie brauchen also nicht auf dem Boden zu liegen!‹ – Am anderen Tag ruft mich Dr. Scheuer an, es war am 31. März: ›Ihre Lifte sind in Haifa! Morgen früh gehen Sie sofort mit unserem Fahrer nach Haifa, auch der Spediteur wird dort sein, und dann muß man die Lifte eben aufmachen und verzollen. Wir geben Ihnen etwas Geld mit, wenn Sie keines haben, und dann können Sie kommen!‹ – Wir sind am 1. April mittags um ein Uhr mit drei Lastwagen – je ein Lift – vor unserem Häuschen gestanden. Es war wie ein Wunder, wir konnten nicht alle Möbel gebrauchen, wir haben ja viel zu viel bei uns gehabt, wir konnten unser kleines Häuschen einrichten und am Abend drin schlafen. Also wie ein Wunder, unvorstellbar.

Es war auch alles drin, nur eines war passiert: In Triest sind die Lifte vermutlich in den Regen geraten, in Hamburg standen sie in Hallen, und ein Lift mit Büchern und Wäsche war sehr naß geworden. Ein Teil der Bücher hatte Schaden gelitten, aber man konnte sie noch gut lesen, und die Wäsche hat meine Frau im Lauf der Monate in Ordnung gebracht. Es war alles drin, wir konnten alles verkaufen, und wir haben auf diese Weise sehr schnell unsere Schulden getilgt. Ich mußte natürlich alles verkaufen, zuallererst meine Bücher. Die wertvollsten, etwa 300 eher enzyklopädische Werke, hatte ich schon ausgesondert. Es gab verschiedene Buchhändler, die sich darauf spezialisiert hatten, Bücher von den Einreisenden, die in Not waren, abzukaufen. Sie wußten, daß sie entweder Geld brauchten oder Schulden hatten. Diese Buchhändler kamen ins Dorf und haben meine Bücher angesehen. Für die ersten 300 Bücher, die vielleicht einen Wert von 4000 bis 5000 Mark darstellten, habe ich, wenn's viel war, 20 Pfund, also 200–300 Mark bekommen. Aber wir mußten sie verkaufen, ich hätte sie auch nirgendwo aufstellen können. Ich habe viel verkauft, habe ein Klavier verkauft, habe eine Geige verkauft...

Überhaupt sind wir bei der Mitnahme unseres Umzugsgutes mit allen Schikanen ausgebeutet worden. Da das eine unserer beiden Häuser in Horn sechs, das andere zwölf Zimmer hatte, konnten wir höchstens die Hälfte mitnehmen – meine Frau lacht, höchstens ein Drittel! Wir haben wahrscheinlich mehr zurückgelassen als mitgenommen. Aber einige wertvolle Dinge habe ich doch mitgenommen. Ich war sehr musikalisch und hatte in Gymnasialzeiten sogar daran gedacht, einmal Geiger zu werden. Wir hatten eine wunderbare Geigenlehrerin, eine Frau Schaffner, die selbst Künstlerin war. Sie hat mir immer gesagt, es gebe zwar noch Begabtere, technisch Bessere als mich, doch so schön musikalisch wie ich spiele keiner. Ich wußte nie so recht, ob ich Kammermusiker werden sollte, ich wollte die Kunst auf jeden Fall nicht als reinen Broterwerb benutzen. Auf der anderen Seite hatte ich genügend intellektuelle Begabung und hatte auch studiert, vielleicht auch meinem Vater zuliebe. Eine solche Entscheidung hätte ich somit später vielleicht doch bereut, zumal ich gewiß kein großer Geiger zu werden versprach. Ich hätte im besten Fall ein guter Kammermusiker werden können. Mein Faible war ein gutes Streichquartett, später habe ich auch viel Bratsche gespielt, dazu hätte es sicher gereicht. Ich habe jedoch immerhin so gut gespielt, daß es mir auch zu einem Stehgeiger in einem Cafe gereicht hätte. Und ich besaß eine wunderbare Bratsche, die mein Vater schon in Goldwährungszeiten von meiner Geigenlehrerin für 1000 Mark gekauft hatte. Ich besaß auch eine Klotz-Geige, aus dem Bayerischen Wald – Klotz ist eine berühmte Geigenbauer-Schule in Bayern –, die war auch sehr wertvoll, dazu die billige Wandergeige, und schließlich wollte ich auch mein Klavier mitnehmen. Und wir mußten alles angeben! Schon ein Jahr vor der »Kristallnacht« hat man uns Listen gegeben, wo wir bis auf den letzten Löffel und die letzte Gabel alles angeben mußten, alles! Wir haben damals einige Erinnerungen aus den Familientraditionen nicht angegeben, schönes Silber, vergoldete Becher und Dinge ritueller Art, man nennt das Kidduschbecher, aus denen am Freitagabend Wein getrunken wird, und als es dann soweit war, daß wir doch fort mußten und alles nach Listen kontrolliert wurde, haben wir diese Dinge in unserer Heizanlage verbrannt, denn sie waren nicht angegeben, waren nur Erinnerungsstücke. Mein Großvater, der damals bei uns war, besaß vielleicht zehn oder zwanzig Goldstücke, sogenannte »Vrenele« und alte »Louisdors«, die er nicht behalten wollte. Er meinte, daß er ohnehin bald sterben würde, deshalb wollte er sie mir geben, doch ich konnte sie natürlich nicht mitnehmen. Da hat er gesagt: ›Gut, wenn ich jetzt nach Konstanz komme, wickel' ich sie ein und werf sie die Rheinbrücke runter!‹ – Und das hat er getan. Vielleicht hätten wir sie unserem Gärtner geben sollen, aber er hätte wohl auch Angst gehabt bei dem Gedanken, man könnte bei ihm suchen, ob der Jude bei ihm nicht etwas hinterlassen hätte. Also es war gut so, und es ist niemand hereingefallen. Wir waren auf alle Fälle ehrlich und konnten mit reinem Gewissen alles beantworten, was wir gehabt haben. In

Das Grab der Eltern auf dem jüdischen Friedhof in Konstanz

der Zeit, als man die Listen aufgenommen hat, wurde gesagt, man dürfe Eheringe und eigene Uhren behalten. Mein Schwiegervater hatte jedoch eine goldene Uhr, da haben sie kurzerhand beschlossen – so weit ging ihre Gemeinheit – daß man goldene Uhren auch nicht behalten darf. An dem Tag, an dem wir in Horn gepackt haben, kam ein SS-Mann vom Zoll in Gaienhofen und hat gesagt, die goldene Uhr vom Schwiegervater dürften wir nicht behalten, wir müßten sie ihm sofort gegen Unterschrift aushändigen. So klein und engherzig haben sie die Leute ausgebeutet. Ich mußte eine Liste aufstellen über die Dinge, die ich mitnehmen wollte. Von meinen etwa 1600 Büchern durfte ich ungefähr 600–700 mitnehmen. Den Rest habe ich dem Herrn Scheffelt, dem Buchhändler in der Kreuzlingerstraße, gegeben, der heutige Senior Neser arbeitete damals schon als junger Mann bei ihm. Scheffelt war ein feiner Mann, nahm die Bücher und hat mir noch bis April 1939, solange es noch möglich war, das Geld für jedes verkaufte Buch von der Schweiz aus in Franken geschickt. Später dann sind alle meine Bücher wie auch die von Dr. Guggenheim, der ebenfalls eine große Bibliothek hatte, bei ihm beschlagnahmt worden. Als man erfahren hat, daß er in seinem Antiquariat Bücher von Juden verkauft, hat man ihm alle weggenommen. Dann konnte er nichts mehr schicken.

Bevor wir fortgingen, mußte ich in Karlsruhe mit Hilfe von einigen Leuten zwei Koffer mit Besteck und Silber und was wir an Kleinigkeiten besaßen abgeben, das wurde alles genau aufgezeichnet – bekommen haben wir aber nur ein Scheingeld: dem Wert nach Tausende, am Ende waren es vielleicht hundert Mark.

Aber das Schlimmste kommt noch: Es gab eine alte Verordnung vermutlich aus der Ära Brüning, eine Gold- und Devisenabgabe, die man in den dreißiger Jahren eingeführt hatte, um die Kapitalflucht reicher Leute, die der deutschen Mark nicht mehr trauten, zu stoppen. Diese Verordnung wurde nun auf die armen verfolgten Juden ausgedehnt, denen ohnehin schon alles weggenommen worden war oder die nur Bruchteile ihres Vermögens behalten durften. Dabei kam es darauf an, was man im einzelnen hatte. Mein Klavier, das schon etwa 70 Jahre alt war – ein Geschenk von meinen Eltern – wurde nicht beanstandet. Aber wegen meiner Bratsche und meiner Geige, die aus dem 18. Jahrhundert war, mußte ich nach Karlsruhe. Der Mann war sehr nett und sagte: ›Also, wir können Ihnen das nicht alles genehmigen, Bratsche, zwei Geigen und ein Klavier und eine Gitarre, wozu brauchen Sie das alles? Sie sind doch ein Bauer!‹ ›Ich brauche es, weil ich gar nicht weiß, wie ich in Zukunft überhaupt arbeiten kann. Ich bin jetzt schwer mißhandelt worden und eigentlich mehr krank als gesund, ich komme in ein heißes Land, in ein Klima, wo ich vielleicht überhaupt nicht mehr arbeiten kann. Ich werde jetzt 43 Jahre, und ich habe mir gedacht, daß ich vielleicht noch als Musiker irgendwo in einem Orchester arbeiten kann, oder als Stehgeiger, das ist meine ganze Hoffnung! Erlauben Sie mir doch, daß ich die Instrumente mitnehme!‹ ›Also, ich will Ihnen das erlauben. Aber Sie müssen bezahlen. Und diese alte Geige, das ist deutsches Wertgut, das kommt nicht aus dem Land! Schauen Sie zu, daß Sie sie tauschen oder verkaufen können, und nehmen Sie eine andere Geige dafür!‹ Ich ging also in Konstanz zu einem Geigenbauer neben dem Stephanskeller, der mir folgendes sagte: ›Ihre Geige ist sehr wertvoll, aber ich muß Ihnen ja eine neuere geben, ich habe hier eine sehr schöne französische Geige, aber da müssen Sie schon noch einmal 400 Mark drauflegen!‹ Ich mußte also, um für meine alte Klotz-Geige eine gute neuere Geige zu bekommen noch 400 Mark draufzahlen, und ich mußte, um diese Geige und auch das Klavier überhaupt mitnehmen zu dürfen, 1700 Goldmark in Devisen bezahlen. So ist unser Konto schnell zusammengeschmolzen, und leben mußte man ja auch noch! Dazu die Schiffskarten und die Fahrkarten, dann die Lifte – wenn ich allein daran denke, was die Lifte gekostet haben, schon das Anfertigen hat uns Geld gekostet – für die Lifte habe ich auch ein paar tausend Mark bezahlt. Wenn wir nicht rausgekommen wären, wäre uns zum Leben nichts mehr übriggeblieben, nicht einmal ein Jahr hätten wir davon noch leben können!«

Personenregister

Das Personenregister enthält auch Namen von Firmen, Gasthäusern, Vereinen. Berufs- und Funktionsbezeichnungen von Personen beziehen sich in erster Linie auf die Zeit ihrer Erwähnung im Text. Bei Personen von überregionaler oder lokal-historischer Bedeutung wurden die Lebensdaten, soweit ermittelbar, aufgenommen. Die Zahlen in Klammern bezeichnen die Lebensdaten (Geburts- und Sterbejahr), die Zahlen ohne Klammern Dauer von Beruf oder Funktion bezogen auf die Erwähnung im Text. Die Schreibweise der Namen von Trotha und Lewien konnte nicht zweifelsfrei geklärt werden. Nicht aufgenommen wurde der Name des Autors, Dr. Erich Bloch.

Ortsregister

(enthält auch Regionen, Länder, Staaten, Kontinente u.a. geographische Bezeichnungen)

Bildnachweis

Privatbesitz Lou Landauer / Jerusalem: 134
Privatbesitz Erich Bloch / Konstanz: 11, 12, 15, 43, 49, 51, 57, 60, 63 oben, 79, 80, 84, 92, 94, 100, 118, 121, 126, 137
Privatbesitz Marianne Pfeiffenberger / Hannover: 58, 59
Privatbesitz Brauerei Ruppaner / Konstanz: 29
Privatbesitz Eugen Rombach / Wangen: 77
Privatbesitz Werner Trapp / Konstanz: 31, 73
Privatbesitz Margot Venedey / Konstanz: 37 links
Privatbesitz Fa. Wengert / Konstanz: 47
Privatbesitz Volksbank Konstanz: 83
Privatbesitz Gerd Wolf / Wangen: 99, 101, 106, 116
Rosgartenmuseum Konstanz: 21, 23, 24, 25, 27, 28, 32, 35, 37 rechts, 38 unten, 55, 64
Archiv Gemeindeverwaltung Gaienhofen: 87, 97
Stadtarchiv Freiburg: 14
Stadtarchiv Konstanz: 18, 33, 38 oben, 41, 44, 46, 53, 63 unten, 67, 119
Stadtarchiv München: 70